ミネルヴァ日本評伝選

史学の眼鏡で浮世の景を

久米邦武

髙田誠二著

ミネルヴァ書房

刊行の趣意

「学問は歴史に極まり候ことに候」とは、先哲荻生徂徠のことばである。

歴史のなかにこそ人間の智恵は宿されている。人間の愚かさもそこにはあらわだ。この歴史を探り、歴史に学んでこそ、人間はようやくみずからの正体を知り、いくらかは賢くなることができる。新しい勇気を得て未来に向かうことができる。徂徠はそう言いたかったのだろう。

「ミネルヴァ日本評伝選」は、私たちの直接の先人について、この人間知を学びなおそうという試みである。日本列島の過去に生きた人々の言行を、深く、くわしく探って、そこに現代への批判を聴きとろうとする試みである。日本人ばかりではない。列島の歴史にかかわった多くの異国の人々の声にも耳を傾けよう。

先人たちの書き残した文章をそのひだにまで立ち入って読み、彼らの旅した跡をたどりなおし、彼らのなしとげた事業を広い文脈のなかで注意深く観察しなおす――そのとき、はじめて先人たちはいまの私たちのかたわらによみがえってくる。彼らのなまの声で歴史の智恵を、また人間であることのよろこびと苦しみを、私たちに伝えてくれもするだろう。

この「評伝選」のつらなりのなかから、列島の歴史はおのずからその複雑さと奥ゆきの深さをもって浮かび上がってくるはずだ。これを読むとき、私たちのなかに新たな自信と勇気が湧いてきて、その矜持と勇気をもって「グローバリゼーション」の世紀に立ち向かってゆくことができる――そのような「ミネルヴァ日本評伝選」にしたいと、私たちは願っている。

平成十五年（二〇〇三）九月

上横手雅敬
芳賀　徹

米欧回覧途上の久米邦武
（1873年，パリにて）（久米美術館蔵）

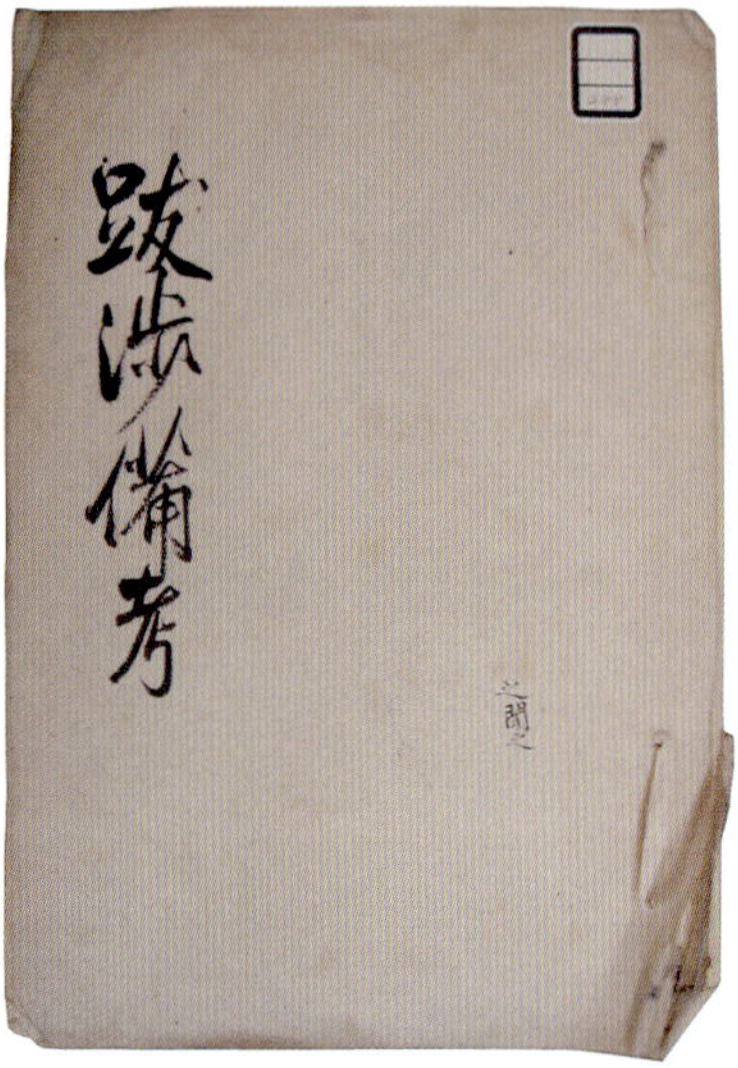

久米手稿「跋渉備考《ばっしょうびこう》」

（文久２～元治元年，江戸遊学紀行）部分

（久米美術館蔵）（本書９～10頁参照）

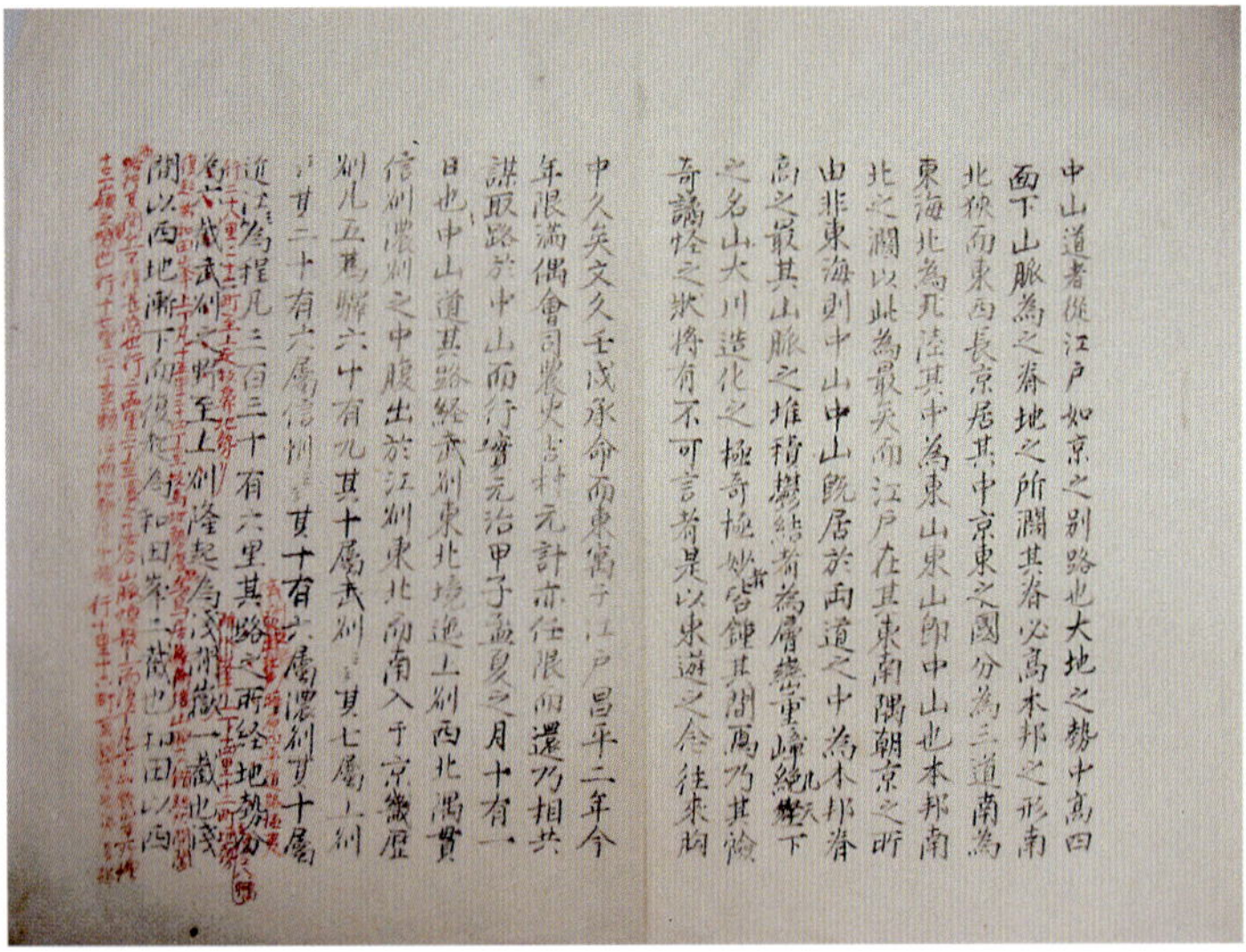

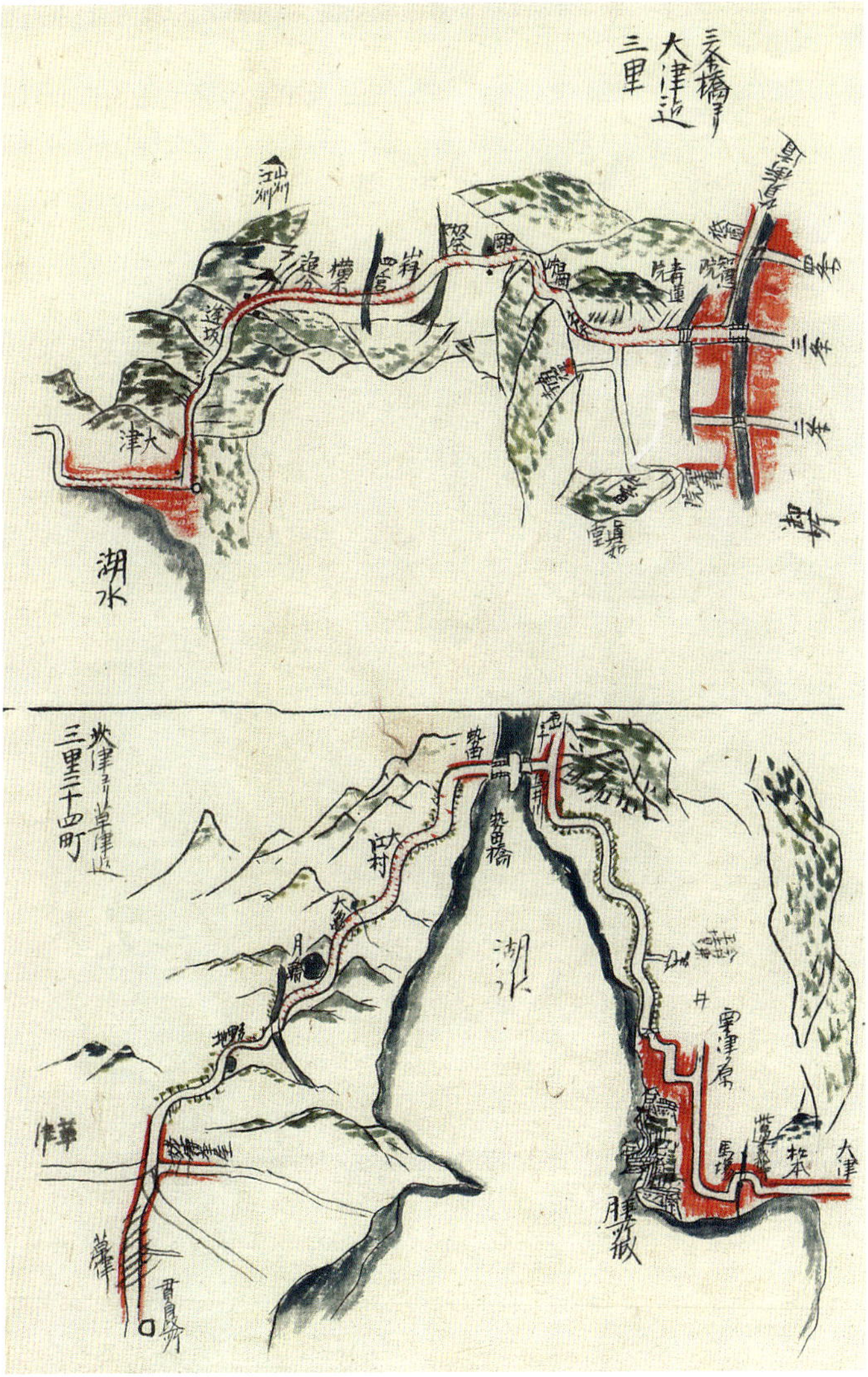

「跋渉備考」に描かれた東海道のスケッチ（久米美術館蔵）（本書 9 ～10頁参照）

米寿を迎えた時の家族写真（1926年）（久米美術館蔵）

左から，桂一郎・采夫妻，邦武，晴子（孫）。

はしがき

久米邦武《くめくにたけ》という人物は、どんなキーワードによって世間に知られてきたのだろうか。

第一は、久米が編述した『米欧回覧実記《べいおうかいらんじつき》』に相違ない。元々は明治ひと桁代に派遣された岩倉使節団の活気あふれる西洋見聞実録だったのだが、下《くだ》って一九八〇年代に文庫版が出揃うと、時を移さず、この『実記』をグループで読む会や学際的に研究する会が発足し、遠からず、あの漢文体の達意の名文にしびれる人びと、また内容の百科全書的なヴァラエティを讃える人びとの声が、私の耳にさえ達し始めた。続いて、『実記』に詳述された米欧各地を探訪する会なども企てられた。二一世紀に移るとすぐ、『実記』の英語完訳とドイツ語部分訳が現われ、それを追うように現代日本語訳も刊行された。『実記』の知名度はこうして国内外で急上昇したのである。

第二は、彼の論文「神道は祭天《さいてん》の古俗《こぞく》」と「太平記は史学に益《えき》なし」。明治中期、東大に拠点を得た気鋭の歴史学者・久米が、科学的裏づけの乏しい従来の歴史叙述を相手取って真っ向から切り結んだ作品であるが、第一論文は、偏狭な論争の渦に巻き込まれ、官学の場からの追放という悲劇を招来した。学問の自由を考える上で今日もしばしば話題にされる。

第三は、能吏《のうり》・久米。青年期に、幕藩体制の幕切れと新たに置かれた「県」体制の幕開けとの両面を経験した久米は、現代経営者のハウツー談に例挙されてよいほどにビジネス感覚を磨いた。

第四は、「浮世の文物を愉《たの》しむ」人・久米。旅を愛し、農事を好み、漢詩を作り、能楽を論じ、陶磁・出版・化学工業の起業家と交際したマルチぶりは、高齢社会への適応のヒントともなろう。

ところで私は、本書執筆のお勧めを受けたとき、この久米邦武というスケールの大きい人物の評伝を一体どんな姿にまとめればよいのか、悩みつつ身辺の資料を雑然と眺め始めたのであるが、意外にも、ごく身近な場所で貴重なヒントを見出すことができた。他でもない久米が、盟友・大隈重信《おおくましげのぶ》の長逝《ちょうせい》後に『大隈侯八十五年史』に寄せた序文である。久米はその冒頭で「大隈重信侯は曠世《こうせい》の偉人である。今は伝記の人となられた」と筆を起こし、構想を語る。

伝記は撮影の如し。濶大《かつだい》な山水も全景を縮写すれば平凡になり易い。むしろ局部の特色を捉えて博綜《はくそう》し、その偉大を想望すれば、却《かえ》って真相を窺い得られんか。因《よ》って茲《ここ》に　余が幼《よう》より交《まじ》わった直接の逸話に批評を加えて記述し置く、また無用に非《あら》ざるべし。

さて私は、久米と面談したこともない一後進に過ぎないが、幸いにこの十余年、久米の著作、旧蔵書、手稿、手帳などに接し、関連する展示の企画や実行に携わってきた。その際に親しんだ久米の

「局部の特色」を捉えて彼の「偉大を想望」すれば、幾分かの真相を窺い得るのではないか。

こうして拙稿はようやく積み始められたが、すぐに次の悩みがやってきた。久米の「局部の特色」を最も豊富に伝えてくれる文献は『久米博士　九十年回顧録』である。それを博捜しさわりを抽出して磨き上げればよいのだが、久米の回顧談は、身辺から周辺へ、幕末から明治を経て昭和へ、佐賀から江戸・東京そして欧米へ、漢学から近代史学へ、学究から起業人へ…と、変転し拡散してゆく。回顧の流れはいちおう歴史の時間軸に沿っているものの、逆行や飛躍も稀ではない。それでいて索引がないから、所期の事項や人物の登場する頁を探り出すのは至難である。

その頃たまたま彼の代表作『実記』の「例言」を見直したら、彼にも悩みがあったことを再確認させられた。彼は、岩倉使節団の歴訪過程を日付順に記述し始めたが、書き連ねてゆく内に、各国総説も必要だ、欧州の政俗・地理・農業・工業・商業の総論も必要だと気づいて追加した。私は、彼のこの努力に励まされつつ本書の目次を確定した。併せて、『回顧録』の使いにくさに鑑み、本書では索引の整備と章節間の連絡付けに力を入れようと考えた。さらに手の内を明かせば、『回顧録』は復刻もありたびたび引用されているから、私は『鍋島直正公伝《なべしまなおまさこうでん》』その他の作品の活用に力を入れよう、反面、活字化の終わっていない手稿の引用は最小限にとどめようと心を決めた。

ところで、目次策定段階で私は、昔の専攻分野に戻りながら、別の感想を抱いた。CT（コンピューター断層診断）という技法にかかわる感想である。健康診断で体験された方もあろうが、この技法は「対象を薄切りするように諸方向からX線ビーム群を通過させて、各ビームの変化を調べて計算すれば、対象内部の状況に関する知見を得ることが出来る」というものであって、対象物を切り開いたりせずに中の有様を知るための手段として重宝がられている。

CTという理工学技法を評伝の「はしがき」で採り上げるのは場違いとお感じになる方もあろうが、人物伝であれ学術史であれ、一本の時間軸で記述することの困難さを実感された方は、この際CTなどにも考えを及ぼしてみるとよいのではないか。久米『実記』にせよ私の小著にせよ、章配列の工夫のどこかにCT風の発想が援用されていると思うのである。

久米の『国史八面観』と題する作品は、歴史を見る視野が一面にとどまらず多面にわたるべきことを、八の数に託して主張している。事物には、前面があれば後面があり側面もある、上面があれば底面もある、表面があれば裏面もある――この主張には、CT技法風なものが感じられる。

また、本書の副題に頂戴した「史学の眼鏡で浮世の景《けい》を」は、久米の作品「泰東史談《たいとうしだん》」緒言の一節から抜き出したものであって、さほど具体的な意味はもっていないようだが、一種の仕掛け（装置）を介して人間社会を観察する趣旨と考えられるから、私のいうCT技法に通ずると見てもよいのではないか。さらに「浮世の景」をオブジェに選ぶところが、久米一生の関心の在りかを暗示しているようなので、技法と対象とを併せてサブタイトルに採用した次第である。

さて私は物理計測学を修めて国立研究所に奉職したが、五十代初めに北海道大学理学部へ移り、科学史を担当することになり、近代物理学の歴史を研究していた。数年後、日本史専攻の田中彰教授の勧めで久米『実記』の共同研究に参加した。その当初、私は「科学史」担当と自認し、技術史は工学部の遠藤一夫教授の担当という分業が成立していたが、同教授は数年後に逝去され、私は大学定年後、縁あって久米美術館に勤務し、資料調査から展示準備まで幅広く経験を積むことを許されて今日に至っている。

その間、朝日新聞社の雑誌『科学朝日』での連載と、小著『維新の科学精神』（朝日選書）刊行の機会を与えられた。それと前後して耳に入ったが、私の書き物に対しては、「科学史」的な内容だけでなく、「技術史」の味も期待されるようになり、文科系を含む広い読者層がそれを期待しているとのことであった。言われて気づいたが、『実記』の現代語訳への引用でも、私は「技術史家」扱いされている。しかし、科学技術全体の歴史を扱えるのは、通史の編者か年表の制作者だけかと思う。そうした分業形態と、私の仕事への広いご期待とは、大きく隔たっていることを申し添えて、「はしがき」の結びとする。

久米邦武——史学の眼鏡で浮世の景を　目次

図版写真一覧

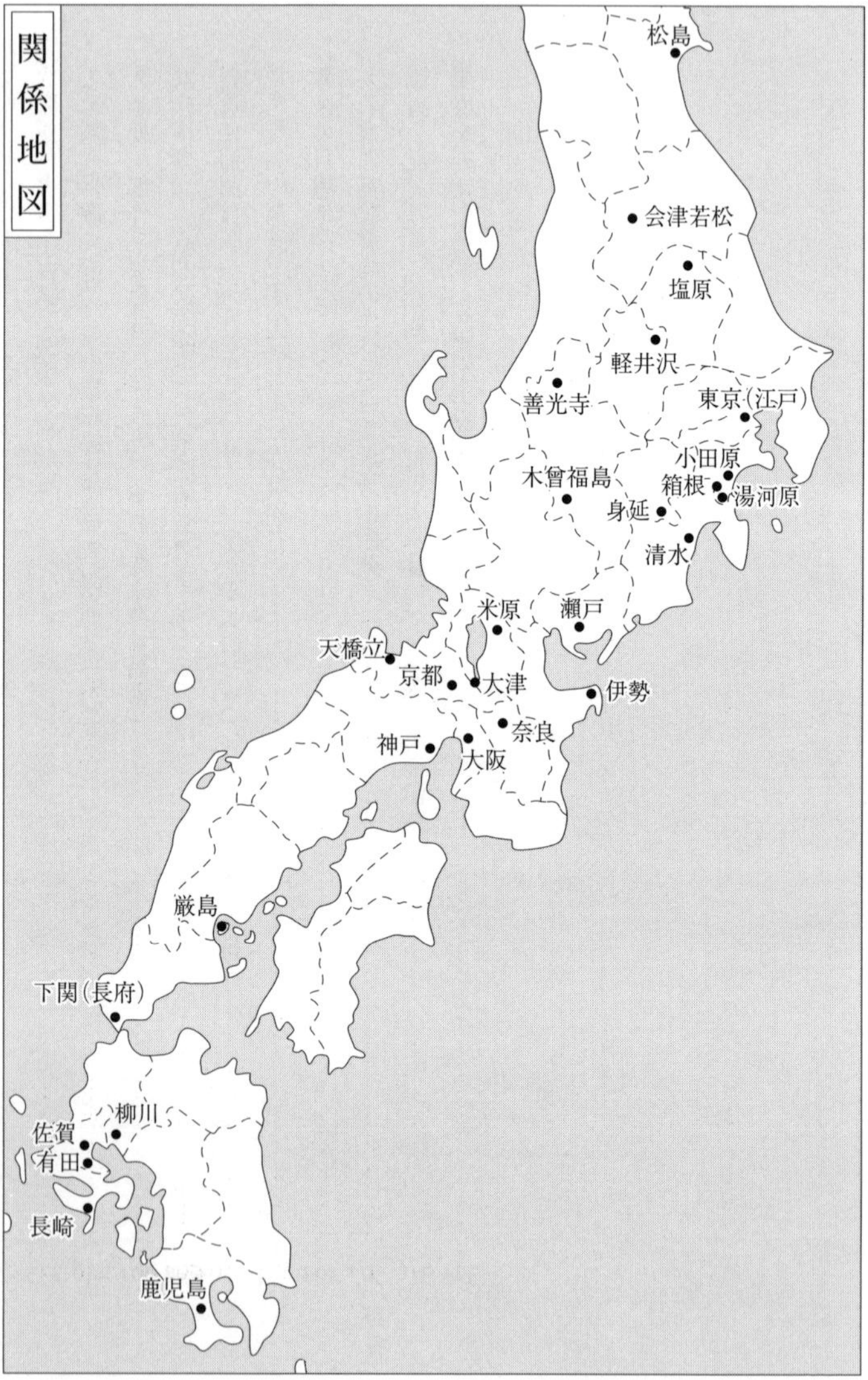
関係地図
松島
会津若松
塩原
軽井沢
善光寺
東京（江戸）
小田原
箱根
湯河原
木曾福島
身延
清水
米原
瀬戸
天橋立
京都
大津
伊勢
奈良
神戸
大阪
厳島
下関（長府）
柳川
佐賀
有田
長崎
鹿児島

凡例

文献の記載

・一回に限って引用する文献は、本文中またはその段落の末尾に、記載する。

・二回以上にわたって利用する文献は、本文中に《x、a頁》のような形で記載する。xはその文献の略号であって、詳細は「参考文献」欄（三二三頁～）に、文献略号を見出しとする索引の形式で記載してある。

他の章および節の参照指示

本書の他の章および節の参照を指示するため、文中に（第p章q）の記号を挿入する。pは章の番号、qは節の番号である。

暦法

基本的に、西暦（和暦）の形で示す。

和暦は、改暦（明治五年＝一八七三年）以前は陰暦、それ以後は陽暦で示す。

計量単位（度量衡）

原則として、現代の国際単位系（ＳＩ）によるが、久米邦武の著作を含め、歴史的および地域的に特殊な事例については元の表現を引用し、必要により現今の表現に換算した値を添える。

第一章　旅する人

1　旅としての長い生涯

久米邦武——その生涯の点描

久米《くめ》邦武《くにたけ》は、一八三九年（天保一〇）七月一一日、佐賀（当時は「佐嘉」とも書いたが、本書では「佐賀」に統一する）で誕生した。

幼名は泰次郎《たいじろう》、のちに丈一郎《じょういちろう》または丈市《じょういち》。号は易堂《えきどう》または樸斎《ぼくさい》（揮毫《きごう》に易堂の印刻がしばしば見られる）。泰次郎を丈一郎と改めたのは、次兄が夭折《ようせつ》し長兄も二一歳で病死して、三男・泰次郎が相続した時からである。丈一郎の名は、佐賀政府からの辞令（明治二年、本書附録B参照）や、父からの最後の書簡《中川・久米伝、二八頁》に見られる。邦武と称したのは、米欧回覧出発の時からという《同前、二九頁》。ウィーン万国博（第三章4）の入場パスには横文字でKoumeとある（継嗣・久米桂一郎《けいいちろう》は、後年、アクサンを付けてKouméまたはKovméとサインした）。綽名《あだな》は多々あった模様で、佐賀藩侯・鍋島直正《なおまさ》は戯れに「歯欠け丈一」と呼んだ《中川・久米伝、二〇頁》。本書では、幼名や号にこだわらず、一貫して邦武と呼ぶことにする。

なお子息・久米桂一郎（洋画家）は、「祖母像」（一八九三年）を遺した（第七章1）が、父・邦武の像は手がけなかったようである。

家系・履歴・年譜

久米邦武の遠祖は加瀬正一「久米邦武の私的側面」《研究、四三九頁〜》に詳説され、久米部《べ》や地名「久米」との繋がり、鍋島家との姻戚関係などが語られている。添えられた系譜を本書の附録Aに引用し、注解を添えておく。

久米の長い生涯の業績・生活の要点は巻末の年譜に示すが、彼の足跡は公私の諸分野に及んでいたので、以下の章でも分野ごとの経歴を紹介し、また附録Bでは久米の公職面の「諸辞令　写」（久米美術館蔵）を転写し、さらに附録Cでは邦武自筆「履歴書」（早稲田大学大学史資料センター蔵、《研究、佐藤論文、三九〇頁〜に収録》）を再現し、附録Bとの関連で注目すべき事項を付記する。

土地を、人を、社会を訪ねる旅

さて、前述のとおり久米の業績は多彩であるから、それを一次元的に叙述して評伝に仕立てることは至難である。私は、複数の着眼点から観察した久米の業績・言行の累積を、章ごとに読者諸賢に提供するという作戦を採用したい。CT（断層撮影による内部診断）の発想を借りた苦し紛れの戦略であり、童心に帰った比喩をすれば「回り灯籠」をお見せするような仕組なのだが、外見からは窺い知れない久米の内面が読者の手元に届くことになるよう、期待してやまない。

まず第一章では、久米邦武の長い生涯を、さまざまな形の「旅」の連鎖に見立てて観察してみたい。旅先は、江戸遊学、米欧回覧、国内探訪のように、地図の上で辿れるものもあり、また、家庭、学寮、藩邸、官界、大学、学界、起業家群などのような人間集団で構成された社会を訪ねる趣のものもあった。

江戸期日本の文化人には、「新しい旅人」としての自負が形成されてきていたという（ヘルベルト・プルチョワ『江戸の旅日記』）。彼らの延長線の上に邦武がいたと考えることは、本書への有力なガイドラインのように思われるのである。

2　肥前・長崎・薩摩・江戸

久米邦武が生まれ育った城下町・佐賀は、二〇〇四年（平成一六）の佐賀城本丸歴史館の公開を機として、歴史の味わいを取り戻し始めている。

生家とその近隣

久米生誕の一八三九年（天保一〇）を挟む数年の間に、佐賀藩の藩政は著しく強化された。一八三五年の佐賀城火災に直面した第十代藩主・鍋島直正《なおまさ》（後の閑叟《かんそう》）は、藩政改革を本格化し、一八三八年からは新本丸で政務に精励する。久米はこの翌年に城下八幡小路で生まれた。

久米家は城下の鷹匠《たかじょう》小路に住んでいたが、一八〇六年（文化三）、八幡《はちまん》小路に移った。この名は、唐人《とうじん》町といった地名ともども昔の趣を留めている。佐賀駅から南へ進み八幡小路の角で右折し右側を見てゆくと、久米家のあった場所に、邦武と桂一郎の生誕地の標柱が眼に入る。二人の個性的文化人が経験した「旅」の出発点を象徴しているかのようだ。この八幡小路は、久米の回顧録では「龍造寺八幡宮　前通」と書かれている。この通りは、儒学者、蘭法医、蘭学者らとも深い繋がりを持っていた。

学者たちの拠点
――八幡小路

若くして佐賀藩校弘道館《こうどうかん》教授となった古賀穀堂《こがこくどう》は、第九代佐賀藩主・鍋島斉直《なりなお》に蘭学の奨励を進言した。次代の直正は、一八三〇年（天保元）以後、古賀の意見に従い、勤倹、学術振興の政策を実行する。医学寮も一八三四年（天保五）に活動を開始したが、その場所は他ならぬ八幡小路であった。ただし、世情未熟で、この学校は中絶し、十余年が経過する《佐賀・教育五拾年、上、二二一頁》。

他方、古賀の弟に師事した儒学者・武富圯南《たけとみいなん》は、一八四七年（弘化四）、同じ八幡小路に塾を開き藩の子弟の訓育に励んだ。翌年、久米邦武も、父が大坂に単身赴任した時期、家庭内教育の不備を補うためこの塾に入り、塾生・福地文安と親しくなる。文安の父は蔵書家であり、薬草園も持っていた。

続く一八五一年（嘉永四）、藩侯の指示で武富のこの塾は買収され、その邸は医学校となる。他方、長屋は蘭学寮となり、大庭雪斎《おおばせっさい》が教導として活動を始める。一八五八年（安政五）、医学校は場所を片《かた》田江《だえ》に移し「好生館《こうせいかん》」と名を改めた。安政七年の職名・氏名表が伝えられており《佐賀・教育五拾年、上、二二三頁》、その中に教導方の大庭雪斎、御届指南役の金武良哲《かねたけりょうてつ》の名が見える。二人の名は久米邦武の手稿《文書、二、二頁と一三頁》に登場する。金武は久米と同世代の友人、大庭は年長の蘭学者

久米邦武・桂一郎
生誕の地
（佐賀市八幡小路）

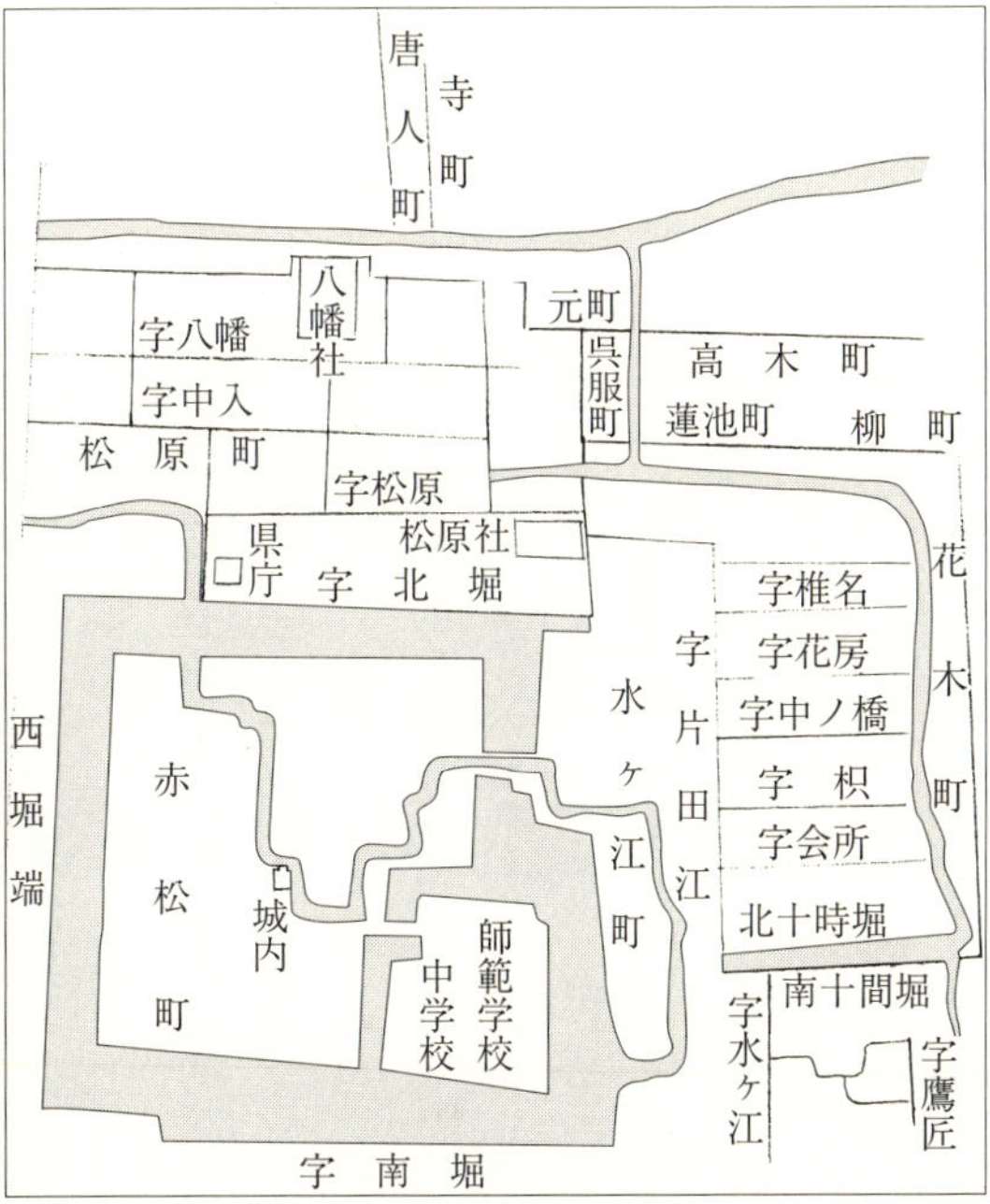

佐賀市内略図（明治19年）

である。

古賀家の儒者たち

こうして、幼い久米は、生家から遠くない場所で、さまざまな学者との縁を感得することができた。彼らは、古賀一門に繋がる人であるにせよ、時代の空気を吸い、視界を広げ始めていた。例えば古賀穀堂は、交際が広く、頼山陽《らいさんよう》と親密で一八一七年（文化一四）、山陽来訪の時には学者を集めて詩の会を催した。その邸も八幡小路にあった（その邸の一部が後に武富塾となる）《佐賀・教育五拾年、上、一〇四頁》。

古賀家の儒者たちは、海防問題や西洋事情にも関心を深めていた。なかでも謹一郎は、一八六二年（文久二）に江戸昌平黌《しょうへいこう》の学事となり、翌年、久米邦武の入学を迎えることになる。その間、洋学所（のち蕃書調所《ばんしょしらべしょ》、すなわち東大の前身）の初代頭取もつとめた（小野寺龍太『古賀謹一郎』）。

さて、佐賀市内の観光スポットを挙げれば、城の次は反射炉跡、大隈重信旧宅、墓所（鍋島家）等々、どれも久米と何がしか縁のある史跡だ。

幼少期の観察力

幼い邦武は、長崎在住オランダ商館長（カピタン）が江戸へ赴く際に佐賀を通過するのを見た《回顧録、下、二五二頁》。カピタンは駕籠の前に皮覆いを張り出し足を伸ばしていた。紅毛人は足を屈まないと直感した——と、久米は、後に岩倉使節団随行中のワシントン滞在記に書いている。幼少期の観察力といい、時を隔てた記憶力といい、並大抵ではなかったようだ。

学寮武者修行実記

久米は、一八五三年（嘉永六）、父に伴われて長崎に旅し、ロシア艦隊を目撃もした。そして翌年一月、藩校の内生寮に入る。学習内容（第二章2）はともかくとして、寄宿舎での生活は、久米にとって最初の異文化接触体験であった。久米の談話筆記《《佐賀・教育五拾年、上、五頁》《佐賀・教育史、第一巻、資料編（二）、二五九頁に現代表記で収録》》を見よう。「中野氏〔第七章1〕を介して久米に請い、快諾を得て談話を筆記させた。弘道館での実体験談は留まる所を知らず」だったという。句読点を補って抄録する。

弘道館の話　蒙幼舎《もうようしゃ》《ママ》は、七八歳の子供の時分から入学して十五六の元服の時まで此処《ここ》で学ぶもので、今の小中学校位のものであらう。〔中略〕ここで素読を習ふが、素読の中に「素読」と「習ひ」とがある。素読は〔中略〕何某は誰にと、一人に一人ずつ上級生が附いて文字を指しながら小学から素読を教へる〔中略〕「習ひ」といふのは、教職から教へられる。〔中略〕小学、論語、大学、孟子までは「上級生から習ふ素読」、詩経、書経、易経、中庸等は「習ひ」であった。机は無く、開いた本が載る位の授業板といふ板を銘々の前に置いて読んだ。

内生寮は、十五六歳から〔中略〕で、今日でいふ大学生に成った訳である。

久米は、この内生寮で、先輩格である副島種臣《そえじまたねおみ》、大隈重信の知遇を得る。三人とも成人後は社会人として個性的な活動を繰り広げるが、政治への姿勢はかなり異なったものとなる。

寄宿舎は乱暴なもので、今の人の想像できぬことがある。〔中略〕毎朝、月代《さかやき》を剃って丁髷《ちょんまげ》を結ばねばならぬ〔中略〕不精の者は自分の髪ひとつ結ばれぬ。手が汚れるが、袴か蒲団で拭いてしまう。副島さんなどは、朝起きて来ても顔も洗わぬ。顔は裏の流れで洗うことになっていたが、副島さんは二本の指をちょっと水に濡らして眼の縁を摩《さす》って済ましておった。食事は、朝は菜漬けか沢庵、昼はちょっとご馳走で、夜分は二杯の量り飯に塩だけであった。しかしそれでも佐賀の弘道館は良いほうだ。江戸の昌平黌はひどかった〔中略〕。朝は沢庵漬け、昼は味噌汁、夜は飯もない〔中略〕書生は、朝と昼の飯を少し残して置いて、夕飯に充てた。金のある者は外出して蕎麦を食ったり煮売店などに行って、却ってご馳走を食ったが*、苦学生は困った。

*頑健とはいえない邦武が体を壊さなかったのは、この外食のお蔭であろう《研究、加瀬論文、四四五頁》。

弘道館での学科は午前だけで、午後は撃剣、柔術、鎗《やり》、弓など武道の稽古のための外出が多かった。

フェートン号事件と海防・海軍伝習

さて、武道談から防衛問題に転ずるが、久米が生まれた年、佐賀藩侯は和蘭砲術の学ぶべきことを確認し、威遠流砲術と名づけた《公伝、三、二二三頁、一八四頁》。遡れば、史上に知られたフェートン号事件の影響である（第二章3）。当時、佐賀藩は福岡藩と共に長崎海防を担当していたが、佐賀藩侯が人材を集めて防備に力を入れ、福岡藩に水をあけた。オランダから長崎に来た海軍教官も、佐賀藩海軍伝習生の質と量は幕府のそれに劣らないと評価した。長崎の海軍伝習は高水準であり、微積分さえ教えたという。

最初の長旅——薩摩へ

一八六二年（文久二）、久米は佐賀―薩摩一巡の旅に出た（第二章3）。この初旅の公務は藩侯の手紙を届けることだったが、邦武は「西国の物情騒然たる」ことを承知で「好奇的に彼《か》の地へ入り込もう」と思い立った《回顧録、上、四六九頁》。

当時、この道中には七種類の紙幣が流通し、他領では通用しない紙幣もあり、それらを使い合わせるのは面倒だったが、他方、興味もあった。支給された金銀貨のほか佐賀札も持ち、久留米領でも佐賀札は信用がよいことを実感した。柳河《やながわ》の宿の主人は釣銭に三池《みいけ》の札を混ぜてくれた。熊本札の文字は不明瞭だった。初めての体験ばかりの旅だったが、帰路に病を得、休養ののち佐賀へ戻った《回顧録、上、四六九頁》。

江戸遊学実記

同年一一月、久米は家郷を離れて江戸の昌平坂学問所に留学し（第二章4）、一八六四年（元治元）四月、帰路につく《回顧録、上、四九四頁》。その往復旅行の記録「跋《ばっ》渉備考《しょうびこう》」が残されている《文書、四、四三三頁》、そこに描かれたスケッチは本書の口絵に掲載）。この旅行も久米に強い印象を与えた。その半世紀ほど後、後輩の学者・吉田東伍《とうご》が『大日本地名辞書』という力作を発刊したとき、久米は序文を寄せ、昔の旅を回想して語った。

四十年前、余が兵庫より渡りし時、天保山《てんぽうざん》は河口の泥嘴《でいし》なりし、此より川口に入りて…今は天保山まで家屋連《つら》なり、遙《はるか》に川口の泥嘴を見る、去れば一千六百年の古代に、堀江《ほりえ》住江《すみのえ》を開墾して、西都を営まれし時の地形を尋ねなば、今の大阪西面は海上の蜃気楼を想《そう》に印象すべしこうした観察力、記憶力は、久米の一生に彩《いろどり》を与え、数多くの名紀行文を産み出した。

公開された『昌平坂学問所日記』

関連情報だが、一八〇〇年（寛政一二）〜一八六二年（文久二）間を記録した『昌平坂学問所日記』があり、斯文会で翻刻され二〇〇五年（平成一七）に刊行された。残念ながら久米が入校する一年前までなので、彼に直結する記録は含まない。だが「詩会」など、久米の活躍場面は『日記』からも知られるであろう。

『日記』によれば、学問所内には寄合《よりあい》と呼ばれる「次の間」があって、学生たちはそこで炊事をしたり、出入りの業者と付き合ったりした。『回顧録』には、次のように書かれている。

> 余資のある生徒には応分の調食の便を与えてある。毎朝食後に炊夫が「御買物は宜《よろ》し」と言って寮内を回る、彼に嘱して好きな物を買う。肴《さかな》売りが「肴は宜し」と触れて庭先を回り、八百屋は炊夫部屋の縁に市列する。書生は面々に鍋・焜炉《こんろ》・醤油・砂糖を用意して調食をする。

ただし「酒は厳禁、寮内で食物を煮食うことも禁じられている」。ある時、禁を犯した生徒が、見回りの先生に詰問された言い逃れに「礼記《らいき》会をしています」と答え、「夜も礼記会をしているのか」と褒められて、「寮内でひそかに調食することを礼記会と呼ぶ」風習が生まれた。学生のすることは、いつの世にも他愛《たあい》ないものだ。それにしても、この礼記会というもっともらしい呼び名は、稚気あり軽みあり上出来と褒めてあげたい。『礼記』は儒家の経典であって、会食気分で学習できる教材ではないのだから。

さて久米は、晩年に『回顧録』を口述しつつ、しみじみと追想した。

余が眼底には今は遠い文久三年ないし元治元年の花時までの江戸の面影《おもかげ》が髣髴《ほうふつ》するが、それ限りで見納めとなったのである。その話は無限だが〔後略〕

として、品川・日本橋・上野の混雑、諸藩邸の侍が散歩する様子、見世物場の列や巾着《きんちゃく》きりの横行など、遊民の多い江戸が大繁盛する最終の刹那《せつな》の光輝が余の眼底に残ると述懐している。

一八六三年（元治元）春、江戸昌平黌を退いた邦武は、四月一日、帰郷の旅に出る。中山道を経由し、史跡を訪ねつつ風物を愛でて木曾路をたどる。福島宿で人足たちにからまれたとき、袂《たもと》時計を取り出して「時刻はまだ早い」とやり返す。当時、袂時計は木曾山中では珍しかったのだ。

王滝の大峡が御嶽《おんたけ》の澗溪《かんけい》を集め、此《ここ》に至って本流に落ち合う、其の雄大な山水の勝致《しょうち》〔すぐれた風情〕は，絵画の一面に包容され得べきでなく、海内無双の大景である。《回顧録、上、六〇四頁》

久米の愛する山水記の一つであるが、途中に、芭蕉の句「桟《かけはし》や　命をからむ　蔦蘿《つたかずら》」が引用され、江戸大川端の「木曾の桟」のことが紹介されている。久米が俳句を引用した珍しい例である。

さて、旅路は美濃路へ進み、不破《ふわ》の関を越える——ここで私たちも、別の文献に移る。

元治の夏の頃　余は美濃路　不破の関跡を踰《こ》えて柏原駅に宿し、明る晨《あした》の晴風に四方の山々に送迎せられて　摺鉢《すりばち》嶺を下り　坂田郡の湖山を面識したるは　四十九年の昔なりしに〔後略〕

こうして私たちは一転して、一九一三年（大正二）刊行の『坂田郡志』に久米が寄せた序文を味わい直すことになるのだが、「明治四十年一月に思寄らずも柏原村より中川泉三《せんぞう》氏の郵便到達しけり、見れば坂田郡志の編纂…」というその経緯の展開については、本書の第六章4に引き渡さなければならない。

この修学旅行記の段落、例えば中山道と東海道の合流点を叙する文の結びは「草津まで百二十九里」——この書きぶり《回顧録、上、六〇九頁》は、私たちのよく知る《実記》とソックリである。

3　米欧大旅行——助走と本番

佐賀藩で働く

帰藩後の久米は、公の近侍として、藩校の教諭として、さらに藩の実務担当者として、目覚しい活躍を繰り広げる（第四章2）。彼が策定した藩校新カリキュラムは地理・地誌・政治・経済・法律の科目を含み、教科書には西洋原著の漢訳本も指定されていた（第二章

5）。彼は早くからこの種の書物に親しみ、その内容を、藩侯と論談して飽きることがなかった（第四章1）。彼の知識欲は、儒学の世界を、また父譲りの算術や実学（第二章1）の世界をも超えて、西欧学術の世界に向けられるようになっていた。海外への「旅」を望む志は、彼の内面で着々と高まった。その実現を約束するかに見える機会も何回か到来した。

鍋島閑叟の海外志向　久米の渡航意欲をそそる外的条件は徐々に熟成し始める。その状況は、彼が仕える藩侯の言動にも見て取れる。藩侯はイギリス人と面談して友誼を交わした経験さえ持っていたのだ《公伝、五、四九七頁》。

一八六五年（慶応元）五月、藩侯は長崎に赴き、英国商人グラヴァーを訪問、石丸安正《いしまるやすまさ》らの通訳で歓話し、またフルベッキとも面談した。のみならず後日、英国軍艦に乗り込んで次のような会話を交わした。

艦長ら　英国は日本の親交を求めて誠意を尽くしているのに、日本は攘夷を主張する。これは不本意だ。英国はどこまでも日本の良友だとお考え願いたい。

閑叟　日本は永く鎖国してきたが、海国だから海軍創設を急務と見ている。我が藩も蒸気船を購入し軍艦操縦を攻究している。遠洋航海もしたい。機会があったら、貴国まで渡航し女帝に謁見することができれば幸甚である。

《幕末佐賀、七一頁》

誠に気宇壮大な殿様だったのだ。その近侍だった久米は、どのようにして外国へ旅立つことができたのだろうか。

実らなかったパリ旅行

まず一八六六年（慶応二）のパリ万国博。佐賀藩は薩摩藩と共に初参加し、藩の物産や精錬所製品を出展した。代表・佐野常民《つねたみ》と共に学生を渡航させて「視察の要を書き取り報告させ」る案《佐賀・教育五拾年、上、二六六頁》も出て、久米と大隈が候補に挙げられたが、一行の編成は小規模にせよとのフランス側意見《幕末佐賀、九六頁》もあり、語学堪能者が選ばれた。「学生に彼の地の政治、歴史を視察・筆記させる」任務が久米に課せられたとすれば、その時まさに《実記》の原型が綴られたのではないか。

直大の外遊志望をめぐる奇策とその蹉跌

次の外遊計画はさらに大胆で、久米の長い生涯での最もドラマチックな一幕となった《公伝、六、五五六頁》。一八七〇年（明治三）、皇族の海外遊学の例*が見られたので、佐賀でも新制の藩知事・鍋島直大《なおひろ》は渡航を望み、同年夏、外遊の意を岩倉具視に伝えたが、藩知事政務が多端で、外遊プランは流れた。しかし秋に朝廷は「藩側に懸念がない限り藩侯の外遊を許す」ことを内定。「洋行希望なら手続きをせよ」との岩倉からの伝言が佐賀に届き、直大は願書を提出した《幕末佐賀、一三四頁》。

＊例えば伏見宮能久《よしひさ》親王すなわち上野寛永寺の輪王寺宮、後の北白川宮のプロイセン留学など。吉村昭『彰義隊』参照（文芸書だが、地方の古文書も精査した史料として興味深い）。

ところが、前藩主・閑叟が東京で発病、容態は徐々に悪化し成行きが案ぜられて、直大の洋行も軽々に外遊を発表することができない。長崎で英学を修めていた石丸が相談役として呼び戻され、さらに、「一介の書生となって西洋を巡遊しよう」と決心した直大の随員には、直大の幼少期からの学問相手だった久米が選ばれた。この人選も、閑叟の次のような発想に出たものであった。

万延年間このかた、欧米遣使に随行した者は多いのに、その見聞を世に公表した例がないのは遺憾だ。この度は、泰西《たいせい》の文治、武備、製産、貿易の現状を世に紹介し、以て日本の富強のもとを啓誘しよう。《公伝、六、五五九頁》

久米は、この発想を受け止め、「見聞を余さず筆記する」任務を、次のように意味づけた。

貴人《きじん》は湯薬《とうやく》に侍《じ》する＊という親愛の情が薄く、なかでも大名は是まで、人質のように家族を江戸に住ませ、隔年に離れて暮らしてきた…今も各地に参商＊＊となっておられる状態なので、洋行の途中から珍しい見聞の便りを手に執《と》る楽しみは、大いに病を癒すところがあろう。

＊煎じ薬の世話をする。広義に、病む人を介護すること。

＊＊参は東方の星、商は西方の星で、互にまみえることがない。親しい人同士が会えない状況。

歳末が近づいた某日、石丸が久米を訪問、密談を始める。

石丸　知事公（直大）が洋行を思い立たれ、足下《そっか》と私とで相談して定めよとのお沙汰である。
久米（夢心地で）では、どの方面から渡航しましょうか。

と、夜更けまで相談し、「まず太平洋を横断、米国巡歴ののち英国へ渡り、欧州大陸に向かいましょう」と予定を立てた。私たちは、後の（本番の）米欧回覧旅程を思い浮かべて、微笑せざるを得ない。

それはさておき、久米はここで熟考の末に重要な発言をした。それはまさに、後年の『米欧回覧実記』の構想を先取りするものであったのだ。《実記》編述が久米に下命された経緯については第四章で詳論するが、彼の内面では、こんなにも早くから、こんなにも固く、実録への志向が成立していたのである。なお、ついでに紹介すれば、久米はこのとき、「信用のある随行を選ぶ必要がある」とも発言している。

筆録者・久米の心意気

これまで堂々数百人の同勢の警護を受けて旅行された国主が、この度は私たち二人にすべてを託せられ、もって万里の波濤を越えよとのご命令であって、恐れ多い極みである。さて、そこで、見聞を広め新知識を啓沃《けいよく》してこれに報いるべき事は勿論だが、その見聞を筆記して大納言公（閑叟）に報告する事を忘れてはならない。ご趣旨を推し量れば、これを印刷して世に広めるご意向もお持ちなのであるから、見聞の重要事項は鋭意その要点を調査して具体的なものとする必要がある、そこで、読んだり訳したりして筆述に力と時間を費やさなければ、閑叟公のご満足されるような「天下の知識をひらく任務を果たす」ことができない。

この間、閑叟の病は次第に篤《あつ》く、蘭・米・独の医師が来診した。その一方、歳末の協議（直大、石丸、久米）では、以下のような旅程案が久米から提示される。

太平洋を二十余日航海し、米国西部の桑方斯哥《サンフランシスコ》より、新たに仮成したる鉄道によりて、東部繁庶の域までも巡遊すべく、米国は東部十七ステートの聯合より起りたる国なり……

私たちは、ここでもう一度、微笑を禁じ得ない。後年の「米利堅合衆国ノ総説」には「圧瀾《アタラン》海ノ平地、〔中略〕都《すべ》テ十七州」《実記Ⅰ、五三頁》などと書かれることになるのだから。

こうして、在京の前藩主の病状への顧慮から隠密裏に進められてきた出立準備は、年の変わる除夜にようやく藩内の一部に披露される。当然ながら反対論も強いので、新年の神社参詣に事寄せた隠密作戦が動き出す。佐賀では、元旦の行事を型どおりに終え、翌二日早朝、藩知事・直大、久米のほか五名のみ八幡社などの参拝を済ませて船着場に直行。以後の船旅、山越え、泊りを始め、長崎からは石丸も交えての英会話や洋食作法の演習など、書生旅行さながらに過ごし、汽車や電報の初体験を経て東京に着いた。だが、その間にも閑叟の病勢は悪化し、一八日に訃告、外遊計画は頓挫した《公伝、六、五七五頁》。

久米の洋行
ようやく内定

宿願の西洋旅行の機会は、一八七一年（明治四）に訪れる（第二章6）。岩倉使節団への参入である。

全権大使に内定した岩倉具視は「今度の欧米行きに皇漢学者を随行させたい」と考え、人選に掛かる。有力な一候補が辞退した（後述）あと、岩倉は、別件で挙げられた久米の名を見て「この名は閑叟から聞き及んでいる、佐賀の好学者ではないか」と評価し、直大の外遊希望とも関連させつつ包括的な判断を下す。すなわち、使節団に同行する留学生集団の中に直大を含め、久米と同便で出発させるという案である。

岩倉案は、直大の渡航計画をよみがえらせ、久米を同行させて学殖を発揮させようとするもので、時宜にかなっていた。久米は、パリ博覧会の記録者に擬せられながら下命は受けなかったことで、あるいは岩倉家の子息の九州遊学に協力したことで、また鍋島直大の渡航奇策に力を致したことで、人々の、とくに岩倉のメモリーの中へ確実に留められていた。それが、上首尾な結末をもたらしたのである。

お鉢が回って

ところで、「有力な一候補が辞退…」の件は、後に久米の耳に入るのだが、岩倉が皇漢学者の中から捜し出して渡航を勧めた重野安繹《しげのやすつぐ》（第七章2）にかかわる話である。重野は江戸昌平黌では久米の先輩、久米と共通点の多い歴史家であり、私たちは、本書の後段とくに第五章で重野の名にたびたび接することになる。その重野は、岩倉使節団の人選の頃には大阪で塾を開いており、誘いに対しては「熟考の上」断った。

そして、「そのお鉢が回ってきて」と久米が語るような成行きで人事が決まり、髷も切り洋服・ブランケットを求め横浜を発つ。久米は後に「一週間で旅装を整え」と書いた《回顧録、下、一七七頁》が、実は「旅行用品を正味五日で整え」が正しい。出航直前の二日間は某所で「飲めや謡えや」の大騒ぎだったのだから。

米欧回覧・旅情さまざま

《実記》編者・久米の筆は、おおむねレポーター調、山水記などでは美文調だが、稀には感傷を流露させることがある。それは、長旅の苦労、とりわけ体調保持に関するくだりである。「例言」の氷雪・炎熱の段《実記Ⅰ、一二頁》は、多くの読書家の記憶に残っているであろう。

後年の《時勢》の「岩倉使節随行回顧談」には、次のような話が出ている。

英国セフィールドで工場主邸に二泊した。別れの時に駅まで送ってきた女の中に落涙した人がいた。我々は、わずか二泊の人に涙を零《こぼ》すとは友誼の厚いものだと感心したが、車中で通弁《つうべん》〔通訳〕が言う「君方は見受ける所、老人も若者も居る、各地を廻って帰る時分には病や何かで死ぬ人もあろう、可愛相だ、家内はどう考へるだらうと涙を零したのだ」と。我々は英人も存外世界的でないと思った…。

こうした文には、「旅する人」久米の情感が注ぎ込まれていると、私はかねてから感じてきている。

旅には事故もある

ここで、旅先の「事故」の話に脱線しよう。使節団を横浜から乗せた蒸気船「アメリカ号」は「美麗ノ船」であった《実記Ⅰ、四二頁》。技術上の話は別項（第三章1）に譲り、この船の悲劇を見ておこう。

使節団員・渡辺洪基《ひろもと》は、滞米中、伊藤博文と意見が合わず、帰朝を許されて再び「アメリカ号」で横浜に着いたが、不幸にもそこで火災が発生した。状況は留守政府から使節あてに報知された（七月二九日）

横浜着港之郵船アメリカ号　上等客室ヨリ火ヲ失シ　不残《のこらず》消失　○傷モ数多有之《あまたこれあり》候ヘトモ　幸ニ渡辺洪基ハ其前　上陸致シ　無難ニ帰朝相成候。

（『本朝公信　第二十八号』国立公文書館）

渡辺は命拾いし、後年オーストリア公使・東京府知事、帝大総長となり、大学では歴史観をめぐって久米と接触をもつ《維新、一九二頁、二七三頁》。だが「アメリカ号」は復旧できず、船舶史から消える。

旅人・久米と歴史家・久米

久米個人にとって米欧回覧は生涯最大の「旅」であっただけでなく、彼の学者としての閲歴の上でも決定的な経験となった。ただし、久米が歴史のプロとしての力量を飛躍的に高め、それを世に知らせたのは、帰国後の二つの大旅行——東海東山巡幸供奉と鎮西文書探訪——であり（第五章2）、彼の晩年の活動のハイライトは滋賀の諸郡や裏日本各地の地誌の研究と指導であった（本章4、第六章4）。久米の歴史研究が地理的にも広いヴァラエティをもち得たのは、たび重なる旅行の賜物《たまもの》と解することができる。

4　日本史をさぐる旅

築地洋館・鍋島苗圃・目黒山荘

帰朝後の久米は、東京の築地《つきじ》、ついで京橋・三十三間堀で半洋式の生活を展開した《研究、加瀬論文、四四七頁》。

其の頃の官吏は多く山の手に邸宅を構へしに、先生は銀座煉瓦地に居を卜《ぼく》し往来に直面せる煉瓦造の洋館に住み、文筆の側ら紳商の来訪を受けて懇談せられたり。《中川・久米伝、六頁》

当時、外人邸も多かった築地のモダーンな情景は、風俗画の題材として好まれた。

邦武は、間もなく〔中略〕郊外の目黒の方に、静養の場を設けた。《研究、加瀬論文、四四八頁》

休日には人夫を雇い自ら指揮して畑を耕し〔中略〕麦作をなし。《中川・久米伝、六四頁》

それは現在の品川区小山台「林試《りんし》の森」公園一帯である。園内の案内板と地図によれば、かつて「鍋島苗圃」と呼ばれた苗畑とその周りが久米家に属した。実験農場の地図が残っている（第七章5）

《維新、一九五頁》。もと「荏原《えばら》郡平塚村大字戸越《とごし》」地区を含んでいたためか、久米家の人はここを「戸越」と呼び、学者・起業家をはじめ桂一郎とその友人も招いて歓談した。さらに一八七八年（明治一一）の末以後、

権之助坂上に〔中略〕土地を購入〔中略〕林間の山荘というつもりで…農家風の家を建てた。

《研究、加瀬論文、四五〇頁》

『実記』編纂の慰労として五百金の下賜あり〔中略〕茅屋三四戸〔中略〕も併せ買い入れ〔中略〕朝には雲外の富岳を望み夕には斜陽の林頭に舂《うすづ》くを賞し。

《中川・久米伝、六四頁》

これは現在の目黒駅西側、久米美術館所在地であり、広重の浮世絵、落語「目黒のさんま」、鬼平犯科帳の舞台でもある。

久米家の人は、築地、目黒、戸越の三カ所を、主に汽車や人力車で、また時には自転車で移動した。小旅行気分だったろうか。

悠々自適、諸国を遊歴

一八九九年（明治三二）、歴史地理研究会（のち学会）設立の際に賛成員として尽力した久米は、以後ながくこの会への貢献を続けた（第六章4）。歴史地理の研究には「旅」が不可欠だから、彼の旅はますます頻繁になる《中川・久米伝、七五頁～》。一九〇九年（明治四二）の小田原、一九一〇年の長府《ちょうふ》に続く一九一一年の大津への旅は、歴史地理の会が主催した講習会

への出講である。会は毎年、諸学校の教師を誘引し、好評だった。大津で講演した折、洪水で東海道線が不通になったが、徒歩で連絡駅に到着、目的を達した。講話中いわく「学者が講演に行くのは武士が戦場に出るのと同じ。奮励一番、徒歩の労に堪えた」と。一九一二年（明治四五）には大隈重信夫妻と共に山陰を旅した（その見聞は一九一五年の著『裏日本』にまとめられた）。

続いて久米は湯河原《ゆがわら》で静養し、それ以後、「冬は向陽の暖地に、夏は清涼の楽地」に滞在し、「春秋には東西山水秋冷の地」に清遊し、「詩を賦《ふ》し文を作り、人生至楽の境遇に余生を送り、請われれば揮毫《きごう》に応じた」。《中川・久米伝》に数々の詩が載せられているが、それ以外に、旅先での揮毫がその地に現存する例も知られている。次に読み下し文で示す漢詩はその一例で、揮毫は箱根芦ノ湖の松坂屋に寄贈され、軸装されて今も残っている。

燃犀《ねんさい》は遠く大西洋を照らす　経済の疏文《そぶん》は無心の章
青史《せいし》は別に千古の眼を開き　永く天地に留まって輝光あり

久米は、一九二〇〜二六年に数回、この旅館で保養した。一九二六年（昭和元）の滞在時の叙景的な漢詩「白雲の生ずる処　霊泉あり」が《中川・久米伝（一〇五頁）》に掲載されている。先に引用した揮毫「燃犀…」もその頃の作品と推察されるが、こちらは、叙景的というよりも思索的学究的であって歴史家の面目をよく発揮しており、また、「大西洋」という固有名に「旅する人」の執心をうかがわせている。なお「燃犀」とは、「サイの角を燃やす」こと、転じて「物事を明らかに見抜く」の意、「疏文」は「注釈」の意だそうである。

それと前後して、一九一四～一六年（大正三～五）には清水港、三保、久能山《くのうさん》、静岡、大津、竹生島《ちくぶじま》、長浜、米原と清遊が続く。米原の宿では賊の侵入に遭う。賊は久米の風貌を見て渋沢栄一男爵と誤認したらしいが、被害はなかった。途中の一九一五年、『近江蒲生郡志』編纂の二年目、久米は現地で中川泉三ほか担当者と面談。階段を上るには「運老器」という盥駕籠《たらいかご》で担ぎ上げた。以来、軽井沢、善光寺、安土、塩原、京都、奈良も含む各地を順遊、一九二〇年（大正九）、亡父五十年忌に際し伊勢、大阪、神戸、厳島を経て佐賀へ帰省、師範学校で講演した。秋には再び九州へ、また近江へ出向く。その後、大正の末にかけて、身延《みのぶ》では幽邃《ゆうすい》探訪、松島では名所巡覧、塩原では紅葉観賞、天橋立では景勝俯瞰《ふかん》と、存分に旅を愉しんだ。

一九一五年、早大の殖民政策学者・永井柳太郎が中国を旅し、感想記を久米に示した。久米は評言と解説を加え、こうして共著『支那大観と細観』（新日本社、一九一七年）が成った。久米は「旅に三種あり」「はたごやの起原」「漢の高祖は旅館の亭主」等、古今・和漢洋の旅行談義を披露してサービスした。

日本は久しく鎖国し、外国の旅行者に対して旅館の満足を感ぜしむるといふ注意は浅い。（中略〕中国には鎖国がなかったから、旅館は〔中略〕広く外国人をも客とする思想はあるが〔中略〕駅路の設備は官人の往来のために存したので〔中略〕駅のある所には必ず客舎がある〔中略〕あたかも西洋のステーションホテルの如く、宿泊もできれば送別会をも開ける。《細観、後段四九頁》

「旅する人」久米は、このように、長い一生の中の多くの日数を旅に充てて、各地の風物・人情・生活・産業を観察し、見聞と旅情を筆に託した。最晩年の旅の愉しみをたたえた毛筆書きの稿が、『近江栗田郡志』（一九二六年）の序文として印刷されている。《実記》ソックリの、漢字の多い文語体で書かれているので、現代文に改めて引用する。

村の老人と一緒に小さな船に乗る。左右の峯が迫り、水は紺碧《こんぺき》を湛《たた》え、深い所は六、七丈にも及ぶ。山は険しくはないが、「巫山《ふさん》の谷の舟は日中か夜中でなければ日月を見ない」という景色が連想される。喜撰《きせん》山の麓に着く。喜撰法師が休息した岩穴があるという。水門工事を参観、簡素な電車で西に走り、宇治に下る。

巫山とは四川省・湖南省の境の山。揚子江が貫流して深い谷を形成し、真昼か夜でないと天体は見えない。八七歳の久米は、連想をめぐらせながらこの旅を楽しみ、得意の山水描写の筆を進めたのだ。

富士を愛でて

大隈夫妻と共に山陰を旅した後の一九一二年（大正元）、久米は腎臓を冒され、ほどなく快復したが、その冬は温暖の地・湯河原に寒を避けた。以来、避寒の習慣が定着し、特に清水の宿にはたびたび滞在して、一九一九年（大正八）には冬の大半をそこで過ごすこととなり、いわば「第二の自邸」を持つような生活が始まった。

昭和に改元した一九二六年、米寿の新年も清水で祝い、富士の眺めを愉しみつつ、

旭日　窓前　富峯の雪　また迎う八十八の正元、

八十八年　身なお健　芙蓉の雪色　朝陽を拝す

といった詩句に興じて、長寿を賀した。

一方、継嗣・久米桂一郎は一九二九年（昭和四）、伊豆田方郡三津《みと》浜に別墅《べつしょ》（別荘）を造営したが、邦武は一九三〇年（昭和五）の冬をそこで過ごした。沼津に近い浪静かな海辺で、これもまた、岬と島の間に水際から聳《そび》え立つ富士を遠望できる景勝の地であった。

旅の終わり

このような晩年の日々、旅先で病んだことも何回かあったが、九〇歳に達した時の体重は一八貫（六八キログラム）《中川・久米伝、八〇頁》。洋行期の鋭い容姿は失せ、福相ゆたかな体軀《たいく》の持ち主となった。しかし一九三一年（昭和六）一月、三津浜から湯河原に移ったのち

次第に体調を崩し、二月二四日に長逝した。享年九三歳。東京麻布一本松の賢崇寺《けんそう》（禅宗）の墓に、夫人と共に葬られている。継嗣・桂一郎も後年そこに葬られた。

第二章　修学時代――藩校生・昌平黌生

1　若年の日々――久米は何を学び、何を教えたか

学ぶ人から教える人へ

長旅になぞらえられるほどの味わい豊かな人生を享受することになる久米は、第一章2で見てきたように、生家、近隣そして諸学校の人々から多彩な影響を受けつつ成長し、やがて社会人としての活動を始める。その途上、「学ぶ」人から「教える」人への移行を含め、久米は、修学の場でどんな経験をしたのか。本章では、修学の場の仕組み、教えられた学術の中身などを、記録から抜き出して考察したい。

予が字を知る初め

久米邦武が「字を知る初《はじめ》」と記憶に留めているのは、一八四五年（弘化二）、山方《やまかた》・里山方《さとやまかた》に任ぜられていた父が宿直のとき、その職場（城の二の丸の焼け跡に建てられた廨舎《かいしゃ》（役所））へ、掃除男に連れられて弁当を届けに出向いた際のことであった。城内で

少年の頃の邦武（久米美術館蔵）

イチゴを摘んで遊んだりした後、廨舎に所蔵されている『三才図絵』百余冊を引き出して披《ひら》き、鳥獣草木の名を仮名で、また多少は漢字で記憶したのである。正則《せいそく》に漢字を知ったのは、兄から『大学』の素読を授《さず》かった時で、十月玄猪《げんちょ》の日であった。ただし生来、人から教えられることを好まず、兄の教えも敬遠したので、姉が間をとりなしたという《中川・久米伝、一一頁》。

父が勢子《せこ》奉行となり、邦武もいったん生地を離れたが、間もなく佐賀に戻り、一八四六年（弘化三）二月、藩の学校・蒙養舎《もうようしゃ》に入学、『論語』の素読を授けられた（第一章2）。

一八四九年（嘉永二）、邦武一〇歳のとき、父は大坂勤務で留守となる。母の手一つでは教育が行き届かぬからとのことで、親戚の者が武富圯南《たけとみいなん》の塾に入学させた。武富宅も、久米家と同じ八幡小路の東にあった。蒙養舎に出向く日のほかは、武富塾に通って友人を得た《回顧録、上、二二九頁》。塾名は天燭《てんしょく》社。なお、午前は蒙養舎、午後は天燭社に通ったとも言われる《中川・久米伝、一二頁》。

友人の一人、塾の東隣に住む福地文安は名医の息子で、その家の蔵書に『訳鍵』という題で刊行された蘭和対訳辞書があった。久米は福地と共にローマ字と綴語を知った《回顧録、上、二三〇頁》。

外国語との出会い

ついでながら、現今の読書界の通念として、久米邦武は外国語学習に熱心でなかったと見られているようであるけれども、最初の外国語接触体験は、思いのほか早く、かつ本格的なオランダ語学習典を媒介とするものであったと言わなければならない。

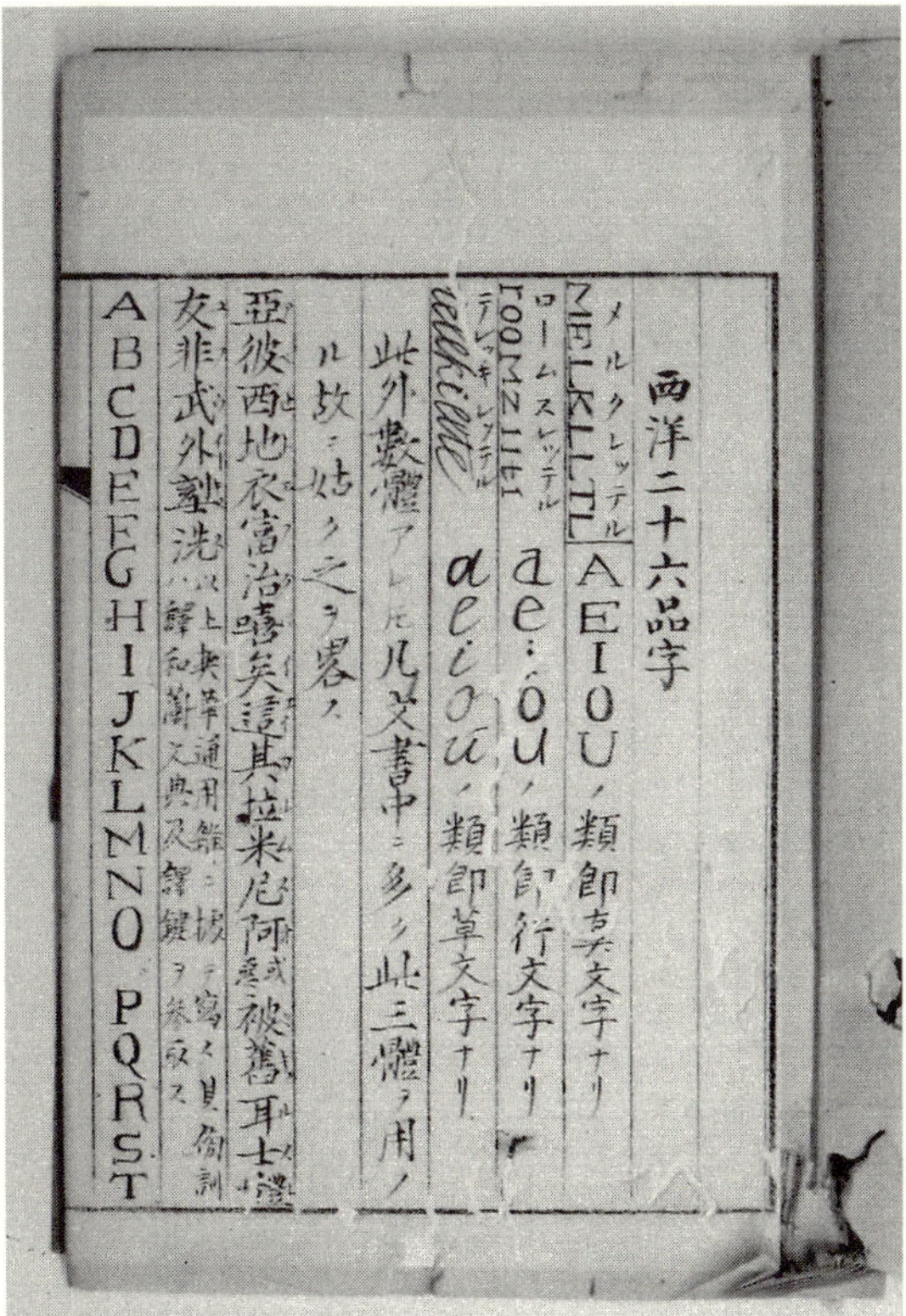

西洋文字の学習　久米手稿（久米美術館蔵）より

この塾を開いた武富については、後に久米が碑文を書いている（《佐賀・教育五拾年、上、四二八頁》《回顧録、下、附録、一頁》）。武富の祖先は明の人で、佐賀に定住したという。一八〇八年（文化五）四月一八日生まれ、朱子学を修め、江戸に遊学、一八四八年（弘化四）、藩侯の抜擢で教官となり、一八七一年（明治四）まで精励した。儒学者であるが、歴史・国典をはじめ詩文・書画・音楽にも通じ、佐賀の文運の振興に貢献して、一八七五年（明治八）二月二七日に没した。

久米家の話に戻って、父が大坂勤務となった機会に、邦武は手紙で希望を伝え、書籍購入を乞うた。父は、『史記評林』『四書大全』『歴史綱鑑』『明鑑易知録』『十八史略』『詩韻珠璣』『詩林良材』、絵本では『前太平記』『北条時頼記』などを買い求め、送ってくれた。

それから丸四年を経た一八五三年（嘉永六）、父が大坂から帰る頃、邦武は一四歳になっていたが、歴史類はすでに読み尽くして、通鑑（『資治通鑑《しじつがん》』）を読んでいた《回顧録、上、一三二頁》。

算術を知る初め

久米は、「字」を知り書籍に親しみ始めたのとほぼ並行して「算術」にも接近した。これは、武家の子弟には極めて珍しい閲歴であったが、そればかりでなく、史学者としての、また、より広義に文化人としての、彼の仕事ぶりを左右した諸要因のうちの重要な一つに挙げられるべき事柄でもあったから、彼自身、『回顧録』およびそれ以外の著述で、何度かそれに言及している。

例えば新聞連載記事「泰東史談《たいとうしだん》」（一八九四年（明治二七）《著作集、三、一九九頁に収録》）の緒言《ちょげん》で、幼かった自分が史学を志向するに至った事情を語り、「父の誘導」の効果が顕著だったことを述べた際にも、父が「算術」を、なぜ、どのように誘導したのか、すこぶる具体的に記述している。以下、現代文に改めて紹介する。

私の父は藩の蔵方《くらかた》に勤めた俗吏で、酒をたいそう好んだ。酒を飲む手並と役人向きの才能は、自分自身のために使い果たしたが、其の上澄《うわずみ》と、そして世事の表裏を推察する智力や抵抗力、さらに加えて読書好きの気質とを私に遺伝しながら、私が学齢に達した頃には、大坂にある佐賀藩の蔵屋敷に勤務し、私が「学に志す年」すなわち十五歳になった時に戻ってきて、また酒を飲み始めた。酔ってから私に向かって「お前は読書を好むようだが，算盤《そろばん》は知っているのか」と問うた。私が「知りません」と答えたら、父は「身分の低い武家に生まれたのに、算術も知らずに生涯を遂げることができると思うのか」と大笑いした。

私は、憤慨したもののそれを口には出さず、其のころ雇っていた下僕の所持する『算法大全』と言う本を借りて、算術の学習を始めた。

算法の教科書

ところで、この『算法大全』という書名には疑問がある。久米旧蔵図書には含まれていないし、数学史書の典籍一覧表などにも記載がない。その反面、旧蔵図書には、久米文庫という蔵書印の捺された和綴本『算法新書』が見られる《文書、一、付録2、一七頁》。こちらは数学教育史の世界で知名度が高く、数学史家*の評によれば、「まず理論を説明し、問題を掲げ、その解義を載せるという順序を取ってい」て、「西洋の数学書の構成に近く、学習者の理解をひじょうに容易にした。そのため、名著の名が高く」、「明治の中ごろまで何回かにわたって重版され」たという。

＊矢島祐利・関野克・監修『日本科学技術史』、数学史項目の担当は大矢真一。そこで推測だが、久米は、回顧録口述その他の機会に、書名を取り違えたのではないか。『算法新書』の書誌事項は次のとおり。長谷川寛（一七八二～一八三八）・総理、千葉雄七〈胤秀〉（一七一三～八九?）編、江戸算学道場、一八三〇（天保元）年刊行。

なお、前掲の大矢論文によれば、『算法新書』のまとめ（総理）を受け持った長谷川寛は、この作品の好評の故に、「和算家の生業を奪うもの」とされ、和算の名門「関流《せきりゅう》」を逐《お》われたと伝えられているそうである。そのように由緒のある数学書を、幼い久米が借りて読んだかどうか、確かめるすべはないけれども、晩年の彼の手元に『算法新書』が置かれていたことは疑いない。そのこと自体、漢学出の人物の書斎では稀な事実と思われる。

相場・利息・開平・開立の計算

さて、父の誘導の下で息子・邦武は、どんな算術を体得したのだろうか。以下、まず彼が記したとおりの和算用語で列挙し、その下にあらためて、今日の対応用語を示す。

(1) 八算見一《はっさんけんいち》　二桁の掛け算・割り算

(2) 相場割　比例算

(3)利息算　元金・利率・期間・利息
(4)差分《さぶん》　比例配分
(5)開平方《かいへいほう》　二乗根
(6)開立方《かいりっぽう》　三乗根
(7)測量　平面測量

久米は、(1)を暗記し、(2)(3)(4)を習得し、次に、碁盤を眺めて(5)を悟り、さらに、大根を切って(6)を悟り、最後に(7)をマスターしたのだそうだ《著作集、三、二〇二頁〜「泰東史談」》。なお、(1)は九九のようなものだけれども、珠算における二桁以上の割り算では、見一《けんいち》無頭作《むとうさく》などと唱えて計算する。

久米は、仲間がこの種の算法を習得した時の様子を、以下のような実例でいきいきと語り伝えている。

友人・福地文安も算を習い始め、二桁割の見一となり、最初、百十六とて百を十六で割るのが難しく、文安は、見一頭作の一と、帰一倍一ということを実算に引き合わせて考えたが、「あッ　割るには一桁下がるのだ、デ　一を三に割れば、三一は三十と一、見一は九十と一だ、分かった」と悦んだ。

《回顧録、上、二三二頁》

右の算術の中身は、『算法新書』中の一例題、「今、銀　百目を十六に割り何程と問う　答　六匁二分五厘」およびその解説とソックリである。

我が家の実費の幹となれ

話は久米父子に戻る。やがて息子は父に、「算盤は大体のみこみました。もう大丈夫です」と報告する。しばらく後に父がやってきた。懐から米券一枚を取り出し、「此の券の米を四倍せよ」と演習問題を出して曰く、「此《こ》れは百石の券で、現米〔扶持米〕としては四十石に相当する。これが我が家の収入なのだ。デ、この中から自家用の飯米を差し引いた残りの値に、一俵〔三年〕の平均値金一分一朱を掛け算すれば、それが一年の我が家の実費となる。さぁ、今年からお前は、我が家の実費の幹となれ」と。幹とは主管といった意味である。このとき父は息子に、家計管理の移譲を宣言したのである。

以上、類例のなさそうな父子の間柄であるが、後年、歴史家としての一家を成した後の久米の言に「十露盤《そろばん》を執りて経書を講ずるは余に始まれり。すなわち父の誘導によりたるなり」とあって、父の影響が深くかつ長かったことの証言を残している《回顧録、上、二三二頁》《著作集、三、二〇二頁～、「泰東史談」》。

2 藩校で学ぶ

佐賀藩校・弘道館の理念

一八五三年（嘉永六）、一五歳になった久米邦武は二月に元服し、その翌年一月、学に志して、藩校・弘道館に入学し、内生寮で起居し始める（第一章2）。

佐賀のこの藩校・弘道館は、一七八一年（天明元）の創設から一八七二年（明治五）の学制改革まで、鍋島家三代の藩侯（治茂、斉直《なりなお》、直正）の治下、九二年間にわたって独自の教育活動を展開し、明治政府の新学制成立を以て使命を終えた《佐賀・教育史、四、六七〜八四頁、三一一〜三三三頁》。

弘道館の課業内容は当然ながら広義の漢学だが、当時すでに多くの藩に設けられていた藩校と比べてみたとき、朱子学を基本とする点は共通であったにせよ、そこに一種の特色があった《佐賀・教育五拾年、上、七八頁》。それは、教授陣（古賀精里《こがせいり》、古賀穀堂《こくどう》。第一章2も参照）が「学究的迂儒とその選を異にし、孔孟の学を実際に適用し国利民福を勧めんとの意気切なる物があった」からだと言い、またそれと併せて、「軽薄なる軟文学には一顧をも与えず、剛毅朴訥を本幹とし」ていたからだ、とも言う。教授陣のこうした発想については、古賀穀堂の文書「学政管見」が伝えられているので、次に抄録しておく。なお文中の「御国《おくに》」とは佐賀藩を指す。

古賀穀堂の「学政管見」　古賀穀堂は、一八〇六年（文化三）に弘道館教授に就任し、翌年、次の「学政管見」を、当時の藩侯・斉直の内覧に供した。その一部を示す。

天下国家の事、先《ま》ずその根源の処に目を附くべし、枝葉の処は如何様にもなるものなり。然《しか》れば学政に於て大肝要なる事は、御家中としては学問をせねば叶わぬという、厳法を設くべし。ただし刑罰を施すという義にあらず、学問勤怠の穿鑿《せんさく》を厳密にし、惰弱放逸の行ひある者は、人の中に顔出しの出来ぬ様にする事。〔中略〕

「学政管見」は、続いて学問の「多面性」「学際性」「国際性」「歴史性」に説き及び、偏狭な学習態度を戒める。ただしその背景には、儒学思想、実学尊重の傾向が見えることは否定しがたい。

学問の規模は極めて広大なり、文道は素《もと》より　その外　弓、馬、剣、槍、礼容、軍法等、みな学問の部内なり、すべて学問の枢要なる点は、芸術の上にはあらず、道理を究め、是非を弁じ、修身より、治国平天下《ちこくへいてんか》の道ならざれば、学問として益なきものなり、然し人には才、不才あり、一芸に達して大道に暗きものあり、これを兼備せよとは無理なる事なり、今時　学者が武人をそしり、武人が学者を嘲り、その外　軍学、和学など互いにそしり合う事、みな井蛙《せいあ》の見なり、これ学問の行われざる根源なり。〔中略〕

御国の事を知らず、日本の事を知らず、ただ唐土《もろこし》の事や古の事のみ知るは、学者の大癖なり、日本の学は古今の制度、さてまた歴朝の事、たいてい学ぶべし、〔中略〕その外　農政、水利、山澤の事など、達する人あらば学ぶべきなり。〔後略〕

そのあと「学政管見」は各論に進み、日本関係の諸学のうち故実《こじつ》や神道は有意義だが山伏などは無用とし、他方、蕃学（洋学）については、異人の道楽と見ずに、世界の思想として究めるべきであり、とりわけ天文・地理・器物・外科などの面では中国を超えるものがあり、政治・経済の面にも学ぶべきところが多いとしている。

専門一家を立る事は、精詳確実の処ありて、古人も之を取れり、剣術、弓術の師範など、御国にはたいてい事備われり、文武、芸術の外に、絵師、猿楽、茶道、歌道、音楽等もありて、何不足もなき様なれども、いま欠典と見へるは、先ず和学、蛮学の事なり、和学は日本上代よりの典故、制度、治乱の事跡を考え、上方にある職原学、衣紋方を習ふ事なり、いわゆる神道は　日本の事実を知る分は学ぶべきも、禰宜《ねぎ》、山伏などは無用の事なり〔中略〕

蛮学も当今　江戸上方などに流行し奇怪を好む人などの為す故《ゆえ》に世に異人と見做《みな》し、ただ慰み事と称ふれど、全くさにあらず、蘭学は和蘭の学にあらず、世界の言を究むるなり、西洋諸国は天文、地理、器物、外科など唐土より詳しきは諸人の知る所にて、治国の制度も面白く経済の助けになるべきなり。

（以上、《佐賀・教育五拾年、上、八九頁、一二五三頁》および《佐賀・教育史、一、一六九頁》による）

以上が古賀穀堂「学政管見」の骨子であるが、まず学問への意欲を根本に挙げ、続いて縄張り根性を戒め、一方で日本の伝統を尊重し、他方では蘭学にも正当な理解を示して、目配りの利いた奨学ガイドラインの趣をなしている。

奨学の指針と実務

右の「学政管見」を発表した後、古賀穀堂は、藩侯・斉直の子である直正の御側頭《おそばがしら》となるが、直正は、一八三〇年（天保元）に次代の藩侯となり、古賀を御年寄相談役に任じ、質実剛健、民本政治、学事奨励を基本とする政策を実行に移した。学術面で言えば、弘道館の経費増強を提言し、一定の実績を収めた。ただし節約には大いに意を用い、粗衣粗食令を申し渡し、みずから実践したので、学館・弘道館の食事もきわめて質素となり、「菜根を咬み得て百事なすべし」、「破れ畳に角行灯，衣食の人は論ずるに足らず」を気概とした。その実態は、久米が回想した通りである（第一章2）。

大隈重信との学縁

なお、人間関係の上できわめて重要なことであるが、藩校・弘道館の一年先輩に大隈重信がおり、親交が始まる（第七章1と3）。久米が一年遅れだが相次いで内生寮に寄宿し、二人とも「洒掃頭《さいそうかしら》」（年少生の中の生活当番を取り仕切る役）に選ばれた。「学の人」久米について言えば、彼が寄宿時代に大隈から得た最高の示唆は「歴史を読むには批評眼を磨くべし」であった（第五章2）。

しかし両人の弘道館での交友は、翌一八五五年（安政二）にいったん途切れることになる。六百人もの寮生を収容して隆盛を呈していた内生寮は、南北の二寮に分けられ互いに競励することになったが、六月某日、南寮の大隈が北寮に出向き談論して深更に及んだとき、不測の暴動が発生し、結局、大隈ほか数名が退校の処分を受けた。遠からず復学の処置はなされたのだが、大隈は考える所あって戻らず、蘭学寮に移ってしまう。そののち大隈はさらに英学も修め、やがて外交その他の国政に深く関わってゆく。

大隈はこうして、久米とは違ったキャリアを築いてゆくことになるのである（《時勢、二四九頁〜》および『大隈侯八十五年史』一九二六年（大正一五）、六頁）。

藩侯も熱く論じた唐鑑会

さて、一八六一年（文久元）、佐賀の藩侯・鍋島直正が引退を決意し、嫡子である茂《しげ》実《さね》すなわち直縄《なおただ》が相続して直大《なおひろ》と名乗ることになったとき、藩校・弘道館で、久しぶりに「唐鑑会《とうかん》」が開かれた。この会は、直正の若年時代に始められたのだが、この度は、その直正が、次の藩主・直大への教育効果も考慮して再開を指示したのである。

『唐鑑』とは、中国の古典書の名であり（第五章2も参照）、その内容は唐代の政事の重要事項を集約し論断したものである。著者は宋の范祖禹《はんそう》という人物だが、彼は、北宋時代の史家・司馬光《しばこう》（温公）が『資治通鑑』を著わした時の協力者の一人であり、唐代の歴史の編述を担当した。

唐鑑会の趣旨は、古典を会読したのち談論を交わすことにあるが、正面の机に藩主・直正、その右側に嫡子が座し、以下、若手の重臣、次いで精選された書生たちが並ぶ。平素は顔を見る機会さえなかった藩主と同席し直面しつつ自由に議論する仕組であって、「思い切ったる過激の言論も許されたので、上下の意志の疎通に於て、相互に益する事が多大であった」《佐賀・教育五拾年、上、一七〇頁》。その書生の中に久米邦武も、また、その友人・原田敬太郎も含まれていたのである。二人は、一八六三年（文久三）、合い携えて江戸へ遊学し、昌平黌《しょうへいこう》に籍を置くことになる。

唐鑑会での討論の有様は、五例にわたって具体的に書き留められている（《公伝、五、六〇頁～》および《回顧録、上、四二六頁～》）が、久米の発言が含まれている三例を紹介してみる。

まずは聖人論である。

藩侯　古の聖人には小器用な人が多く、孔子は下手《へた》大工、孟子はただの議論家、後世〔の技術革新の象徴となる〕蒸気船を造る人が〔史上に〕いたとすれば諸葛亮ぐらいだろう。

久米　禹《う》は勾股弦《こうこげん》の測量算を発明し周髀算経《しゅうひざんけい》を伝えた。『大学』の「絜矩《けっく》の道」は此《これ》に外ならぬ。禹もその一人に数えたい。

藩侯　禹は水利に巧みな普請《ふしん》の適材である〔が〕、蒸気船は測量算ではできるまい。

次に英雄論を挙げてみる。

藩侯　平清盛は英雄だ、世間では源義朝をその相手の如く言うてきたが、義朝は一介の猪《いのしし》武者で、戦略も政略もない。

書生　源平両家の戦には平家方の敗戦が多い。

藩侯　その負ける所が清盛だ、智者は負けて勝つのが兵略である、この訣《ケツ》〔奥義〕を知らねば大事は成らぬぞ。

右の英雄論について書生らは意外に感じたが、久米たちは考察を深めて、「清盛は、武権・外交権・政権・宮中の権を収め、兵庫港を開いて宋と交通した偉業英志は、稀に見る所」と思い当たり、「京都に幕府を開いたのは清盛に始まるのであって、〔後に源〕頼朝が開いた鎌倉幕府は、その変形に過ぎぬ」との結論を得た。久米は更に、「いま徳川幕府が外国の圧迫に耐えずして政権を朝廷に奉還しようとする過渡期に、〔直正〕公の清盛批評は貴重な意見を伏在させている」と推量するに至った。なお、後年、久米自身も清盛を論じているのは興味深い《時勢、八八頁》。

第三には海防論を挙げる。

久米　日本のような海国では、離れ島まで防御するのは不可能だから、一旦、敵に委ね、いつの日か、こちらの作戦に有利な海岸へ攻めて来たら打ち砕くよう、備えておくのがよい。

藩侯（聞き終わらぬ内に、声を励まして）何、離島を敵に渡すと言うのか、伊王島には砲台もあれば防衛の兵もいる、それを異国の船に渡すとは以ての外の言い分じゃ。

その日の会はこの叱責で御開きになった。同席の年長者は座長に対して「久米が失言して殿の激怒に触れたのは、私からお詫びしよう」と申し出た。しかし座長は「書生が会読の席で失言したからといてお詫びなさるには及びますまい」と制止した。

そのほか、封建制と郡県制との得失比較論もあり、中国の長い歴史に照らせば「郡県制では政府の任命する役人が時々易《かわ》って、真に愛民の誠意はなく〔中略〕、その地の住民に疎《うと》まれる」ことがあるものだが、その反面、明治日本の情勢を通観する限り「地方民の望を得た者が中央の命に左右されなくなれば、一種の封建となる」と考えられることから、どちらかと言えば封建を可とする結論に達している。

以上に見たとおり、この唐鑑会とは、ネーミングから想定される古典の訓詁（字句穿鑿《じくせんさく》）の集いとは全く異質のものであり、大学院の主任教授どころか学長自身が院生・研究生集団を相手にして熱っぽくディベートしているかのような、しかも時代感覚に満ちたゼミナールだったのである。文久年間、藩の学校の一室でこんな学習会が開かれたということ自体、ほとんど信じがたいのではないか。

実力で奉答

久米自身にとってもこの経験は強烈だったのであろう、明治後半期の著作の中で、藩侯・父および僚友の言動にも触れつつ、次のように回想している。

両公〔直正、直大〕出座ありて、親族、国老輩と同席にて書を購読するは、藩初より未曾有の事てありき。その頃　国王の威厳は、侍の資格にてその前に出れば頭を席に頓《とん》して平伏し、声咳《せいがい》を聞くさへ栄となす程なれば、流石《さすが》の〔我が〕父も是には感激し、儀容を失ひ粗忽《そこつ》の罪をうけなと訓戒したりけり。しかれども書生の常態として、此の会こそ老公の真相を窺い知る時なれど、同友かつ喜びかつ恐れ、其の席に参りしに、頓《にわか》に会読にかかれば、老公より質問あるにより、答へをなすや、だんだんと問答は重なりて、古今に馳騁《ちてい》し〔駆け巡り〕、和漢に渉猟《しょうりょう》し〔探り歩き〕、経史子集に氾濫《はんらん》〔あふれ流れる〕して数々縄墨《じょうぼく》〔きまり〕の外に出る警説ありて、ほとほと答へに渋ること多く、会畢《おわ》りて罷《まか》り帰るとき、同友たがいに目をひき、老公の学力は恐れ入りたり。爾後、下見は無益なり、実力を以て奉答するより外はなしと、是より一層の奮発心を生じぬ。

〈「泰東史談」《著作集、三、二〇四頁》〉

さて、久米の学び初め、とくに家庭での、また藩校（蒙幼舎および内生寮）でのその有様については、既に述べた（第一章2）。そこで、今からしばらく、当時の藩校、とくに佐賀の弘道館の特徴を考えてみたい。

藩教育の多様化——諸藩間の競争原理

藩校については多くの研究があり、藩ごとの方針の違いなども指摘されているが、藩校相互の競争原理の見地からの論評も見られる。

会津・日新館《にっしんかん》の出身者は〔中略〕〔江戸に設けられた幕府直轄の〕昌平校《ママ》に多く遊学し、遊学したからにはそこの舎長の地位を得なければこれを恥辱としたという。こういう会津藩士に対し昌平校における好敵手となったのは、多分、佐賀藩弘道館の出身者であろう。ここの藩祖・鍋島直茂の壁書を潤色した「葉隠」は弘道館の課程には含まれなかったが、その影響で、藩士一般に自信の念が強かった上に、弘道館では一千人の生徒に対し教授以下、指南役まで合わせても十七人という手不足のため、会読も生徒自身が主導して互いに奇説妙論をたたかわすうちにおのずから言外の真理をとらえる経験を積むので、ここの出身者は昌平校の会読に出ても議論に勝を制する事が多かったとのことである。

〈和島芳男『昌平校と藩学』一二一頁および一五二頁〉

また、藩侯自身、当時としては例外と言えるほどの開放的性格を身に備えていた。久米の《回顧録上（四四二頁）》によれば、我が佐賀藩では学説の異同はあっても、朋党が分かれなかった。これは、閑叟公自らが攘夷の模範を実施し、尊王の大義を認められたからだという。さらに、義祭同盟（第七章3）や廃幕論にも理解を示されたほか、「学校派、蘭学派、攘夷派等の色別があったが、何れも言論に拘束を加えられず、故老は危険視しても其の交遊に制裁を加へず、自由に任せられた」とさえ記している。

そうした藩風については、前述の古賀穀堂も佐賀藩江戸邸の学校・明善堂に関する文書『明善堂記』で、「当今の世、有用の学を講ずる者、佐賀藩より始まると、此れ快事にあらずや」と称し、それは「弘道館の設けありて人才を教育し」たからだと述べた（杉谷昭『鍋島閑叟』八六頁）。

久米は、晩年、八五歳を迎えた一九二三年（大正一二）に、弘道館記念のための碑文を書いた《回顧録、下、附録、五九頁》。「弘道」の名の由来、創設以来の沿革、古賀精里・穀堂の貢献、規模の拡大、維新期に縦横の活躍をした人材の育成など、愛着をこめて文を撰した。なかでも、藩侯が財政逼迫時に同館の費用を増額して大講堂や寄宿舎を建設したこと、さらにまた、同館が後に岩倉家の子息の遊学を受け入れたこと（本章5）等についても、感慨を新たにして筆を進めている。

3　佐賀の学問的環境の変化

フェートン号事件以後

佐賀の藩校はこうして充実の一途を辿ったのであるが、幕末期、世情の緊迫と共に、藩の内外で激動の時代の到来がありありと実感され始めていた。顧みれば、最初の衝撃はフェートン号事件だったというべきか。長崎に英国軍艦が突如侵入したとき、警備の番に当たっていた佐賀藩の対応が甚だ不備であったため、藩は著しい汚名を受けることになったのである。

久米自身は、《回顧録、上（二〇一頁～）》の、幼少期の「余が字を知る初と佐賀の政教」の節を挟むいくつもの節で、たえず眼を転じながら社会の動きを点検し記録している。そのすべての現場を久米が見届けたわけではなく、《公伝》編述のために集めた資料などを再確認し口述して《回顧録》に収録させたのであろうが、そのいずれもが、幼少期の久米の耳目を強く刺激した出来事であったことは間違いない。

幕末佐賀の学術略年表

さてここで、「学術」に直結する範囲の事項に関して、時代をやや拡張しつつ、《回顧録、上》中の重要な項・節のタイトルを摘出し、頁と年代を示しつつ、補注を加えておく。

長崎に英艦突入／長崎奉行の自殺　四四頁／一八〇八年（文化五）フェートン号事件
公の長崎巡視と蘭船乗込　九九頁／一八三〇年（天保元）
西洋火術採用の始　一二七頁／一八三五年（天保六）
筑前と長崎築堡示談　一九四頁／一八四五年（弘化二）
佐賀人物の新陳代謝　二〇六頁／宋明の学の衰退
蘭学の発達　二〇九頁／伊東玄朴・大庭雪斎ら
英仏米船出没と外冦の勅諭　二一一頁／一八四六年（弘化三）
オランダ種痘の輸入と種痘の起　二二〇頁／一八四九年（嘉永二）
長崎海門に新砲台の築造　二三四頁／一八五〇年（嘉永三）〜
築地反射炉の鋳砲　二四二頁／一八五〇年（嘉永三）〜
佐賀に精錬方を設く　二五五頁／一八五二年（嘉永五）石黒寛治ら
オランダへ造船嘱託　二八四頁／一八五三年（嘉永六）
安政の佐賀学界概況　三八九頁／軍事・医事にも蘭学
佐賀に海軍所創設　四一二頁／一八六一年（文久元）

競争原理が働く世界

そもそもフェートン号事件の背景には、長崎防備に関する一六四一年（寛永一八）以来の肥前藩（佐賀、鍋島家）と筑前藩（福岡、黒田家）との交代制があったわけだが、この制度にしても、幕藩体制の中での藩相互間に競争原理を働かせる意図から出たものと解する意見がある。他方、鎖国日本に開国を求める列強の間での「競争」はもちろん熾烈なものであった。久米は、この種の競争が渦巻く時代に幼少期を過ごした。その体験は、彼の壮年期の「米欧回覧」、とくに「万国博覧会は太平の競争」と見る姿勢などに、深層において作用し続けたのではないだろうか。

以下、補足として、久米の周辺の史実を少々並べておく。

一八五一年（嘉永四）、佐賀・八幡小路の久米邦武の生家の近くで「医学校」が再開された（第一章2）。これは、一八三四年（天保五）に創設され後に中絶された「医学寮」の復興である。また同じ年、これもその近くに蘭学寮が開設され、大庭雪斎《おおばせっさい》が教導となった。

大隈重信は蘭学に志したが、のち英学に転ずる。その間、フルベッキ（第四章1）との交流を深め、藩の殖産政策への傾斜を強めてゆく。

藩侯・鍋島直正は、先見の明を発揮し内外の注目を浴びた。軍事技術に関しては、次のような批評があるが、彼の足取りを適切に言い表していると思われる。

> 直正は冷静かつ慎重であったので、幕府の先に出て幕閣から睨まれるようなことはしなかったが、〔中略〕鋳鉄砲の分野では逆に幕府に大きく差をつけた。幕府は〔中略〕一門の鋳鉄砲も作りえなかったが、佐賀藩は二百門の鋳鉄砲を作って、江戸・長崎の海防砲台の備砲を幕府に代わって供給し

た。

（藤井哲博『長崎海軍伝習所』六〇頁）

「幕府はいわば佐賀藩に対して大きな借りがあった」のだと判定するこの見解は面白い。

直正は、一八六一年（文久元）、隠居して閑叟《かんそう》と号し、次第に国事へのかかわりを深める。機会をとらえて京都の朝廷、江戸の幕府の両者に接触する。この人物もまた「旅の人」であったと言えよう。しかしながら晩年には健康がすぐれず、積極性を失った。その頃の彼の進退については「韜晦《とうかい》の軌跡」といった見方もなされている（杉谷昭『鍋島閑叟』一二五頁）。

薩摩行き

一八六二年（文久二）五月、久米は佐賀藩侯の信書を薩摩藩侯に届ける飛脚として鹿児島への長旅を経験した（第一章2）。道々、久米は学者、剣客らに会って世情を教えられ、また、各地の地勢、史跡、産物、風俗、方言その他の観察を続けて得るところが多かった《回顧録、上、四六九頁〜》。

4 江戸昌平黌へ

江戸の昌平黌での一年余

一八六二年（文久二）、佐賀の新藩主・直大が入部《にゅうぶ》（初めて領地に入ること。入府ともいう）した（それを迎えたときの久米父子と大隈との奇妙な縁については、第七章2を参照）。その直大が藩校・弘道館を参観したとき、最優等生だった久米は、書生の首席として『論語』

の講義をした。そのような縁もあって、久米は江戸の昌平坂学問所（昌平黌《しょうへいこう》）に進学することになる。一〇月五日に発令があり、一一月一一日に原田敬太郎と二人で江戸へ向かう（第一章2）。

翌一八六三年（文久三）一月、久米は、同藩の経義掛・岡本徳次郎の紹介で昌平黌の書生寮に入った。寮での暮らしは佐賀藩校の頃と同様、あるいは、もっと荒っぽかったようだ（第一章2）。

昌平黌での学習は、儒学の講釈をはじめとして、教授連が臨席する輪講会が主なものであったが、外出して名士を訪問すること、優秀な学友と議論することにも力を注いだ。詩文の会もあり、平仄《ひょうそく》や漢字の研究も盛んで、久米はその年の四月から詩文掛をつとめた。

それとは別に、寮の「月算」という仕事を受け持った。これは寮の賄の幹事役で、久米は、幼い時からの算法達者が買われてこの役を任され、「月算例規」をまとめた《回顧録、上、五二四頁》。また、同年一二月には寮の舎長助に選ばれ、三人扶持を給された。

昌平黌での久米邦武は、もちろん主として「学の人」であって、例えば字・音・文・韻の諸問題、朱子学への統一から考証学への移行の考察などに深く意を用いた《回顧録、上、五四二頁〜》けれども、寮の生活ではやはり「実務の人」の力量をも発揮し始めていたのである。

同郷の学友・原田も、一二月に詩文掛に推され、また、久米が退寮した一八六四年（元治元）四月から舎長助を継いだ。久米の品定めによれば、「経義掛は堅実な勉強家」、「詩文掛は、同僚の詩を添削できる才学家」の由（《回顧録、上、五二九頁》。以上、昌平黌での任務や人事については、『昌平黌書生姓名簿』を参照した）。

昌平黌での邦武の学習ぶりを直接に示す史料は、久米美術館所蔵の手帳類に何点か見られ、特に「茗渓読記」などと題されものは、茗渓《めいけい》すなわち昌平黌の所在地「御茶ノ水」での学習記録と解されるのであるが、日付や相互関連は目下ほとんど不明で、今後の調査に俟《ま》たなければならない。ただし一点だけ、年代の推定の可能な手稿「尚書日知札記」が発見され、《文書、四〔四四四頁～〕》に収録されたので、研究の進展を期待したい。

邦武自身は、一八六四年春、昌平黌を退き、帰郷の旅に出る〔第一章2〕。紀行文は「跋渉備考《ばっしょうびこう》」《文書、四、四二七頁》である。

『大英国志』との縁の始まり

昌平黌には、儒学者・林羅山《はやしらざん》の蔵書を始め、多年にわたって集積されてきた蔵書群があった〔明治期に、太政官文庫を経て内閣文庫に収められ、現在は国立公文書館に引き継がれている〕。久米は当然ながらそれらを活用したが、中でも『大英国志』という書物とは深い縁を持った。その縁の深さは、《実記Ⅱ〔二三五頁〕》や、ずっと後の論文数編の中にまで、姿を留めている。第一に、「神籠石《こうごいし》は全地球の問題」《著作集、二、六九頁》という論文から、久米にとってのこの書物の意義を確かめておく。

文久年間　余が昌平坂学問所に寄宿せし時なりけん。蛮書取調所《ばんしょとりしらべしょ》にて校閲し刊行されたる、耶《や》蘇《そ》紀元千八百五十六年〔安政三〕英国の宣教師慕維廉が香港に於いて訳述の大英国志を見れば、開初に徳雷的《ドルイド》斯教の事を述べたり。〔後略〕

同書のこの節には巨石遺跡のことも書かれていた。しかし当時の久米は、それを単純に、英国の古神道の話と解するにとどまった。

ところで、徳雷的斯教とはドルイド、今日の英語ではDruidとつづるが、久米は第二の論文「神籠石、石輪及び秦の古俗」《著作集、二、八一頁》において、語源・語義その他を論じている。

ドルイド（即　徳雷的）希臘語ドルス（δρῦς = drŷs）ケルト語（deru）は共に櫟樹《れきじゅ》の義なり。その教えは櫟樹を崇重するによりドルイドの名あり。ゴール人の中にて最勢力ありし祭者の族にして、公私の祭儀を司り、また少年を訓育したり。その教えは星辰の運行、天地宇宙の広大無際にして神力の万能なること、人の霊魂は不滅にして死後は一体より他の体に移るなどの理を以てす。

さて、第一論文に戻るが、久米が昌平黌の書生寮にいた時代にはキリスト教厳禁であって、西洋の訳書は、キリスト教にかかわる文言をすべて削除して刊行していた。それで久米は、慶応年間になってから、削除されていない原本を点検した。そこにドルイド教の転生祭祀などが詳しく述べられており、巨石遺跡を連想させる記述も見られた。

久米はさらに、明治期に入ってから、岩倉使節に随行して欧米の実況を一見した際（第三章）、スコットランドの山中で石の遺跡を見て、そのことを《実記Ⅱ（二三四頁）》に書いた（『大英国志』の引用もしたが、文面はやや異なる）。第一論文を書いた明治三五年の時点で考えれば、あれもまたドルイド教の遺物だったのであろう。以下、久米の詠嘆が続く《著作集、二、七一頁》。

爾来《じらい》　既に三十年の星霜を換え、余の紀行〔『実記』〕も世の人に忘れられたらん。余もまた大英国志なども久しく塵底に委ねて　披《ひら》くこともなかりき。

久米はさらに明治二〇年、九州で古文書を探索した際にも関連する史跡に遭遇し、以後、日本での研究の進展に言及し、再び『大英国志』に立ち返って新たに注目すべきことを見出し、「この古跡は必ず全地球に及ぼす大問題なるべし」と力説している《著作集、二、七八〜七九頁》。「神籠石」をめぐる久米の一連の論及は、明治四三年まで続いた《同、九〇頁》。遡って数えれば、前述の「文久年間、昌平坂」から明治末まで延々と関心が保たれ、その間たびたび『大英国志』が引き合いに出されたわけだ。「学の人」久米邦武の気骨、そして気働きをここに見る感があると言えよう。

5　帰藩後の縦横な活躍

教務プラス藩務

江戸昌平黌から戻り佐賀藩に復帰した久米は、さまざまな期待に直面しつつ、新たな活動に立ち向かってゆく。「学の人」に対しては、さっそく藩校の教職が提示される。つまり彼は、学を「修める」人から、学を「教える」人に転身することになるのである。

その反面、学問とは直結しない仕事も想定されていた――藩主の近侍（第四章1）をはじめ、「藩治規約」の策案その他の藩務である。藩務の面について「文学博士　易堂先生　小伝」《回顧録、上、八頁》は言う――これ　先生が政治的手腕を示されし初にして、またその終となす、と。

私たちは、後の節（第四章1と2）で、久米の「政治的手腕」をじっくり確認することになろう。

岩倉家の子弟の就学に協力

さて、唐鑑会の活況（本章2）などからも察せられるが、佐賀藩主のもとでの教育活動はきわめて活発であって、その影響は次第に諸方面へ及んでゆく。たとえば佐賀出身者、とくに副島種臣、大隈重信、江藤新平らのように、明治維新期のいわゆる「徴士《ちょうし》」に選ばれて国政に従事した者たちの働きぶりは、大いに注目され、高い評価を得る。すなわち、

彼らは和漢古今に通じ、朝廷に出て機務に参与し、各方面の人と議論を交換して世界の大勢を知り、経綸の上では組織的建設的に、よく定案を具有して、大綱主義にも局部科目にも之を弁ずるの自信あり、しかも各々見解を異にせるに於いては苟《こう》合せずして、往々互に論争し、而《しこう》していずれも傾聴すべき理想ありて、他の志士の、普通の題目を執えて方策なきに鼓和雷同し、事に当たるの後には自ら屈撓《くっとう》するが如き、いわゆる書生論とは大いに其の選を異にしたり。学問教育は佐賀を第一とす、等々（《佐賀・教育五拾年、上、一七〇頁》および《公伝、六、一九八頁》）

佐賀藩での教育の効果についてのこうした名声は、そのころ新政府の中核に位置することとなった

岩倉具視の耳にも達し、やがて前藩主・鍋島閑叟への次のような懇望として藩に伝えられる。

岩倉　私自身は学殖の乏しい事を残念に思ってきた。佐賀の学校は、さすがに閑叟が心を籠《こ》めたものだけあって、智徳を開進する設備は非常に進歩しており、日本第一と称せられる。私には四人の子があり、みな学齢に当たるが、早晩、貴藩の学校で教育を受けさせたい。

閑叟（当惑して）　当藩におきましても教育法は他と同様で、特に子弟を懇切に教える学校はございません。このような田舎侍の同宿する粗野な荒破屋《あばらや》に京洛の貴紳が従学されるとは、甚だ恐縮に存じます。

という次第でいったんは謝絶の形に落ち着く。

＊岩倉の学歴として伝えられているのは、公卿某家での『春秋左氏伝』の輪講をサボり将棋の腕を誇ったとか、摂家某に師事し公卿の弊習を洗うために歌道に励んだとかであって、たしかに定型的な学習経歴とは言えないようだ。

ところが、岩倉家の御曹司は既に九州へ旅立ったと知らせがあって、藩の故老は狼狽し、「藩校の現状は乱暴を極め、寄宿舎や会食堂の狼藉さのあまり良家の子弟は入舎を嫌う程なのに」と心を痛める有様だった（私たちは第一章2を見直して、故老の心痛を推察することができる）。

しかし藩の若手の意見は誠に健全であった。

大隈の談話　佐賀人は会えば喧嘩議論ばかりして、苟合《こうごう》〔雷同〕するところは全くないが、これは党派心がない事の証明なのである。藩侯はその点、はなはだ寛大で、藩士に向かって歩調を揃えよなどとは未だかって仰せられことがない。人身攻撃など絶無であった。

江藤らの書簡　謝絶は思わしくないと存じます。むしろ、ご優待なさる方向で取り計らうのがよろしいと申し上げざるを得ません。

ほどなく岩倉の貴公子たちは佐賀に到着し、うち二人は長崎でフルベッキ*に師事、別の二人は佐賀藩校の裏手の舎宅に寄宿して就学と事が運んで、一段落となった。一八六八年（明治元）一一月の頃である（《公伝、六、三〇二頁》および《回顧録、下、七三頁》）。その間、久米は、若い就学者四人の迎え入れと世話に誠意を尽くした。その縁が、彼を岩倉家およびフルベッキに接近させることになる（第四章3）。

＊ G.H.F.Verbeck. 英語読み：ヴァーベック（第四章3および《幕末佐賀、五八頁、七二頁》も参照）。

フルベッキとの縁あれこれ　実を言えばフルベッキは、それ以前に佐賀と接触する機会を得ており、久米と面会したこともある（第四章1）。さらに一八七〇年（明治三）、岩倉家の子息（前述）のうち二名のアメリカ留学の斡旋もした。

そのほか、久米の仕事に対して最も直接的な影響を持つことになる事柄として、岩倉使節団の米欧視察に関する文書「米人フルベッキより内々差出候書」などがある（第四章3）。

藩校の教諭となる

維新を迎えた一八六八年（明治元）、佐賀藩でも激動の日々が続いた。江戸以北に布陣した旧藩勢力を鎮圧する軍事行動で佐賀藩は先鋒となり、上野や会津で洋式武備の力を発揮する。藩校・弘道館の若者やその家族親戚の中にも戦場に赴いた者が多かったから、同じ藩内の（陸軍系）火術方をはじめ（安政年間に整備された）海軍兵学寮での教育、あるいは蘭学寮や（英学の）致遠館による教育を重視する機運も強まった《佐賀・教育史、四、三一六頁》。弘道館でも、「学館の旧式を打破し、迂腐なる修身学を廃して世界の新知識を接納すべし」といった論が高まった《公伝、六、三〇六頁》。

そこで当局は教職の人事刷新に着手し、中堅層の補強と共に「書生の要求を満足せしむる青年教員を物色」し始めた。当時の人材状況や選考の過程は、詳しく記録されている《公伝、六、三〇七頁》ので、以下、摘録しておく。

時に安政末の卒業生にして、かつて公の唐鑑会に列したる者の中に、久米丈一郎、原田敬太郎の両人あり。ともに首席に居りて、いずれも経史詩文を兼ね、横文は読まざれども、訳述の書はほぼ渉猟せる等、該博なる点に於いては、その右に出ずるものなかりき。性格より言えば、久米は史論に長じ、自己の持見を主張するよりも、よく他人の思想に投じて之を誘引するに長ず、今は公の近習たり。原田は文才絶倫にて、詞華の絢爛なる、人を眩せしめ、精根の強きこと数宵を徹するも疲

れず、ただ自己の主張を執って屈せざりしため、人を容《い》るるに短なりき。去れば当時、書生の衆望は久米に集まり〔後略〕

この二人は、同時に江戸昌平黌へ遊学した間柄でもあったが、こうして比較すれば、両者の個性にはそれなりの差異があったのだ。結果として、久米が教諭に選ばれて内生寮での教育を担当し、原田ともう一人と併せて三名が「当今に適する課程の草定をなす」よう命ぜられた（久米の教諭就任の日付は伝えられていないようである）。念のため記しておくが、原田も後に、久米の推挙により教諭となった《公伝、六、三七〇頁》。そして、ある時期には二人で家塾を開き、大いに繁盛したこともあった。

さらに後のことだが、原田は、明治の新学制のもとで、ふたたび教職に就く。

弘道館の学科を改定する

さて、選ばれた三名が弘道館の「当今に適する課程」として策案したのは、左のような随意科目カリキュラムであった（《佐賀・教育五拾年、上、一七二頁》および《佐賀・教育史、四、三一六頁》）。

	科目	会読書（○不明）
一。	地理	『地理全誌』
二。	地誌	『西洋事情』、『聯邦史（誌）略』
三。	物理	『気海観瀾』、『格物入門』
四。	歴史	左、国、史、漢

五。	詩文	○
六。	和文	○
七。	政治	『英政如何』
八。	法律	『万国公法』
九。	経済	『経済小学』（神田孝平著）
一〇。	兵制	○
一一。	数術	『筆算訓蒙』（塚本明毅著）

注意しておくが、これらは「随意科目」であり、並行して「正課」では教授が日を定めて儒教の道徳を講じたのである。当時の正課の科目を一覧表で示した史料は見当たらないので、前述の岩倉家指定の就学問題の際（第二章4）に、もと藩侯・閑叟が回答した教科内容を、以下に書き留めておく（《回顧録、下、七四頁》および《佐賀・教育史、四、一〇八四頁》）。

〔佐賀藩に於いても〕幕府の普通課程の下に、小学・四書・五経を等級に応じ、月に六回ないし九回教授するまでで、その余の時間は学齢者を強制的に寄宿させ、先進者と寝食を共にして昼夜相誘掖し、随意に歴史諸子を読んでこれを経義に比較評論するは自由に放任し、ただ傍に槍・剣の武芸を練習して心胆を鍛錬させ、いわば乱暴な行為に放任し〔後略〕。

こうした旧正課科目と比べたとき、久米たちが策案した随意カリキュラムは、見るからに新鮮で、

書生は、是まで見慣れぬ書籍に就いて、聞き慣れぬ理論を耳にするに至りしを以て、大いに興味を生じ、一時みな喜んで、内生寮は大いに賑わった。《公伝、六、三〇九頁》

さらに久米は、新教材を各論的に批評紹介している。

数術は、塚本『筆算訓蒙』を課程本となして、加減乗除より教えしを以て、数に鈍きものは嫌うて之を避けたりき、とはいえ、その才気あるものは、大いに実益を得たるを喜びたり。

経済は、神田『経済小学』を課程本とし、是も新知識を吸入したる益あり。

ただ法律に至っては、漢訳の『万国公法』および『英政如何』などあるのみにて、しばらくは廃科となれり。この他、歴史には、従来の左、国、史、漢より択《えら》んで会読を申し合わする篤志家も少なからざりしを以て、それらには、他の漢学に有力なる人に就《つ》いて自宅にて教を受けしむり等の便法を設け、以てこの年を経過したり。

さて、こうして久米は藩校でも私塾でも教育に精励していたのであるが、藩の期待は、彼を「学の人」にとどめて置かず、彼を「公の人」の世界へ誘い出した（第四章1）。その後の久米は、もはや佐賀で教職に復帰することはなく、鍋島家の家扶《かふ》となり、ほどなく海外へ旅立つ（第三章1）。

6　地球規模の視圏を求めて

人脈が招いた外遊のチャンス

久米の学習成果の骨格は儒学であったけれども、既に見た（本章5）とおり、彼が中心になって立案し実施した藩校カリキュラムは地理・地誌・政治・経済・法律をカバーし、教科書は洋書の漢訳本を含んでいた。かねてからこれらの書物に親しんできた彼は、その内容を藩侯との対話にも織り込んで論談することができた。彼の好学心は、儒学の世界や実学の世界を超えて、西欧学術に向けられていく。海外への「旅」を望む彼の志も徐々に高まり、その実現に通ずるかに見えるチャンスはたびたび到来した。

一八六六年（慶応二）のパリ万国博覧会のとき（第一章3）、久米は大隈と共に参加者候補に挙げられた。しかし下命には至らなかった《公伝、五、五七六頁》。また、直大の外遊計画については、スリルに満ちた離藩劇が幕を開けた（第一章3）のだが、序の口だけで閉幕となった《公伝、六、五六〇頁〜》。

一八七一年（明治四）、待ち望んだ外遊のチャンスが到来する。他でもない岩倉使節団への参加である。ただし、このチャンスを招き寄せたのは学術の女神ではなく人倫の絆であったようだ。岩倉家、鍋島家との積年の情誼、そして後に職場で久米の上司となる歴史家・重野安繹との奇縁（第一章4、第七章2）である。

ともあれ久米は、こうして「学」を修める世界や「学」を教える世界からいったん離れ、海外への「旅」に出る。久米にとってのこの旅の意義は、マリーン・メイヨ女史の論説《使節の研究、二七一頁》で、この上もなく適切に語られている。

海外での経験は久米の全貌に深甚な影響を与え、その後の彼の政府の修史官、大学講師（教授）、専門の歴史家としての経歴を形づくるのに役立った。彼はやがて新しい明治の史学者の一員として、従来の英雄の偶像を打破し　民話伝説の常識的な解釈に疑問を呈し、日本史研究のための新しい方法論を編み出してゆくのである。

とはいえ、《実記》に多少とも親しんだ方は既にお気付きであろうが、使節団における久米の働きぶりは決して単純ではなく、それについての先行研究もまたきわめて多彩である。久米の海外旅行は、当初から、彼を「学の人」に仕立て上げたわけではない。かといって、外遊中の久米が常に岩倉具視の私設秘書（祐筆）として一年一〇カ月を過ごしたということもできない。

渡航者・久米の達成

そこで、本書の著者としての私は決心した。外遊中の久米の多面的な働きのうちの「科学技術レポーター」の面に主として着眼しようと。あえて言えば、この着眼に立つ研究は、今なお決して多くないと信ずるからである。第三章1～4は、科学技術レポーター久米の達成をなるべく数多く挙げることに充てたい。それと併せて、私たちは、「藩」あるいは「国」の職員としての久米にどんな辞令が交付されていたのか、確認できた限りで整理しておくことにする（第四章1～2）。また、帰朝後、《実記》を独力で書き上げた期間に、歴史家としての見識・力量を、彼がいかにして磨き上げたか、その面も通観しておきたい（第四章3～4）。

久米の生涯をたどる私たちは、ここで、人生双六のように、あるいは出世ゲームのように、「第三章　米欧回覧時代」へ進むか、さもなければ「第四章　公の人」へ飛ぶか、選択をしなければならない。願くは読者は、本書の目次を見直して、あるいは、それも面倒ならサイコロを振るなりして、読み進むための意思決定をしていただきたい。

第三章　米欧回覧時代——科学技術レポーター

田中彰氏の校注による岩波文庫版のお蔭で、《実記》は、私たちの手の届く場所に置かれるようになった。以来およそ二〇年、この文献への関心は著しく広がり、私のような科学史専攻者まで巻き込む勢いを示すに至った。その間、研究情報は年毎に増加し、個人の力でそれをフォロウすることはきわめて困難になってきている。そこで本章では、人文系・社会系の多数の文献を網羅的に顧慮することは断念し、科学技術史の立場で興味深い情報、とくにレポーター久米が《実記》に記載した事項と当時の科学技術の現状との対応関係などを、いくつか抽出し、それに私見を加えてご紹介する方針を採りたい。

その立場で見た近年の主な総合的文献を、本書の略記号（巻末・参考文献）で次に列挙する。㈠《維新》、㈡《欧米》、㈢《学際》、㈣《再発見》、㈤《使節団の研究》、㈥《文書二と三》、㈦《読む》。これらのうち㈡、㈥には詳細な文献記載がある（㈡の第3編一三五頁〜、担当は山崎渾子）。

米欧回覧およびその前後の時期における久米の「公」的な身分と任務に関しては第四章2〜4で述

べる。

1　海を渡る漢学者の船舶機関工学

出航の朝――詩的紀行文から技術レポートへ

陽暦一八七一年一二月二三日（陰暦　明治四年一一月一二日）、岩倉使節団一行が横浜を出航した。『米欧回覧実記』編著者・久米邦武は、出航の日の記録を、次のように書き始める《実記I、四二頁》。

此朝ハ暁ノ霜盛ンニシテ、扶桑《ふそう》ヲ上ル日ノ光モ、イト澄ヤカニ覚ヘタリ

漢字主体の語彙といい、送りの片仮名といい、この文には、久米の「漢学」の素養が素直に顕われている。

では、その続きはどうか。

此回ニ発スル飛脚船ハ、「アメリカ」ト号ス、太平会社飛脚船ノ内ニテ、第一ナル美麗ノ船ナリ、長サ三百六十三「フイト」、幅五十七「フイト」、（中略）蒸気ノ力一千五百馬力

依然として、「美麗ノ飛脚船」など、漢文臭は強い（飛脚船とは、時代劇めいた語だが、大槻文彦『大言海』は「時日ヲ定メテ急航スル蒸気船」と、簡明な解釈を与えている。第一章3も参照）。ところが、船の長さや幅、蒸気の力と話題が転ずるにつれて、美文調は介入する機会を失い、技術上の事実の羅列が目立つようになる。私たちは、漢文鑑賞を断念し、現代文による技術レポート抄録に切り替えるほうがよろしいようである。

船体　長さ　三六八フィート、幅五七フィート、深さ二三フィート、甲板から上の部分の高さ八フィート。
蒸気動力の工率（仕事率ともいう）　一五〇〇馬力。
積載量　四五五四トン。
客室　上等三〇室、次等一六、計四六。収容可能人数九二。
乗務員　船長ほか乗組員二四、水夫ら七九、計一〇三。

数字の好きなレポーター

以上、申し分のない数量的レポートであって、私たちは、邦武が父から仕込まれた「十露盤《そろばん》」根性に想い至らざるを得ない。同様な印象は、《実記》の随所に見られる（第七章4）――旅程、家畜の頭数等々。ちなみに福沢諭吉『西洋旅案内』が残してくれたのは、「飛脚船コロラド、大さ三千七百トン、長さ六間、幅八間」程度の簡潔なレポートだけであって、久米にはとうてい及ばない。

それはともかく、冷静に考え直してみると、久米や福沢に限らず船客は誰でも、配られたパンフレットからの抜書きをすればこの種のレポートは残せるのではないか。久米は、他の船客に比し、より以上に詳しく抜書きをする能力に恵まれていたに過ぎないのではないか。

さてここで私たちは、《実記》を、従来より以上に詳しく読み返さなければならない。蒸気の力の数字の直後、括弧の中に、小さい字で、次のように書かれているのである。

此［ノ］馬力ハ実馬力ヲ云フニ似タレトモ噸《トン》数ニ比スレハ甚《はなはだ》弱シ、恐ラクハ聞誤リアラン

つまり、一五〇〇馬力といっても、実馬力をいうのか他の馬力をいうのかが問題であって、実馬力だとすれば、一五〇〇馬力というのは、船のトン数四五五四と引き比べて見た場合、いかにも弱い。これは恐らく聞き間違えがあった結果だろう、という注釈がついているのだ。

私たちは、《実記》をここまで細かく読むと、改めて独特な感慨を否定し得なくなる。船の動力の表現が、実馬力だろうと、あるいは他の、例えば「虚」馬力だろうと、船客の旅情に何の違いも生じないだろうし、ましてや岩倉使節団の政治的目的にはなんら関わるところがないであろう。だがそれは、記録者・久米にとって無視しがたい、こだわりの種であったのだ。

実馬力とは

では、実馬力とは何か。現代の国語辞典を調べてみたが、その範囲だけで明解に達するのはどうやら困難らしい。一方、今日の機械工学専攻者の中には、かつてこの術語を学習された方がおられるかもしれないが、その知識は、久米が《実記》編著に全力を投入していた一八七八年（明治一〇）年前後の通念に合致するとは限らない。したがって、当時の久米がどこからこの術語を学び取ったのかを突き止めない限り、彼のこだわりの正体は理解できない。実を言えばこの点は、私にとっても、《実記》を読み始めて以来の多年のこだわりの一つだったのである。

漢文の工学教科書

さて、私のこだわりの解消は、暦の上で何年かを要したものの、手段の面ではごくストレートな形で成就した。幸いにも、久米がかつて参照したと推定される文献二点が、久米美術館に久米邦武旧蔵書として収蔵されていたのだ。その名を『汽《き》機《き》発軔《はつじん》』『汽《き》機《き》必以《ひつい》』という。どちらも漢文で書かれた機械工学の専門書だが、元来、英国の技術書を中国の江南製造総局（上海）の翻訳館で漢訳刊行したものであった。

書誌事項を略記しておく。（詳細は、《文書、二、付録2、二一頁》。ただし活字「靭」は誤植、正しくは「軔」）。

『汽機発軔』、原著は美以納（T. J. Main）と白労那（T… Brown）の共著 *Marine Steam Engine*、おそらく第五版、一八六五年。訳書は偉烈（A. Wilie）口訳、徐寿・筆述、和装四冊。

『汽機必以』、原著は蒲而捺（J. Bourne）著 *A Cathechism of the Steam Engine*、一八六五年。訳書は傅蘭雅（J. Fryer）口訳、徐建寅・筆述、和装五冊。

實馬力與號馬力

初造汽機之時實馬力與號馬力略同後則實馬力與號馬力漸分漸遠至實馬力數倍於號馬力僅用以計各空體之容積而已再後又用漲力更大實馬力竟有多於號馬力九倍者二百號馬力之汽機能現一千八百實馬力矣造機者每以實馬力與號馬力相比不定常致錯誤思用別法推算汽機之能力而不言馬力卽以鍋爐之火切面一方尺爲一而不計汽筩之容積因火切面本屬能力之主用火切面之數爲號力數則與實能力可不甚差前二十六年英國戰船部所定號馬力之法係般臬司授蒲而捺蒲而捺授羅利羅利授戰船部施行般臬司之原式爲 $號馬力=\frac{五六四〇}{(丁丁-)^{二}亥}$ 丁爲汽筩徑之寸數亥爲鞲鞴一分時總行之

『汽機必以』（1872年，上海）部分（久米美術館蔵）

これらの文献がなぜ久米の手元に所蔵されてきたのか。これも推定に過ぎないが、《実記V（三三五頁）》の上海記は、重要なヒントとなる。

> 造船場ニ至ル…翻訳局アリ、理、化、重、礦、地質、航海、防海及ヒ度学ノ書ヲ翻訳ス、已《すで》ニ開版セルモノ、十七八部アリ

証拠は見当たらないが、岩倉使節団の帰路、久米は、上海の翻訳局で見かけた専門書漢訳をその場で入手し、『実記』編述に活用した後ずっと手元に置いてきたのではないか。久米旧蔵書には、『算学』の二点（三角法、対数表）、『代数学』、『運規約指』（図学）、『化学鑑原』、『化学分原』、『金石識別』、『地学浅釈』、『開煤要法』、『製火薬法』も含まれている。それらの何点かについては、本書もこの後、言及することがあろう。なお、これらの漢訳

書は、東洋科学技術史の分野で先年から重視され、リストも発表されている《文書、二、付録2、文献1》。

馬力あれこれの計算

話は戻って客船の実馬力の件だが、右に挙げた二冊の漢文書には、「汽機ノ実馬力ヲ求ムル」ことなどが詳述されており、実例も多々示されている。例えば（容積）トン数が四〇五〇程度の汽船の実馬力は四二三四馬力とある。ところで岩倉らを乗せた「アメリカ号」はトン数四五五四に対し実馬力は一五〇〇と聞かされた。これを通例と比べると、小さい数値と言わざるを得ない。そこで久米いわく「実馬力ヲ云フニ似タレトモ噸数ニ比スレバ甚弱シ」。誠にもっともである。

では、「実」馬力を言うのでなく別の何という馬力を取り沙汰すればよいのか。例の漢文書の別項に、「汽機ノ号馬力ヲ求ムル」ことが述べられている。要点を照会すれば、号馬力とは、定格（元の英語はたぶんnominal）の馬力すなわち機関（エンジン）の諸元（設計上の諸要素、蒸気機関の場合には蒸気の圧力／シリンダーの数・直径・行程／ボイラーの受熱面積）から公式で算出される値であって、設計・製造の時点では重要な意味を持ち、しかも、熱機関というものが開発されてからさほど隔たっていない時代には、製造された機関の現実の能力を適切に表わしていたので、銘板やカタログに記載されることも多かった。ところが機関の改良が進むにつれて、出来上がった機関の能力は号馬力を上回るようになり、その開きは、時代と共に著しくなって、数倍にも達し、実情と対応しなくなった。

蒸気機関学の基礎を、この程度まで漢文で学んだ久米は、「アメリカ号」の一五〇〇馬力が（号馬力であるのなら話は変わり得るが）実馬力だとすれば実態（すなわちトン数）に見合わない、と気づいたに相違ない。

船旅の余滴

以上、久米が書き込んだ一行足らずの注釈に対して、私たちは既に多くの字数を費やしてきた（なお、これに関連する短文は、かつて雑誌『学際』No.10、二〇〇一年一一月、六四～六七頁）に発表した。その他《実記・現代語訳》にも短い注解がある。関連する他の事柄たとえば久米の手稿『環瀛筆記《かんえい》』所載の数値との比較は、断念することにしよう。（手稿の一部は、田中彰編『開国』三八五頁に収録）。

ただ、既出の「聞誤リアラン」は気になる。米欧回覧中、常々久米と行動を共にし、通訳の任に当たったことで知られる畠山義成《はたけやまよししげ》（当時、杉浦弘蔵《こうぞう》）は、この太平洋航海ではまだ参加していないし、そもそも誰かに通訳してもらった事柄を「聞き誤り」とは言わないだろう。とすれば、船上では久米自身が（例外的に）直接の問答をしたのか。些細なことだが、これも私のこだわりの一つである。

なおアメリカ号は、翌年、火災に遭遇した（《実記、英語訳Ⅰ、三七頁》。本書の第一章3も参照）。その故に、この名は後の船舶技術史書の船名表には登場しない。反面、久米の「実馬力」へのこだわりはその後も続き、例えば英国リバープールで参観させてもらったニューヨーク航路の華麗な郵船については「蒸気力（号馬力の意であろう）は六五〇〇馬力、実馬力は一五〇〇馬力」と記録しており、もっと後の、マンチェスターの紡綿場の汽輪（蒸気エンジンの意であろう）については「一三三〇馬力（実馬力ナラン）」と記録している。

この節を閉じるにあたって、蒸気動力に関する久米の後年の所見を確認しておこう。

一八〇〇年代の末頃（明治二十年頃）、段々と西洋の製造機械に新式《ママ》・旧式と分れ、旧式は次第に廃れて行った。西洋の最近百年間は蒸気の機械力を利用して富強をなし、彼らが機功を好む欲情に曳かれて製鉄の機械を万古不易と恃んで居たが、人工には新陳代謝の活機がないら、漸くに錆《さび》朽ちて百年を保ち得ぬ運命にある。此の自明の理を知ったなら、今の新式が明日の旧式であるではないか。

《回顧録、下、四一八頁》

2　水の物理・化学・社会学

水へのまなざし

横浜からサンフランシスコまで全二二日（日付変更があるから実は二一日）、一点の島影さえ見ない波路で、久米は「記スヘキナシ」と投げやり気味になる。それでも「この頃は梅雨に似て出船の夜から雨で白雲が立ち起こり、その後は、満月の頃なのにおおむね雨、月影を見ることも稀だったが、風が静かなら水面は盆のようだった」など、楽しみながら書いている。

さて、こうして抜書きしてみると、洋上だから当然でもあろうが、「水」の話が多い。そして、さらに読み進むと、《実記》最初の挿入地図が見え、その見出しは「世界湿温潮流之図」と読める。これも、たいそう水っぽい題だ。そもそも世界回覧記録に挿入する図の第一号は、常識として、国境をくっきり描いた国際政治地図などであるべきだろう。それが、予期に反して、海流や河川を強調した自然地理図なのだ。この図について久米は一言も述べていない（出典も未詳である）が、何かの主張がこめられていることは疑いない。私たちは、ここでしばし、久米の「水」観をたどってみたい。

なお、この地図は、岩倉使節団の米欧回覧の直後に刊行され「西洋の大体の輪郭を日本人の頭にハッキリと映させた」といわれる『輿地新図』（ヘルマン・ベルゴース作成、村田文雄訳、明治七年。国立公文書館の展示「岩倉使節団」二〇〇五年夏で公開）と比べても、意図を全く異にしている。『輿地新図』の主要な意図は、航路や電信網のようなインフラストラクチャを示すことにあった。

ユーティリティとしての水

まず、アメリカ合衆国総説の途中に、河・湖・瀑布・運河の詳述と水利・漕運の論及が置かれている。この総説の前段で地理書『聯邦誌略』が印照され、運河の件では京都の高瀬川への言及があるので、久米としては、特に新たな学習はせずとも、藩の近侍の時代に見聞したことの総合で、論述を進め得たかに察せられる。ちなみに佐賀は、かねてから水路網や干拓の問題を抱え、研究と対策を続けており、その指導的人物であった成富兵庫《なりとみひょうご》（一五六〇～一六三四。姓はなるとみ、なりどみ、しげとももとも読む。龍造寺藩、ついで鍋島藩の士分）については、明治期以後「すぐれた武将にして水利土工の上でもすぐれた民政家」との評価が徐々に定着した。

久米邦武は、一八八一年（明治二四）六月に「成富君水功の碑」の文を撰した。碑は佐賀市内を流れる田布施《たぶせ》川が嘉瀬《かせ》川に連なる地点、佐賀郡大和町尼寺北村（旧称：春日村）の石井樋《いしいび》にあり、その一帯は公園として整備されてきている（江口辰五郎『佐賀平野の水と土』）。

碑文は一四〇〇字余りの力作で、「明治二〇年正六位勲五等文科大学教授　久米邦武撰」、なお題字は副島種臣、揮毫《きごう》は武富誠修である。その全文は、地名や数字を交えつつ暴漲《ぼうちょう》、潰決《かいけつ》などの印象的な漢語を駆使して水の暴力を描写すると共に、水利の技術的内容を説く異色の碑文である《回顧録、下、附録、撰文集、一八～二三頁》。

そのほか「関が原の戦から帰ったとき、成富は、乱は既に定まったから、専ら富国の手段を講ずるべきだとして、勧農に尽力し山野を開墾し、川を整え水路を開いた」、「肥前〔佐賀〕の貴賤男女で彼の名を知らぬ者はいない、近ごろ河水が乱れがちなので、彼への思慕はますます深まる」と、人心の機微に触れた句も散見され、久米の文才が存分に発揮されている感がある。この作品が成ったのは、例の論文「神道は祭天の古俗」の発表（第五章5）の数カ月前であった。

化合物としての水

《実記》に戻って水の話題をさがすと、気候の話では日本の梅雨の特殊性やアメリカ東部の著しい乾燥のことが強調されているあたりにも、久米の独創を認めることができる。また、サンフランシスコに着くと、ホテルの水道蛇口に驚嘆し、フェリーの往復や桟橋上の鉄道に感服する。それぞれ、上水道・水運の便にかかわる見聞である。そのほか、カリフォルニアの金山では、「水が凍るときの体積増加」が採金に役立っていることを悟る。

ところで、久米はサンフランシスコで大学も参観し、「学ぶ」立場に戻って貴重な経験を積んだ。窮理《きゅうり》（物理）・地理・化学などを学科に分け建物も分けて、大勢の教師が教えている。こうした教育体系は、久米の眼にはすべて新鮮なものに映じたはずだが、とりわけ新鮮だったに相違ないのは、化学実験演示の場面だっただろう。農業化学の教師が「水素酸素ノ講釈ヲナシ、水ヲ引イテ発光」させたりしたのだ。思うにこれは、水を電気分解して水素と酸素とに分離し、（水ではなく）水素のほうを取り分けて発光させたのであろう。電気化学の初歩の実験だが、化合物を分解して成分元素の分子を遊離させ、次いで一成分である水素を（空気中の酸素と化合させて）元の化合物に戻して見せたわけだ。

久米は、佐賀藩弘道館の教科刷新（第二章5）の際に会読書として選定した『気海観瀾』や『格物入門』で、あるいは当時ひろく読まれた宇田川榕庵《うだがわようあん》『舎密開宗《セーミかいそう》』などで、化合と分解の概念に接していたと思われるけれども、本格的な実験を見たのは、この大学参観の時が最初だったのではないか。この参観では、鉱石・植物の標本とか理科の諸器械とかの整備状況にも接した。「すこぶる備わる」との感想は、久米の教育観・科学観の熟成の上で一つの重要な契機となったであろう。私たちには、そのとき見た実験が「水」の分解であったことが、いかにも興味深く感じられる。なお、久米の語彙では、化合は「抱合」であった。

水のさまざまな姿と働き

さて、旅はアメリカ内部へ進む。ソルトレークでは、塩湖を見たり大雪で足止めを食らったり温泉に入ったりした。ワイオミングでは、その高地が元来は海中から涌起したものだという地学者の説を聞いた。シカゴに着いて参観した上水設備では、蒸気動力のポンプによる揚水とか水底下のトンネルによる導水とか、新規な技術に接した。トンネル掘削のための測量には「水学家」が協力したことも聞かされた。消防の演習も見た。使節団は、水の姿や働きの多様さを次々と教えられたわけだ。久米も、この機会にとばかり、古代ローマ以来の上水供給路の歴史や硬水軟水の理を説き明かしている。

　文中の「地学者の説」は、誠にさり気なく紹介されているけれども、久米旧蔵書の範囲で言えば、一九世紀英国の指導的地質学者であったライエル（Charles Lyell）の著書の漢訳『地学浅釈』が参照されたかに思われる。『実記』で、普通名詞であるかのように使われている「泥石」という語は、この漢訳書では術語一覧表の中で「土形結実ノ石。形ハ硬泥ノ如シ。其ノ常ノ色ハ紫」と定義され説明されている。また、後の「火山石の形を論ず」の節には、「海底に火山石があり、その形は、陸地の火山石と異なる」こと、「かつて峯だった処が水の侵蝕で平らになり、海底から高起して陸となる」こと等が、説かれている。

蒸気動力とワイヤで牽引する高架鉄道（『実記』銅版画より）

　以下は、キーワードを挙げるだけにしよう――跳水、水車、蒸気動力、ドック、運河、水門、水圧、入水鐘、等々《維新、七五頁～、二〇七頁も参照されたい》。

ソーダ水と鉱泉の化学成分

　新興ドイツの首都ベルリンは、使節団がそれまでに見た大国・米英仏や小国・ベルギー、オランダの諸都市のいずれとも違う印象を訪問者に与えた。学生や兵士の街頭での粗野な振る舞いに顔をしかめつつも、使節たちは工場・博物館・禽獣（動物）園・天文台・電信寮・病院・武器庫・印刷寮・造幣寮などを熱心に参観した。

その中で、「水」にかかわるものを探すと、曹達《ソーダ》水製造場というのが見付かる。ソルトメン（Salzmann）社の工場である。蒸留水にさまざまな化合物を溶解し瓶に詰める。皇帝、皇太子や大臣も愛飲するという。

化学用語の複雑さ

さて、混ぜる化合物だが、その記述に久米はだいぶ苦労したようだ。

まず、並みの製品では、蒸留水に炭酸ガスを飽和させ、重炭酸ソーダを混ぜる。久米はそれを「カルボニック、アシッド〈複炭酸曹達〉を和す」と書いた。

このうち、カルボニック、アシッドは炭酸、すなわち炭酸ガスの水溶液であって、ソーダ水には、限度いっぱい含まれている。

他方、複炭酸曹達は、最もポピュラーな俗称を「重曹《じゅうそう》」といい、周知の胃の薬だが、重曹の本名は重炭酸曹達《ソーダ》（久米は、別の箇所―英国ニューカッソルの記―でこの呼び方もしている）。ところが化学上の正式名は炭酸水素ナトリウムであり、さらに厳密に言えばこれには一水素塩と二炭酸一水素塩の二種があるのだが、単に炭酸水素ナトリウムというときは前者を指し、その別称として酸性炭酸ナトリウム、重炭酸ナトリウム、重炭酸ソーダも使われる。なんともややこしい呼ばれ方をする物質だが、ソーダ水がソーダ水である所以《ゆえん》は、この物質が含まれていることにあるのだ。

という次第なので、ソーダ水の主成分は「炭酸および重炭酸ナトリウム」と書けば最も簡明であるわけだが、久米はまず英語でカルボニック・アシッドと書き、それに続けて〈複炭酸曹達〉と書いたので、一物質の二つの呼び方のように読まれたり、あるいは、複合的な一物質の名のように読まれたり、何かと混乱が生じた。

いっそう面倒なのは、「並」でないほう、つまり「薬」用のソーダ水だ。天然の鉱泉水から採取した物質を混ぜるのだけれども、久米が言う「硫塩」も「マグニット塩鉄」も、正規の化学用語ではない。あえて整理すれば、それぞれ硫酸塩（硫酸カルシウム＝硫酸カルキなど）、硫酸マグネシウム（別称：硫酸苦土＝瀉痢塩）および鉄分となろう。

別記するように、久米は化学専門書（漢文、和文）をかなり多く所蔵し、書き入れもして、なかなかの勉強ぶりであったことは証言できるのだが、右の例が示すとおり、化学上の物質名の錯雑さには応じ切れていない。《実記》の現代語訳、英語訳、ドイツ語訳の担当者は、大変な苦労を強いられたわけで、その努力には深く敬意を表するが、マグニットをマグネット（磁石）に当てはめたなど、同情の念を禁じ得ない例も見られる（この節の要旨は、洋学史学会二〇〇四年度大会（一二月一一日）の「『米欧回覧実記』の技術用語二題」の中で報告した）。

ついでだが、宇田川榕庵の優れた化学書『舎密開宗』の外編には、鉱泉の成分に関する詳しい叙述があり、久米もそれを参照したかに推察される（久米の旧蔵書群には見当たらないが）。

もう一つ追加すれば、久米が、起業家として最大の関心を寄せた化学物質は、陶磁器関連のものの次には「醋酸《さくさん》」であった。彼がドイツ遊歴中に「最も着目したのは、林樹を輪伐して其の枝葉を焚き、其の材を乾溜して木醋」などを製出する作業であった《回顧録、下、四九三頁》。年を経て、日露戦争後の事業勃興期に醋酸の製造会社ができ、久米も大いに乗り気で出資し大気炎をはいたこともあった（第七章2）。

3　産業革命の現場

佐賀藩の大砲――反射炉の活躍

「大砲」と久米との縁はけっこう深いので、この節で、幼少期から米欧回覧期まで一括してごく手短にまとめておく。

一八〇八年（文化五）イギリス船フェートン号が長崎に侵入した事件（第二章3）で長崎奉行は自決、警備当番だった佐賀藩は藩主の謹慎という事態に見舞われ、長崎沖の伊王島（第二章2、唐鑑会の話題の一つ）ほか一島に砲台を建設することを幕府に建議したが、裁可されなかった。以来、三十余年を経た一八五〇年（嘉永三）、すなわち久米一一歳の時（第七章1）に、佐賀藩は、幕府の意向を察して自前の工事を始める。砲台の建設はにぎやかに進められたが、そこに設置するべき鉄製大砲の製造は至難であった。「反射炉」による大砲製造の苦心談はここに始まる。

築地《ついじ》の製造所では反射炉を型の如く築造し、堅炭を日向・豊後より仕入れて骸炭《がいたん》の代用とし、銑《せん》鉄《てつ》の原料を買い集め、錐台を据え、鋳物師…鉄砲師…刀鍛治…らは是迄の経験から工夫を凝らし、杉谷雍助は和蘭の原書より翻訳し、〔中略〕かくて火入れをしたが、熱度十分ならず、火熱の作用は、数理の乗除どおりには増減せず、或いは火の加減が平均せず、或いは某処の煉瓦崩壊し〔中略〕試験を重ねるに随い困難が益々加わり、苦心惨憺たりしも、銑鉄は熔解せず、偶々熔解しても、其の質不純で、大砲を鋳るに適せぬ。しかし兎《と》に角《かく》一種の熔錬法を工夫して、砲身の鋳型に注鋈《ちゅうおく》はしたが、鋳型に故障があって砲身とならず、復々工夫をし直して幾回か繰返した末、漸くに砲身が完成し、之を錐台にかけ、人力で錐を回転して砲腔を削り上げ、数多の日子を費やして二三門の砲を仕上げ、之を試射したが、砲身破裂し、再鋳と試射とを重ね、反復数回の後、多少成功の曙光を認めるに至った。

《回顧録、上、二四四頁》

この苦心談については、貴重な史料の再現研究〈杉本・酒井・向井編著『幕末軍事技術の奇跡　佐賀藩史料〈松の落葉〉』〉や価値ある論著*が知られているが、ここでは、久米の要約の見事さを例証するため、原文に近い姿で引用した。

＊A奥村正二『小判・生糸・和鉄』岩波新書、一九七三年、一八〇頁～。
B杉本編『近代西洋文明との出会い』思文閣出版、一九八九年。
①杉本勲「幕末洋学における西南雄藩の位置」三～二二頁。
②杉谷昭「西欧文明との接触」二五～四五頁。
③長野暹「在来技術と移入技術の接点」四六～七五頁。
④飯田賢一「佐賀藩の技術選択」七六～一〇〇頁。

C金子功『反射炉Ⅰ、Ⅱ』法政大学出版部、一九九五年。
D長野暹『佐賀藩と反射炉』新日本出版社、二〇〇〇年。

原材料と操業手順

さて私は今、あえて二点だけ注記したい。久米の文の中の「熔錬法」と「銑鉄の原料」である。

第一に「熔錬」は、一般的な用語とは言えまいが、熔けた鉄を煉《ね》ること、つまり、対流の作用を利用して温度と成分を空間的に均一化することと解される（右記文献Aの一八三頁）。その効果は、鋳型への流し込みが容易になり、稠密《ちゅうみつ》な鋳物が得られること（脆い鋳物ができるのを防ぐこと）にあった（同文献、一八七頁）。ただし、それをどんな方法で実行したかは、久米の記述だけではわからないが、攪拌《かくはん》という積極的な方法（いわゆるパドル法）とは区別する必要があるようだ。

第二に「銑鉄の原料」とは、反射炉に装入するべき鉄の素材を指し、西欧での反射炉発明の経緯から明らかなように、原料は「銑鉄」でなければならない。ところが、日本古来の砂鉄から作った「たたら鉄」（和鉄）では、右に述べたような「錬り」が充分には行われず、稠密な鋳物は作れない（大砲の場合、砲身が破裂しやすい）。そこで、原料としての銑鉄を入手したい（軍事では大量に）。幕末日本で反射炉を試みた諸藩は、この原料入手で明暗を分かつことになる。佐賀藩も初期には石見《いわみ》のたたら鉄を減量して試行し失敗した。韮山《にらやま》、水戸なども同様であった。その間、薩摩と佐賀だけが、銑鉄を原料に採用して成功に至る。ただし両藩の作戦は全く異なっていた――薩摩は、（後に製銑炉の主流となる）高炉を建設し、砂鉄や他の鉄鉱から銑鉄をつくり、それを反射炉に送って製鋼した（しかし原料輸送の距離に難があった）。他方、佐賀藩は、初期には刀剣の鉄も使ったが、後には主として「外国の銑鉄」を、近隣の（年来、密接な関係にあった）長崎を経由して入手し、成功を収めた。当初は、輸入した蒸気船の荷足銑《バラスト》を流用したが、遠からず大量の輸入に進んだ。その財源は——ほかでもない、佐賀藩お得意の「代品《かわりじな》」だったのだ（第七章1）（以上、主に文献AとB④の論旨を整理したが、B③とCからも恩恵を受けた）。

ベッセマーの鼓風鑵

ここから、岩倉使節団が参観し久米らが記録した産業用装置の話に進む。その事例は多種多様だが、西欧産業革命の活気をそっくり体現するかのように強い印象を彼らに与えたのは、鉄鋼・化学などの大型プラントや重機械特に車輌・船舶・大砲などを製造するための新鋭かつ巨大な諸装置だった。今とくに製鉄製鋼について言えば、佐賀藩執念の反射炉は、西欧の産業現場ではもはや主流の地位にはない。それに代わって、使節団の眼の前に圧倒的な迫力で登場したのは、ベッセマー転炉と高炉、とりわけ欧州の鉄の諸都市（リバープール、シェフィールド、リエージュ、エッセン、ストックホルム）で見た転炉であった《実記Ⅱ、一四六頁、三〇二頁、Ⅲ、二九三頁、Ⅳ、一八八頁》。

《実記Ⅱ（三〇三頁）》にその図が大小四つも掲載されているのは、久米もまたこれに強く惹《ひ》かれたことを証明しているかのように見える。これらの図の出典については《維新（一二九頁～）》であれこれ触れ、漢文の科学技術書との繋がりなどを論じたのだが、その後、《実記、英語訳》を参照した結果、著名なユア（A. Ure）の技術事典にも同類の図が掲載されていることを教えられた。ベッセマー

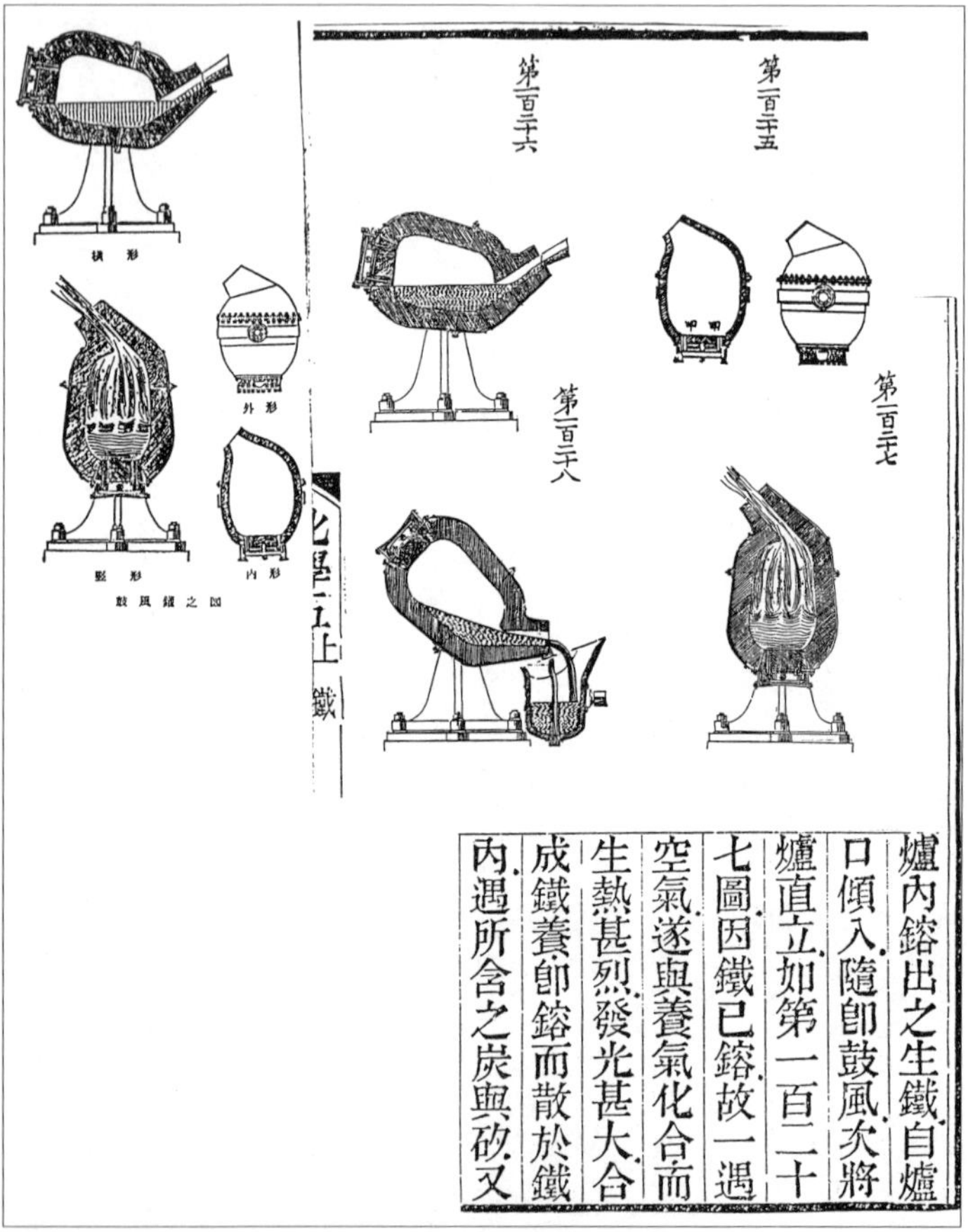

ベッセマー転炉（鼓風鑪）

（右）『化学鑑原』（1871年，上海）（久米美術館蔵）

（左）『実記』Ⅱ，303頁。

転炉は、一八世紀の五〇〜七〇年代に広く注目された産業用装置だったのだ。
なお、久米がベッセマー転炉を「鼓風鑵《こふうかん》」と呼ぶのは、漢訳技術書『化学鑑原』に準拠したものと思われる《維新、一三〇頁》。

炭素量の判定法

さて、久米は、シェフィールドの現場で受けた詳しい説明を丁寧に記録し、「溶解させた銑鉄に空気を吹き込んで炭素分を除去すること」の重要性を強調して、それを判定するための「鏡」（光学装置）を紹介する。三角プリズムを嵌《は》めた手軽な装置を使って観察すると「七色の光」が見えるが、その中の特徴的な「黄色」の一線（物理用語では、線スペクトル）は、鉄の中に炭素が含まれていることの証明となるので、操業中に、黄色の一線の消失する状況を認めたら、空気送入を止め、転炉を傾け、熔けた鉄を鋳型に流し込む。この判定法は、当時の物理学の先端課題だった「分光学」の知見をさっそく現場に適用した新鋭の技法として注目されたのである。
私も以前に、この判定法の科学史上の意味を考察し、いくつかの可能性は認められるにしても「定量」的な判定と解するのは無理だと、やや否定的な見解を述べた《維新、四七頁》。ただし、発明と応用との、年代上の細かい対応は確認できなかった。

分光学の応用

ところで、その後、私の手で、ささやかながら一つの資料を見出すことができた。一八七三年（明治六）にアメリカで刊行されたポピュラー科学雑誌の記事（*Popular Science Monthly, Vol.* 3, 1873, p. 254）である。「分光器とベッセマー・プロセス」と題する講演抄録であって、刊行の時期は使節団の英国滞在期の翌年に当たるから、歴史上の対応を調べるには好都合と思われる。短い記事だけれども、原理と実用性の両面を的確にまとめている。要するに「いつ空気送入を止めるか、その時期の判定は、経験だけを頼りにせず、科学的な機器も利用しよう」と勧告し、それには、「転炉から出る炎を分光器で観察し、炭素が発する黄色の線に注意して、それが消失した瞬間に空気流を止めよ」と、教えているのである。

私は、炭素の混在比（パーセント）にこだわり過ぎて、《維新》では消極的な感想を書いた次第であるが、この啓蒙科学雑誌は、「黄色の線が見えているか消えたか」だけを判定すれば足りると、効用を明記している。たしかに、実用上はこれで充分であろう。反面、分光器の設計にはそれなりのノウハウが必要である。その細部は、シェフィールドの技師にも知らされていなかっただろう。ましてや久米は、従って私たちは知りようがない。そのあたりに探訪記事の限界があるのかと思う。ともあれ、現地の技師と、訪ねた久米が、分光学のこの応用面を紹介してくれたのは、意義深いことであった。

ちなみに二〇世紀後半、製鉄製鋼の装置はいっそう大規模化し、現代的な計測と制御の技術に支えられて運用されるに至ったわけだが、右に紹介したような線スペクトル分光の応用は顧みられなくなり、炭素量の判定には、熔鉄試料の凝固温度の現場実測値を利用する技法が普及した。

巨砲二題――アームストロングとクルップ

使節団は、陽暦一八七二年一〇月に英国ニューカッスルでアームストロング社を訪ねた。記録者・久米の筆は、興奮を隠し得ないかのように勢いを見せる《実記Ⅱ、二六〇頁～》。

蒸気輪軸はあちこちで見たが「如此《かくのごと》ク大ナルモノハナカリキ」、「大砲ノミナラス、凡《およ》ソ錬鋼ニテ製スル、蒸気機関、水力機関ノ如キモ、亦《また》種種ノ新発明アリ」、「其内ニ新発明ノ後装《アトゴミ》砲アリ、二百五十磅ノ巨砲ニテ、十秒時ニ一発ヲナスヘシ」、「「アルムストロンク《ママ》」氏発明ノ大砲ハ、鍛鋼ノ長条ヲ、砲身ノ下部ニ螺旋巻キシテ、打立タルモノナリ〔中略〕仕掛ノ壮大ナル驚クヘシ」、「三十五噸ノ「ハマー」…ハ近来ノ新設ニテ、尤《もっと》モ巨大ナルモノナリ」。

アームストロング砲の威力

思えば久米は、少年期には、長崎沖砲台建設や反射炉の話を聞き、近侍時代には、戊辰戦争での佐賀藩のアームストロング砲が上野や会津で戦果を上げたことを知った。藩のこれらのアームストロング砲は、藩侯が英商グラヴァー経由で購求した錬鋼製のものであるが、それが輸入*されて以来、藩が手がけてきた反射炉製の鋳砲は、全く顔色を失ったのであった《公伝、六、五二七頁》。

＊佐賀藩最初のアームストロング砲輸入の注文は一八六四年（元治元）であった《幕末佐賀、七一頁》。

ところで、久米の耳にリアルタイムで届いたかどうかは確かめ得ないけれども、佐賀藩の実績に関し、一八六三年（文久三）に佐賀藩の石黒寛二は六ポンドのアームストロング砲を試製したという記録があり（『佐賀藩銃砲沿革史』二八六頁、石黒記）、さらに、慶応年間の末（一八六六〜六七年）には「後装施条式アームストロング砲」を模造し得た（のだが、世間で知る者はいない）とも言う（同前、中野禮四郎による序文）。これらの試作品・模作品が戊辰戦争の実戦に役立ったとは考えられないが、佐賀藩の実力は、久米が「甚だしく西洋の文明に落伍したとは思わぬ」と自己評価した《回顧録、下、三五九頁》とおり、西欧の先端に遠くないレベルまで到達していたのである。

話は米欧回覧期に戻るが、久米は、「アルムストロンク氏」が改良した砲を「猛烈ナル軍器」と驚嘆する傍ら、七〇歳に近い同氏については寡黙な「温温タル老翁」との印象を抱いた。そしてその夜、老社主の案内で天文台を参観した際には、「猛火に大砲を鍛える」事業の主が「夜は、宇宙の天象を照らす大鏡の前に立」って天文を詳説してくれたのは「奇跡的」だと、感慨を新たにした《回顧録、下、三六七頁》。

プロイセンでは クルップ社

ところで使節団は、もう一つの軍事大企業をも訪ねた。翌七二年三月、プロイセン・エッセン市のクルップ社である《実記Ⅲ、二九二頁〜》。

此地ニ石炭及ビ鉄ヲ出ス、「アルブレット、クロップ」氏、因《よっ》テ銃砲製造ノ業ヲ創《はじ》メ、此ニ大製鉄場ヲ起シ、近十年来、頻《しき》リニ盛大ヲ致シテ、世界無双ノ大作場トナレリ、英国ニ製鉄ノ業盛ナリト雖《いえど》モ、之ニ及ブ大場ナシ〔後略〕。

英国アームストロング社で味わった驚きが、ここで一挙に背景へ追いやられる――しかも数字入りで。

大砲ヲ鍛鎚スル場ニ至ル、此ニ五十噸ノ「ハマー」ヲ仕掛ケタリ、〔中略〕英国以来「ハマー」ヲミル、其最大ナルハ三十噸ニ至ル、已ニ裒然《ほうぜん》〔「大規模」の意〕タル尤物《ゆうぶつ》〔普通は「美人」を指すが、ここでは「優れもの」の意〕ニテ、一大場舎ヲ専ラニス、今此〔クルップ社の〕場ノ「ハマー」ノ大ニ比スレバ、猶《なお》児孫ノミ。〔中略〕製鉄場ニ「ハマー」ノ大ナル、此場ト同シキモノハ、露西亜ニアルノミ〔後略〕

《実記Ⅲ、二九四頁〜》。ロシアについては、《実記Ⅳ、一〇三頁。これも五拾噸》

こうして久米の観察は、例によって数値的に展開され、広域的に拡大されてゆく。しかも、数値の羅列でなく「児孫」つまり二番手、三番手だと表現するところが巧みである。

大砲についての比較論も明快である。

大砲ハ「クロップ」氏ノ新式、甚ダ精良ニテ、方今其右ニ出ルモノナシ、「クロップ」氏ノ鋼鉄ヲ練成スルニハ、西班牙《スペイン》ヨリ一種ノ鉄ヲ掘出シ、之ヲ参和スルニヨリ、其質堅剛粘靭《ねんじん》ニテ、無双ノ砲材ヲナス〔後略〕

《実記Ⅲ、二九七頁》

たまたま、ある建屋では、その年のウィーン万国博覧会へ出品するために製造した巨砲を見せてくれた。弾の重量一千磅《ポンド》、全砲の重さ三千噸《トン》云々と諸元が示されていて、その巨大さは推察できるが、数値は少々吟味を要する。弾のほうの「磅」は、次節で説明するように五〇キログラムと解してよい。「三千噸」のほうは、《実記・現代語訳3（三三五頁）》が指摘するとおり過大であるが、この噸、実は「磅」と解すれば、三千磅すなわち一五〇キログラムであって、現代語訳の註3で引き合いに出されている海軍砲の例とほぼ見合うのではあるまいか（なお、万博での展示状況については《実記Ⅴ、四八頁》を参照されたい）。

クルップ砲を見る諸国の眼

さて、《実記Ⅲ（二九六頁）》に戻る。クルップの活況を知った他の諸国は、とても同社には及ばないとして、それぞれ工夫を凝らす。

フランスは、普仏戦に敗れた後、クルップ式の鋼砲を造ることにしたが、速成は難しいから、砲の後半だけ鋼で作り、それを青銅砲に組み込んで使い、持久力はやや劣るものの、発射の威力は確保している。ロシアの野戦砲は今も銅製で、一部分はクルップ氏に鋳造してもらっている。英国は、製鉄にプライドがあるから、クルップ氏の助力は受けていない。他の小国は、軒並みクルップ氏の傘下に入って国威を保たざるを得ない。総括すれば、クルップの事業は、国政に対して強い支配力と重大な影響力を示している。

という次第で、久米を含む使節団員は多大な感銘を受けたのであるが、そもそも、このエッセン市クルップ社の訪問は、当初、予定されてなかったらしい。ドイツ側研究者の調査によれば、オランダからプロイセンへ向かう際、大聖堂のあるケルン市を通るか、あるいは、迂回して産業都市エッセンを訪ねるか、そこに選択の余地はあったという《欧米、一五八頁。再発見、三三六頁》。もしもケルンが選ばれたとすれば、久米は聖堂の偉容やライン河畔の美観を書き留めたことだろう。しかし使節団首脳は迂回路を選んだ。久米は、この決定を正面から受け止めて、エッセン市およびクルップ社の成立ちをはじめ、製造現場や試射場の活況、鉄・鋼の冶金学的考察、列強軍事技術水準の比較評価まで、六頁余りの詳報を仕上げた。

久米の軍事技術観

ささてさて、この節では大砲談義に明け暮れて、「軍事レポーター・久米」の働きぶりを読者に押し付けてしまったかのようである。以下、印象修正のためのいささかの努力を試みて、この節を結びたい。

まず、久米が軍事礼賛者でないことの証しとして、次の二項を挙げたい。

ロンドン郊外ウールウイッチにある武庫の長官ウード氏の案内で、使節団が、砲弾の製造局を参観し、その盛大さを奨賛したとき、ウード氏いわく「どれも人の血を流す為のものでしかない、文明世界にあるべきものと言えようか、私は深く愧《は》じている」と《実記Ⅱ、九五頁》。この長官の、建て前でない、本音の発言を、久米が殊更《ことさら》に書き留めたのは、もちろん共感あってのことと考えるべきである。

二日おいて、これもロンドン郊外にあるベーコンヒルの操練場を使節団が参観したときの記録《同Ⅱ、九八頁〜》に、久米は長文の「二字下げ注記」〔文庫版では「一字下げ」《実記Ⅰ、一四頁、「例言」》〕すなわち「記者・久米の論説」を挿入した。

文明国ノ兵ヲ講スルハ、外寇ヲ防御スルニアリ、〔中略〕国ノ自主ヲ遂クルハ、内国ノ人民、互ニ相和協シテ、生産作業ヲ勉メ、愛国ノ心ニ篤ク、他国ノ下ニ屈スルヲ愧《はず》ルニヨル、此自主ノ精神ハ、積テ富殖トナリ、聚《あつまり》テ強兵トナリ、進テハ外寇ヲ攘《はら》フニ足リ、退テハ境界ヲ保守スルニ足ル、若《も》シ自国相闘ヒ相争フトキハ、自主ノ力、自ラ消滅ス、〔後略〕《実記Ⅲ、九八〜九九頁》

私たちは、佐賀藩校で学んでいた時代の久米が、唐鑑輪読会の海防論で藩侯と論を交わしたことを想起する（第二章2）。そのとき久米は、藩侯の（建て前としての）一本調子な攘夷説を批判し、柔軟な海防策を主張した。少年期、佐賀の反射炉製大砲の話に接し、近侍時代、藩輸入のアームストロング砲の戊辰役での活躍を聞いた久米は、西欧列強の「軍備ヲ振フ」現勢を観察した今、筋金入りの専守防衛論者となったのだ。後年の（時期は未詳だが）数編の「自主」論稿《文書、二、三一〇頁～》も参照されたい。

最後に、史料的なことを少々。久米の《回顧録、下（三五三頁～）》は、アームストロング関係の回顧談に加えて東西の銃砲発展史を縦横に語り、読む人を飽きさせないが、プロイセンの条《同、四八八頁～》では、クルップの名にはもはや触れず、銃砲文明への鋭い批判を展開して、読者の反省を促している。プロイセン篇は、久米の口述ではなく、彼の長逝後に編入されたものであって、晩年の論説「西洋物質科学の行詰り」《著作集、三、四〇九頁》に近い思索の跡を窺わせているが、回想に密着して言えば、彼がドイツで最も着目したのは林業応用とくに酢酸《さくさん》製造という民生産業だったようだ《回顧録、下、四九三頁》。

統計に見る産業革命

《実記》に記載された「統計」、とくに農産・畜産に関するその数字は大変こまかい。たとえば、日米間で問題になりがちな食用の畜類についての古い数字を《実記》から捜すと、第一巻のアメリカ総説に、一八六〇年の値が引用されている。すなわち、

牝牛　六一一万五四五八疋
犢《こうし》ほか　三七一万一七七五疋
豚　三二五五万五二六七疋

などである。《維新》でも紹介したように、この種の数表現に関して芳賀徹氏は、「かならず一の単位の端数まで明記しないではいられない」久米のこだわりざまを「ほとんど偏執狂といってもいいほど」の「日本人ばなれした」「実主義者《ポジティヴィスト》ぶり」と評し、「愉快でさえある」と述べた《研究、一五六頁》。

　このような場合に久米が参照した統計の典拠は、国立公文書館所蔵の西欧統計書と対照した結果、ある程度は突き止められていたのだが、近年、《実記》の英語訳・ドイツ語訳の担当者たちの現地検索のお蔭もあって、核心に迫る道が見えるようになった〔少々の誤認・誤写も含めて〕。また、回覧旅程のマイレージについては、久米や同時代の外遊日本人たちが愛用した「アプルトン・欧州旅行案内」〔Appleton's *Illustrated European Guide Book*, 1872〕からの引用が多いことも判ってきている。

数字で表わされた列強の鉄産業

　さてここでは、欧米産業革命に直結する「鉄」の統計を吟味してみたい。《実記Ⅰ～Ⅲ》から、主要四国の「銑鉄《せんてつ》」生産高の統計を抜き出すと、

アメリカ	一八七〇年	三四〇万余トン〔文庫版、第一冊、六四頁〕
イギリス	一八七一年	六六二万七千トン〔同、第二冊、二九頁〕

フランス	一八七一年	一三五万六千トン〔同、第三冊、三〇頁〕
ドイツ《プロイセン》	一八七一年	五八四〇万セントネル〔同、第三冊、二七九頁〕

となる。米英の数値について久米は、「掘出」した高といった表現をし、鉄鉱石の量と思わせがちであるが、英国の巻の訳者は、「iron-ore 鉄鉱石の産出量はもっと多い」と注記し、右記の「六六二万余トンは pig iron 銑鉄の量だ」と明記している《実記・英語訳Ⅱ、三一頁、註18》。

計量の単位にも歴史がある

ところで、表の中の単位のうち「トン」は今日のメートル系のトンつまり千キログラムに等しい。ドイツの分だけが「セントネル」という旧制単位で表わされており、地域差も懸念されるので、英語・独語および現代日本語への訳者は、多かれ少なかれ悩まされたわけだけれども、一八六八年の北ドイツ連邦法制で「一ツェントネル＝五〇キログラム」と定められたので、それを〇・〇五トンと読み替えて換算すればよいはずである。結果は、

ドイツ	一八七一年	二九二万トン

となる（結果として《現代日本語訳》の処置と整合する）。なお、ドイツ語圏では、この単位を Zentner または Centner と綴り、発音は通常どちらもツェントネルだが、後者は稀にセントネルとなる。

ところで久米は、度量衡（計量の単位）について並々ならぬ執心を抱き、《実記》の例言でも各国総

説でも所要の注解を加えている《維新、二二二頁〜》。その久米がツェントネルに関する注記を与えなかったのは不思議に感じられるが、推察するところ、手元の度量衡文献にドイツ系事項の記載が乏しかったのであろう。我々の知る範囲で言えば、久米の手元には、佐賀藩精錬所の技術者・石黒（寛治か）*が蘭書から訳出した『蘭英仏三国度量衡比例表』《文書、二、附録1、二頁〜》があった。だが、蘭英仏のどの項にも「セントナー」は見られない。他方、プロイセンの事情は少しも記されていない。久米は、恐《おそ》らくこの段階で石黒資料を離れ、プロイセン度量衡の資料を調べたであろう。その成果は、プロイセン総説の終段《実記Ⅲ、二八六頁》の通りで、一八七一年の布令でゼルマン聯邦「ミナ仏ノ自然尺法〔すなわちメートル法〕ヲ用フル」ことに決したと要約し、ただし、日が浅いから旧来の単位も残っているとしてエル、ポント〔実はプント、Pfund〕までは書き添えた。

ところが、書き添えの際に「セントネル」は、見出せなかったか見落としたか、どちらかの理由で、処置できず、鉄〔や石炭〕の統計のドイツ欄だけは「セントネル」のまま放置した。それが後年、《実記》の校注者、読者、訳者、研究者らを悩ませ続けてきた、と解しておくことにしよう。

＊石黒寛治については《公伝、四、二五九頁》、《幕末佐賀、四六頁》。

技術史古典ダニレフスキーと見比べる

以上、久米と張り合うかの勢いで数字を穿鑿《せんさく》してきたけれども、「セントネル」単位の正体を知った私たちは、ここで初めて、米英仏独四国の一八七〇年前後の鉄生産量を「共通の単位」で比較できるようになったのである。そこで以下、一挙にフォーカスを粗くし、産業革命論に寄せた巨視的考察を試みたい。

技術史の古典として尊重され邦訳も出たダニレフスキーを取り上げる（ヴェ・ダニレフスキイ著／岡邦雄・桝本セツ共訳『近代技術史』一九三七年、序文）。

早速だが、「各国に於ける銑鉄の年産額増テンポと規模」の表（訳書三二一頁）から一八七〇年の値を抜き出し最後の桁を四捨五入して、左表の一八七〇年の欄に示す。次に、年次による増減を比較するため、上下の欄に一八六〇年の値と一八九九年の値を加える。

	一八六〇	一八七〇	一八九九
北アメリカ合衆国	八三万	一六九万	一三八四万
大ブリテン	三八三万	六〇六万	九四五万
フランス	九〇万	一一八万	一七三万
ドイツ	五五万	一三九万	四六六万

この形式による一八二三〜九〇年の数値は、日本人著者による近代科学技術通史に、いくらか簡略化された形で引用されている（荒川泓『近代科学技術の成立』一九七頁）。

ここで、一八七〇年の値を、前掲の久米の統計と比較する。ただし、牛や豚を一疋まで細かく数えるメンタリティは捨て去って、ふた桁ほどの合致があれば上等と割り切らなければならない。結果はどうであろうか。アメリカを除けば、結構よく合致すると言えるのではないか。

鉄生産の国際競争

さて、久米が苦心して主要四国の銑鉄生産量を比較した一八七〇〜七一年は、世界産業史の上でどんな意味を持っていたのだろうか。ダニレフスキーは主張する。

七〇年代までは…「世界の工場」を誇ったイギリスも、その後、七〇年代にそれに追いついたアメリカ合衆国、次いではドイツに地位を譲るに至った。

また後に荒川は指摘した。

ヨーロッパではドイツがフランスの位置を上回るのは一八七〇年である。一八七〇〜七一年には普仏戦争があり、〔中略〕ドイツ帝国が成立する。ドイツ産業革命は一八七〇年代に完了し、一七七三年、世界経済恐慌の発生を契機に、ヨーロッパ一帯にカルテル形勢の動きが出始める。ドイツはその動きの中心である。

一八七一〜七四年に米欧を回覧した久米は、取りも直さず岩倉使節団は、世界産業史上で類例の稀なこの転回期を体感したのであった。では、その久米が得た印象は、どう総括されたのだろうか。

一千八百七十一年ニ、全欧地ニ、鉄ヲ産出セル高ハ、一千二百万噸《トン》ニスク、其内英国ニ算出セル高ハ、其半数ニ超過セリ、仏、普〔プロイセン〕二国ハ之ニ次ク、〔後略〕《実記V、二〇一頁》

この文は、ヨーロッパ工業の総論に見られ、そのあと、ベルギー、スウェーデンほか諸国の鉄の量と質を評し、英国については一〇〇年前が一〇万トン、四〇年前が五〇万トンなどの数字まで挙げて、壮大な史的叙述を展開している。その視野は、ダニレフスキーや荒川よりも広いと言える。にもかかわらず、一九七一年時点の値は、総額以外は「定性的」であって物足りない。なぜなのか。

私は推察する――この節の最初に引用した表の中には「セントネル」単位による表現が混在し、整合を欠いた。それを処理できなかった久米は、「定量的」な比較を諦め、「定性的」な議論に留まらざるを得なかったのだ。(この節の要旨は、日本科学史学会二〇〇六年総会で報告した)。

4 「学の人」スケールアップする

タヲリックとプラチック

《実記》の科学技術的研究の「各論」は、ここまでの三節を以て閉じることとし、あと少々、「通論」的な事項を考察したい。手始めは、ここに掲げたカタカナ書きの二語とする。

《実記》の読者は、冒頭「例言」でさっそくこれらの語に出くわしたはずである。

西洋ノ学芸ニ、「タヲリック」〈理論〉「プラチック」〈実験〉ヲ分ツ、理論ハ普通ノ通則ニテ、実験ハ各地ノ活機ヲ、習煉悟得スルモノニテ、偏廃スヘカラス
《実記Ⅰ、一四頁、例言》

他に、学知《タオリック》と経験《プラチカル》という表現も見える《実記I、一四五頁、モルガン商学校》。

どのみち、文意は明快であるし、カタカナ書きの横文字の二語も、語義は英語から類推できる（《実記、現代語訳》は、英語も交えて「セオリー」「プラチック」としている）。

だが、あえて気がかりを言えば、それらの元の語の起源、いわば「国籍」はどこなのだろうか。元の横文字は、いったい何語なのか。

細かいことはさておき、字面や発音から判断すれば、これらの語の出生地はフランスに相違ない。綴りは théorique, pratique であり、品詞は共に形容詞だが、他の場合に見られるようにタオリー（théorie）、プラチーク（pratique）と並べれば、品詞は共に名詞である。以上、粗い穿鑿《せんさく》に過ぎないが、問題の語は、《実記》の中の（相対的に）数の少ないフランス単語の用例と見ることができる。

そこで次の気がかりだが、久米はこれらの語をどこで知ったのだろうか。佐賀での彼の先輩・学友らが習得した、ひいては久米の耳目にも達しやすかった外国語は、オランダ語、ついで英語であって、フランス語には及んでいなかった。したがってフランス語は、久米にとっては（蘭英よりも更に）疎遠な外国語だったはずである。にもかかわらず久米がこれらの語を《実記》で何度も使っているのは、個人的な関心に出たものではなく、何か公的な背景があったからのことではないか。

フランス農学校の理論と実践

私は、この推測に立って《実記》を見直し、終段「欧羅巴州気候及ヒ農業総論」の結部《実記V、一九五頁》に注目した。フランスの農学校の記述である。

有志ノ士、豪農ニ説テ、「グリキョン」〔地名、正しくは「グリニョン（Grignon）」〕ニ、理論《タオリー》実験《プラチカル》
両備ノ農学校ヲ興シ、〔後略〕

そのあと久米は、「農業は多数の学術にかかわり、理論は深遠だが、作業はむしろおおまかで手早いのがよい」と、農業における理論と実践との特徴的な対応関係を指摘している。

私は、この一節の由来を知りたいと思い、専門家*のご協力を仰いだ。

*東京農業大学農学部友田清氏。論文「『米欧回覧実記』と日本農業」『農業史研究』二八号、一九九五年一二月、三九～五四頁。農業史学会。その後も、関連ある多数の論考を同学会誌ほかに発表しておられる。

折り返しご教示いただいたのは、岩倉使節団も参観したウイーン万国博覧会（一八七三年）の報告書（『澳国博覧会　報告書　農業部』澳国博覧会事務局。二二丁、第壱（原資料はフランス文））であった。関連部分を引用しておく。

農業兼通商事務執政局ノ所轄ニ係レル農学校三所アリ〔其地名ヲ略ス〕其ノ教則タル　互ニ少シク異同アリト雖モ　先《ま》ツ教校スル所ハ「テヲリー」理論　「プラチーク」実業ノ二ツニシテ　其ノ学科ヲ分ツコト左ノ如シ

　農学大意　動物学

窮理学〔大気学　鉱物学　地質学〕

本草学　山林培養学
農業ニ関係シタル土工機械学
化学及工学経済　農業律令及其他　会計方
生徒　特ニ学フ所ノモノハ　山林　果樹　牧場　工作用ノ植物　培養方及ヒ穀物一切ノ耕作法ナリ

列挙されている学科のうち、窮理学は物理学、本草学は植物学、律令は法令である。それらをも含め一括して言えば、このカリキュラムは、理学（物理、動植物、化学、山林培養学）、工学（土工機械学）、政経（農業律令、工学経済、会計）といった「タオリー」と、山林・果樹・牧場工作用の植物の培養方、穀物の耕作法といった「プラチーク」とを、バランスよく包含しているが、久米もまた、これらのカリキュラムを、フランス三カ所の農業大学校の「教則」として、（多少の加除や並べ替えを施しながら）紹介している《実記V、一九七頁》。

ウィーン万博の報告書を読む

ただし久米は、ウィーン万博の記事《実記V、二一〜五二頁》ではこのオーストリア農業教育に言及していない。文中「他日　博覧会派出ノ諸官ニテ記載サルヘシ」と期待が述べられているが、農業に関しては、右に一部を引用した報告が、久米の期待したとおりの文書として提示された。それを久米は、帰国後に閲読し、「テオリー　理論」と「プラチーク実業」とを並存させることの意義に開眼して、《実記》の「例言」でそれを取り上げ、この大著のあちこちでキーワードとして活用したのである。

ちなみに、久米がこの報告書を閲読したことの外見上の証拠は、前註の地名「グリニョン」が報告書では「グリギヨン」、《実記》では「グリキョン」となっていること、また、ferme école（学校の機能を与えられた農家）というフランス語が、報告書・実記ともに「フヘルムエコール」という（どこかフランス離れした）カタカナ書きで処理されていることの二点に認められる。さらに付け足せば、報告書で「フヘルムエコールの創立は一八三二年」とあり、《実記》では「四十年前よりの創立」とあるので、機械的な足し算をすれば「今年とは（一八三二＋四〇）＝一八七二年、つまりウィーン万博の年の前年」となる。一年の差が気になるけれども、《実記》成稿過程の研究《研究、田中論文》のためのごく小さなヒントになるかもしれない。

タヲリーとプラチックとの兼ね合い

《実記》の「例言」に戻ると、久米の主張は、「総論」にとどまることなく、「各論」への柔軟な顧慮をも含んでいることがわかる。

タヲリーとプラチークとの、どちらかに片寄ってはならないが、主眼は、プラチックの面での便宜を提供することと、タヲリーに現実味を付与することとにある

と、要約される（《現代語訳》を参照して恩恵を受けた）。

この主張は、科学・技術の歴史を考えるための指針としてだけでなく、久米個人の学術観の変遷をたどる上でも、軽視できないテーゼとなる。それもまた、米欧回覧という大旅行の収穫の一面と言え

る。記録者・久米の思想のスケールアップの貴重な一側面と評価して、さらに議論を続けたい。用語はテオリー（理論）、プラチーク（実践）に統一する。

ポッタース・カオリン——陶磁の理と技

ここで改めて述べるまでもないが、久米が関心を寄せた学術技芸の範囲はきわめて広いので、彼を評して「学芸百般を究めた人、すなわち百科全書的（エンサイクロペディック）な存在」と称することがあるのは、誠に正当と言える。

さて今、この種の評価を極限まで進めて、「テオリーとプラチークの両面で、久米が最も深く究めた学術領域は何であったか」を問うとき、答えはもちろん唯一に定まるはずもないのだが、私は、ためらわずに答えたい——それは「陶磁のテオリーとプラチーク」であると。

陶磁器のお国ぶり

この答えを示唆する話題は多々あるけれども、この際まず、使節団の訪問先のうちの陶磁器関連項目を箇条書きし、略説しておく。

(1)イギリス　ストーク-オン-トレント　ミントン（Minton's）製磁場（《実記Ⅱ、三五二頁》《回顧録、下、四一一頁》《文書、二、二三〇頁》）。

この見学記は、カオリン、ギプスなどの術語も交えた詳しい報告を含んでいるが、それとは別に、久米自身の手書き原稿「陶磁釉料考」《文書、二、二三八頁〜に収録》には、次のような成分比の細かい記載が見られる。

英国ニテ聞取リタル木灰ヨリ溶流セル「ポッタース」ノ分析表ハ、

	炭酸カリ	塩酸カリ	硫酸カリ	炭酸ソーダ
英	六七・二〇	二六・〇九	二・九一	三・八一
米	七一・三八	三・六四	一四・三八	三・六四
魯《プロイセン》	六九・六一	二・〇九	一四・一一	三・〇九

(2)フランス　セーブル製陶場（《実記Ⅲ、九一頁》《回顧録、下、四六六頁》《文書、二、一二三〇頁》）。

この見学記も、カラジュール*、ヘルトスパート**などの術語を駆使した報告となっているが、前記(1)より専門的で、より詳細な文である。そして、セーブルについても、原稿（前出）の中に言及がある《文書、二、一二三四頁》。

セーヴルノ陶器場ニ於テ、陶釉ヲ施ス（中略）原料ヲ問ヒシニ、即チ「ヘルトスパート」ナリ。「ポッタース」ヲ和スルコトアルヤト問ヒシニ、（中略）質ヲ脆弱ニスル病アリトイヘリ。

＊《文書、二、一二三八頁》に「陶器ノ〈ウハクスリ〉ナリ。蘭語ガラズュール」とある。原綴りは glazuur.《英語訳》は、英語 glaze、フランス語 glaçure をあてている。

＊＊蘭語 veldspaat、英語 felspar、長石。

(3)プロイセン　ベルリン（《実記Ⅲ、三二六頁》。《回顧録》には、その部分の編集に先立って久米が長逝したため言及がない）。

ここでは、「規模ノ壮大、化学ノ技量、烈ナル火度」などが強調され、「欧州ニテ評判ノ陶器」とされている。なお、「ポッタース」については、(1)の表の魯《プロイセン》の項で記載がなされている。

さて久米は、右に抄録したような事柄を、英仏魯の三国が誇る陶磁製造所について、それぞれ数頁にわたってこと細かく語り続ける。総括して言えば、説明は的確であり、批評は公正である。しかしながら、この叙述ぶりは、一般読者の通読に向くとは言えまい。なぜか。

久米の玄人気質

むずかしい漢字が多いといった全巻共通の事情のほかに、「術語がわかりにくい」という特有の事態が禍して、理解を妨げているのではないか。

たとえば、たびたび出てくる「ポッタース」は、化学元素ポタシウムすなわちカリウムに通ずる語だが、それと同義語ではない。化学的には、炭酸カリウム、塩酸カリウム、酸化カリウム、水酸化カリウム、硫酸カリウムといった化合物それぞれをも意味するが、また、他の化合物を含めた混合物をも意味する（(1)の表は後者の一例）。したがって、《実記・英語訳》や《実記・現代語訳》が、一対一の対応訳を与えるべく苦心を重ねていながら、完備し得ていないのは無理もないことと言える。

思うに久米は幼少期に、佐賀藩の皿山《さらやま》代官という専門職だった父やその同僚から「ポッタース」といった（たぶんオランダ語系の）業界用語を聞かされて育ち、明治初年の佐賀県公職時代には、ドイツから来た化学者ワグネルに接して釉薬《ゆうやく》などの陶磁の理と術を教えられた。使節団に参加した時点で既に欧米の専門家とも渡り合える語彙と見識とを身に付けていたのである。だからこそ、欧州のその道の現場で「聞き取り」や「質問」をすることもできたのだ。

総括すると、久米は、こと陶磁器に関して言えば、まさに理論〔テオリー〕と実践〔プラチーク〕の両面において「玄人《くろうと》はだし」の見識と経験を持ち合わせていた。そしてそれゆえに、彼の叙述ぶりは、一般読者すなわち「素人《しろうと》」にとっては、通読しにくいものとなったのである。

以上、「素人」の一人である私が、私見を押し出し過ぎた嫌いがあるけれども、この分野における久米のテオリー研鑽の水準の高さは、「製陶学」《文書、二、二二六頁》および「陶磁釉料考」《同、二三八頁》からストレートに証拠付けされるものと信ずる。オランダの化学書の邦訳、アメリカの化学書・鉱物学書の漢訳を活用し、日中の窯業史を自在に引用する力量は、並みのものではない。また、ドイツの化学者ワグネルが久米に与えた影響は顕著だったようだ。

なお、プラチークの面、とくに起業の分野での彼の活躍については、後の章〔第七章2〕で考察したい。

美意識の熟成　陶磁のテオリーとプラチークに関する久米の見識は、セーブル参観記の途中に吐露されている。

英、仏ノ磁ハ甚タ美ナリ、支那及ヒ古伊万里ハ、ミナ此磁質ニ錦手ヲナシ、或ハ全ク染付ニテ、無疵《むきず》ノ質ヲ最モ嘉尚シ、一器ニテ千弗《ドル》以上ノ値ヲ有スルニ至ル、陶家ノ工技モ、此ニ至テハ、理術兼《かね》テ全ク、〔後略〕　《実記Ⅲ、九四〜九五頁》

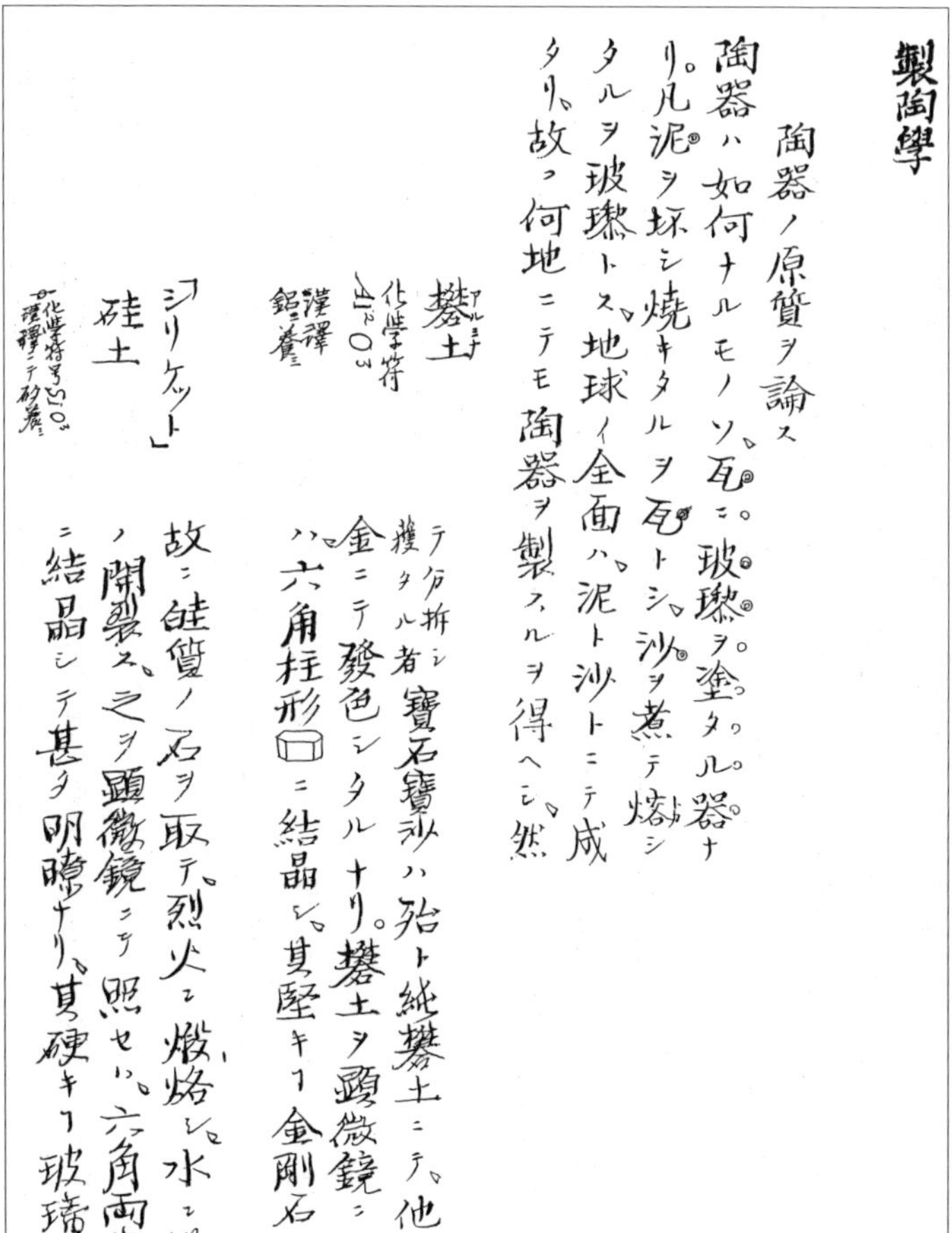
製陶學

陶器ノ原質ヲ論ス

陶器ハ如何ナルモノゾ。瓦ニ。玻瓈ヲ。塗タル。器ナリ。凡泥ヲ坏シ焼キタルヲ瓦トシ。沙ヲ煮テ熔シタルヲ玻瓈トス。地球ノ全面ハ。泥ト沙トニテ成タリ。故ニ何地ニテモ陶器ヲ製スルヲ得ヘシ。然

礬土《アルミナ》　化学符 Al_2O_3　漢譯 鋁養三

テ分拆シ獲タル者寶石寶沙ハ殆ト純礬土ニテ。他ノ酸化金ニテ發色シタルナリ。礬土ヲ顕微鏡ニテ照セハ。六角柱形ニ結晶シ。其堅キコト金剛石ニ亞ス。

硅土「シリケット」　化学符号 SiO_3　漢譯ニテ矽養三

故ニ硅質ノ石ヲ取テ。烈火ニ煅焔シ。水ニ投スレハ開裂ス。之ヲ顕微鏡ニテ照セハ。六角両尖形ニ結晶シテ甚タ明瞭ナリ。其硬キコト玻璃ヲ截ル。

久米手稿「製陶学」（久米美術館蔵）

「理術」つまり「テオリーとプラチーク」を兼備して余すところがない、というわけだ。
ところで、久米の見解は、ここを境にして急速に色合いを変え始める。理と術を究め尽くしたとき、次に求められるのは何か。久米はまず批評する。

…伝神ノ妙ニテ、爛漫《らんまん》タル天真ヲ発揮スルニアラサレハ、劇賞ヲ世ニ弘メ難シ、西洋ニテ陶家ノ苦心ハ、此ニテ極レリ、西洋ノ画風ハ、綺縟《きじょく》〔飾り過ぎ〕ノ弊アリテ、韻致《いんち》〔風流な趣〕ニ乏シ、

続いて久米は主張する（現代文に改める）。

それに対して、画竜点睛《がりょうてんせい》、万緑《ばんりょく》叢中《そうちゅう》紅一点といった風情や品格の、俗臭を脱し凡庸を超えている味わいは、日本人の特技である。そこに古典的な様式と色合いを配し、結果としてその時代の嗜好に投合することこそが美術の真髄であると、承知しなければならない。

このようにして久米は、東西美術の比較論を幅広く展開してゆく。枚挙は断念するけれども、英・仏の陶磁器参観記に、日・中の作品の取り違えの指摘があるのをはじめ、ウイーン万博に出品された各国（日本を含む）の陶磁器についての比較論《実記V、三四、三七、四一、四三頁》など、なかなか手厳しい。万博記の終段では、美術の総合評論が展開されている。

《実記》を通読してゆく間に気づくことだが、博物館・動物園（禽獣園）・植物園（草木園）に関する所見が各国ほぼ平均して記載されているのと対照的に、美術館（集画館）に関する記載は、いかにも偏っている。*ベルリン集画館では、近代、現代の名画の集蓄に接するが、美婦人の裸体モデル模写の場面では「頗《すこぶ》ル厭フヘキヲ覚ヘタリ」と書き、ハーグ蔵画館では「牛羊ヲ牧スル図」に執着する。フィレンツェに至って「美術ノ根本地」を突き止め《実記Ⅳ、二七六頁》、ローマ記を総括して「美術ノ源」を探り当てる《同Ⅳ、三三〇頁》。

＊久米の絵画観・美術館観については、鋭い論考がある——《読む、二二九頁〜。松宮論文「万国博覧会とミュージアム」》。

美意識の高揚

久米の美意識は、こうして、米欧回覧の長い旅の間にじわじわと熟成された。彼の継嗣・桂一郎は後に洋画家として大成するに至るのだが、その素地は、父・邦武のイタリア紀行の途上で芽生えたのではあるまいか。

ところで、欧州回覧の諸巻を書き上げた久米は、欧羅巴《ヨーロッパ》の「総論」五巻に筆を進める。論ずるところは政俗、地理・運漕、気候・農業、工業、商業と、多端である。そして「工業」の巻に「美術品」の一節を挿入する。

西洋各国工芸ノ進ムニ従ヒ、美術ノ学モ亦《また》進メリ、美術トハ、画絵彫刻ノ術ニテ、油絵、石彫ヲ学ヒ、精神風韻《ふういん》ヲ勉ム、高尚ノ雅芸ニ属ス〔中略〕美術ハ、直接ニ国利トハナラサレトモ、間接ニ

ローマ古城とテヴェレ河橋
『実記』銅版画試刷（久米美術館蔵）

国利ヲ基ヒスルモノナリ、欧州各国、ミナ自国ノ工芸ヲ進メ、自国ノ機軸ヲ出シ、声価ヲ世界ニ競フ〔中略〕近年ニ至リ各国ノ工芸、殆《ほとん》ト極点ニ達シ、出産濫多ニテ〔中略〕新奇ナル物ニ、嗜好ヲ生セルニヨリ、東洋ノ美術品ハ、甚タ声価ヲ得タリ、

《実記V、二一四頁～》

ちなみに、ここに見る「美術」という語は、明治の文献の中で「きわめて初期の例のもの」とされている《読む、三六一頁、西川論文》。また、東洋の美術品の声価は「新奇」性によるとする評語は、ウィーン万博に関する久米の記事にも見られた。このようにして久米は、用語にせよ論拠にせよ、時には柔軟に、時には頑固に、姿や色合いを変えながら、いつとはなしに「通人」の世界に身を置くようになった。

顧みれば、久米の美意識は、修学期の「跋渉備考」（第二章4）以来、文章表現のジャンルで顕現されてきた。そして彼の詩情《ポエジー》は、旅に出て自然に接するとき、最も素直に流露した。すぐれた事例は、エディンバラ紀行《実記Ⅱ、二二四頁〜》、とりわけハイランド山水の記《同Ⅱ、二二七頁〜》、ドイツのカッセル山地の記《同Ⅳ、二二二頁》、おなじくエルベ河畔の記《同Ⅳ、二二四頁》、オーストリア・ゼメリングの山水の記《同Ⅳ、三八一頁〜》等に見られる。しかし、回覧の後半、彼の美意識は、自然物以外のさまざまなオブジェにも向けられて、次第に厚く豊かなものとなったのだ。

ヴェネツィアで見た日本からの古文書

さて、ローマで「美術の源泉」を探り当てた久米は、イタリア旅行の最後のヴェネツィアで「古文書の本家」を確認する《実記Ⅳ、三五〇頁〜》。《実記・現代語訳4（三九六頁）》を借りて紹介する。

ゴンドラで、市内の文書館《もんじょかん》〔ビブリオテカ・デル・レアール・アルキヴィオ・ディ・スタート〕に行った。この文書館には八世紀以降の文書・法典等が保存されている。…この文書館が所蔵している一三〇万冊の文書・法典は、古来からの帳簿などを所蔵してこんな多くの数になった…人智が進むともない、捨て去るものはなくなるもので、文化が盛んなところでは文書を大切にするのである。…市井の商取引の帳簿は商法民法の起源ともなり、国の秩序にかかわってくる。…政治の場における文書や法典などは、みな実に貴重なものである。…西洋には…文書館を設置して断簡や廃棄されそうな文書さえ集めて保存している。文化の極致と言うべきであろう。

ヴェネツィアのこの文書館には、日本の戦国大名大友氏からのものと言われる書簡二枚が保管されていた。ラテン文の手紙の末に署名があったので、岩倉大使が、久米に命じてそれを模写させた。その時に久米が所持し記入したと判断される手帳（久米美術館蔵）の一部分は《文書、三（三八七頁）》に収録されたが、模写部分をここに再び転写しておく。

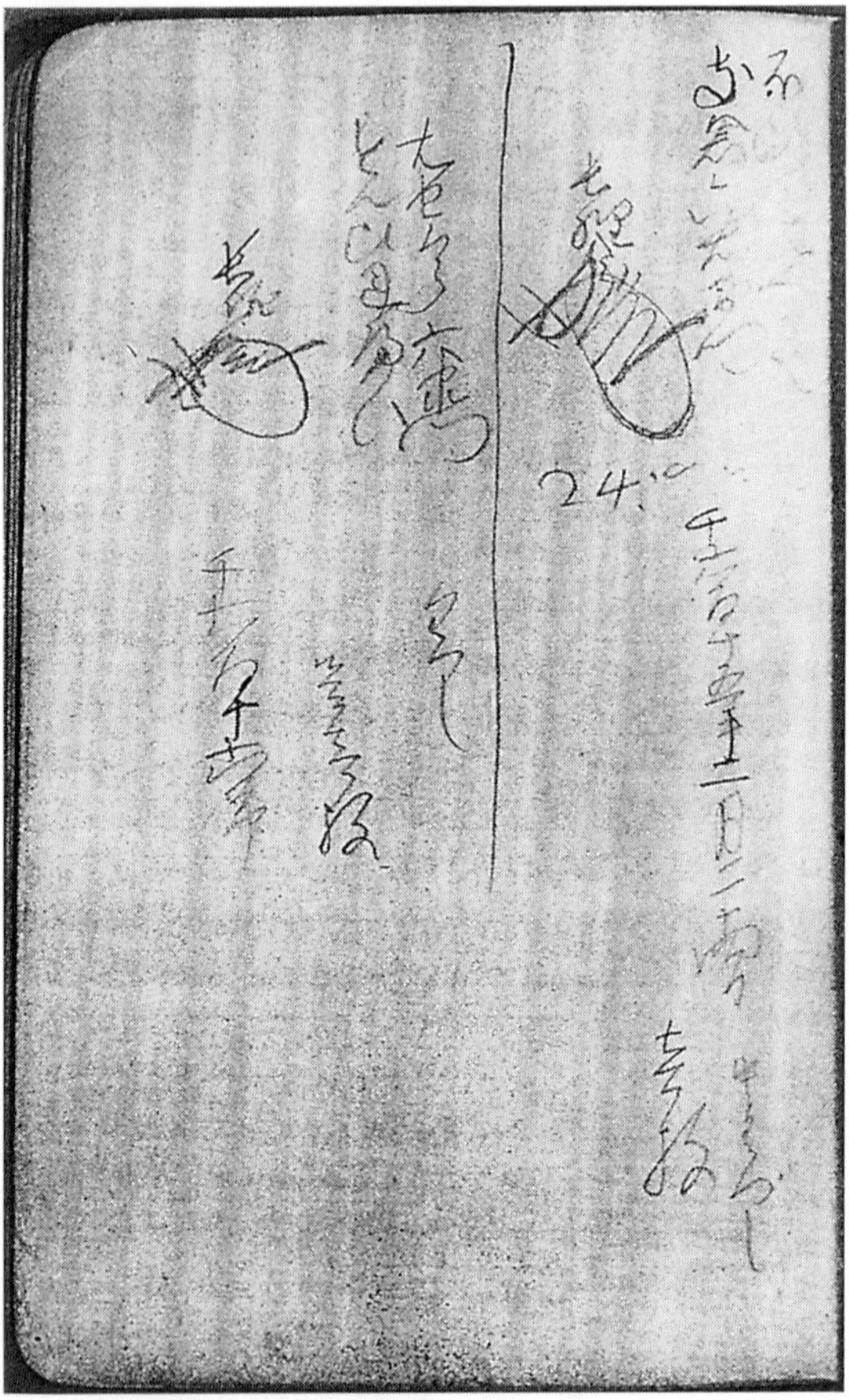

ヴェネツィア古文書館で久米が模写した日本古文書
（久米美術館蔵の手帳より）

実は大友家とは無縁で，伊達家の支倉《はぜくら》六右衛門のイタリア渡航期の連絡文書（ラテン語）への署名欄。

この出来事は、後に、日欧交流史上の事実認識にも貴重な光を当てることになるのだが、久米は、『実記』編著の段階では、いくつかの推測を示しながらも、「歴史家の研究に待つ」と結ばざるを得なかった（具体的には、《実記》の文庫版への田中彰による注、同・現代語訳への水澤周による注を参照）。そして久米は、それだからこそ、この種の古文書の（世界史的な規模での）重要性を肝に銘ずることとなった。その影響は、帰国後の久米の諸活動のうちの主要な一つである「古文書学」の創始と展開の中に見て取ることができるのである（第五章3）。

上海みやげ——漢訳の科学技術書

使節団の帰路の旅については、一項目だけ再考しておく。久米が上海で眼にとめた漢訳・西欧学術図書群《実記V、三三五頁》の件である。その若干例については、本章の発端（本章2）で既に触れたのだが、これらの図書群は、久米の学殖の拡大を支えた資料の重要な一部分として、注目すべきものと言わなければならない。

久米が列挙した図書名には「航海、防海、度学（計量）」などの「プラチーク」な学術分野のものも見えるが、「理（物理）、化（化学）、重（力学・機械学）、鉱（鉱物学）、地質」のように「テオリー」寄りのものも見える。書誌的に調べてゆくと、これらのうちの化学・地質学・鉱物学の本の原書は、当時の欧米一流の学者のテオリー寄りの著作であることがわかる《文書、二、附録2》。プラチークな技能のハウツー本ばかりが訳されたわけではないのだ。

ずっと後の話だが、江南製造局が発表したこの漢訳書群のリスト（推定では光緒三一年＝一九〇五年〔明治三八〕年編）には一七〇余タイトルが収録され、ロシア史、東方交渉史、列国陸軍、喇叭吹法、イタリア蚕書、微積溯原、無線電報など、歴史的な興味の対象となる本の刊行が報ぜられている。その中の『物理学』三巻が日本の飯盛挺造の著作の漢訳であること、また『日本学校源流考』が含まれていることは注目に値する。

漢訳書の寄与

この種の漢訳書の存在は、中国研究者の間ではかねてから知られていたそうだ《学際、一〇九頁、武田論文》が、《実記》研究者の範囲では、注目される機会の到来が遅れた。

この手の上海本と久米との繋がりが具体的な話題として登場したのは、一九八〇年代後半における久米美術館の展示――「久米邦武と『米欧回覧実記』」展(一九八五年)と「歴史家久米邦武」展(一九九一年)――の際であった。いずれも私個人に関わることなのだが、久米邦武研究の歴史の中の小さな一事項として、経緯を記しておきたい。

まず、一九八五年の展示で初めて公開された久米手稿「物理学」が、私の関心を強く引き寄せた。そして、それがきっかけとなって、久米旧蔵の漢籍群の中から、ここに言う「上海本」の一群が発見され、その過半が一九九一年に展示され、写真が図録(久米美術館の図録『歴史家　久米邦武』一九九一年、一九九七年)に収録されたのである。うち何点かについては、久米自筆の書き込みも認められ、彼の本格的な学習の跡が確認された。

以来、科学技術史の眼でした久米の実像が次第に明らかにされてきた《文書二》。時系列的にまとめれば、佐賀の藩校と江戸の昌平黌で「漢文」の古典を叩き込まれた久米が、米欧の近代社会を目の当たりに見た大旅行の帰路、横浜着船の十日ほど前、「漢文」訳の西洋学術書群の存在を知り、漢文経由の西欧知識獲得の途を我が物としたのである。

今日、国立公文書館の『内閣文庫　漢籍分類目録』の「子部、雑家類、西学」を調べると、私たちのいう「上海本」が一六タイトル見出され、明治初期の内閣の蔵書でもそれらが重視されていたかに察せられるのだが、そのうちの一一タイトルが久米美術館・久米邦武・旧蔵書に含まれていて、共通度の高いことが推論される。久米は、内閣府の図書も活用したであろうが、それとは別に、手元にも上海本を置いていて、書き込みなどしていたのであろう。

上海本を使いこなした日本人は、久米と同世代の知識人の中に一定数は存在したはずである。しかし、その数は、江戸期、上海・翻訳館の活動開始に先立つ長い時代を通じてゼロだった。他方、明治ふた桁年代に入ると、外人教師の母国語または留学生の滞在先の言語による教育と学習が主流になって、漢訳本のメリットは消滅した。上海本およびそれに類する漢籍の日本への流入は、いかにも過渡的な、しかし久米らにとっては誠に幸運な文化交流形態だったと言わなければならない。

悠揚迫らぬ歴史眼

さて、この章で、いくつかの事例について見てきたとおり、米欧をめぐる大旅行は、一方で久米の世界地理感覚の射程を大幅に拡張し、他方で彼の世界史観に著しい柔軟性を与え、ひいては学者としての彼の力量を飛躍的にスケールアップさせたのであった。

本章の結びに、彼の長期間の執心の対象だった一課題（第一章4、神籠石あるいはドルイド）への、米欧回覧時における彼の探求の姿勢と所感とを取りまとめておく《実記Ⅱ、一三四頁》《実記・現代語訳2、二六七頁》。

草地の中に平らな岩を据えて、その周囲に自然の石をめぐらしたものが見える。…これは二、〇〇〇年前の遺跡で、スコットランドにはかつて原住民族の間に太陽を崇拝する信仰があった。これは太陽を拝むための祭壇である。現在考古学者がこの研究をしており、いくらかは判明してきたが、まだ研究は始まったばかりなので、年代の確定はできていないという。

さて、久米は、『大英国志』も引用して、英国に在るもっと大きな遺跡やインド、ペルシャの類例を紹介し、次のように語る。*

国に歴史学が盛んになれば、はるか数千年前のことがらについても追求して事実を確かめようとするものである。ごく些細な不思議のこと、ごくちっぽけな変わった器物についてもまた、尊重するのであれば、これこそすぐれた文明の姿勢なのである。

＊なお《実記・現代語訳2、二六八頁》の一節は「インドやペルシャなどでも見られる」とするほうがよいであろう。

右の話は、今日の知識に照らせば、英国ソールズベリーのストーンヘンジをはじめとする巨石記念物を指すものと考えられる。そこには、考古学・神話学・天文学・暦学の諸課題が付きまとっており、近年ではコンピュータによる数値解析も行われたりしている。

久米のこの、時代や地域の枠を超えた悠揚迫らぬ歴史観こそが、「学の人」に独特な魅力を与えていると、私は考えている。

第四章　公の人——藩の実務家・回覧の記録者

1　佐賀での公職

近侍としての日常

米欧へ出航した日から逆算すれば話は六年ほど遡ることになるが、久米邦武の「公人」としての生活は、彼が江戸の昌平黌を退学し佐賀藩に戻って藩侯の近侍となった時に始まった。そして彼は、前後して結婚し、また一八六七年（慶応三）には家督を継嗣した。

佐賀での主な公職を挙げれば、左のとおりである（本書附録Bも参照）。

一八六四年（元治元）九月　藩侯の近侍。

一八六八年（慶応四＝明治元）　藩校・弘道館の教諭（第二章5）。

一八六九年（明治二）二月　江藤新平の勧めで藩治規約案を作成、三月に公布。その途上生徒の意見で教諭を辞す《公伝、六、三五一頁》。

一八六九年（明治二）九月一五日　藩の大史兼神事局大弁務。

一八七〇年（明治三）一〇月八日　藩の権大属。

一八七一年（明治四）七月五日　藩の大属、ついで鍋島家の家扶。

一八六四年（元治元）春、昌平黌を退いた久米は、四月一日に江戸を離れ中山道を経て佐賀に向かった。途中、京都の藩邸に寄り、五月末、郷里に戻って、内生寮の教育の手助けをしていたが、九月、直正公の近侍として召し出されることとなる。前任の近侍・秀島藤之助《ひでしまふじのすけ》の代わりということであった。秀島は長崎海軍伝習所で学び藩侯から優等賞を受けた逸材であったが、藩の汽船の検収に出向いた際、雷のさなかで発狂し、同僚の技術者・田中儀右衛門を惨殺した悲劇の人物である。秀島はその時から廃疾者《はいしつしゃ》となり、十余年後に没した《公伝、五、四一六頁》。

さて、そのとき久米は、直正公の忠臣（のち、公に殉死）古川松根《まつね》に呼ばれ、忠告を受けた。

この人事は手早く処理されたが、実は、君側《くんそく》を通じて「この者は主義者であるから、御側《おそば》に置くのは危険との批評がある、如何なものか」との御内意があった。そこで私は「書生が勤王を唱えるのは普通のことだから、その点ははっきり本人に注意すればよろしい。私が戒めておくから、御使いなさいませ」と申し上げておいた。心得ておいて貰いたい。

久米は思った。「これは、以前に義祭同盟に加わったことの祟《たた》りだろう」と。義祭同盟とは、楠正成を顕彰する勤王の集会だった（第七章3）のだが、「倒幕」の企てに関与する者と目されたこともあったのだ《公伝、六、三三七頁〜》。「公」の人の選出ともなれば、やはり、いろいろとチェックはかかるものらしい。

藩侯と近侍の国政談義

ところで、一八六六年（慶応二）に将軍となった徳川慶喜は、鍋島直正に書簡を送り上京を要請した。直正は病の故に猶予を請うていたが、翌年に督促を受け、五月頃から上京の準備にかかった。

その頃のある日、直正は久米邦武一人をはべらせて読書談義を楽しんでいた。話題はたまたま、「先人に対する世上の批評はただ旧説の踏襲であって、自己主張に欠けるにもかかわらず、書物に載せられれば、衆口一致の公評となることが多い」点に及んだ。

以下、二人のやりとりを対話形式で紹介する。

久米　一例として顔淵《がんえん》を挙げますと、もちろん彼を亜聖《あせい》と呼んで異論を唱える者はありませんが、果たして孔子に亜《つ》ぐ程の偉人なのかどうか、納得できない所があります。

公　孔子が諸国を周遊して政治に力を入れようとしていた時期、彼を妨げたり兵力で脅そうとしたりする者もあったのだが、孔子は談笑して難を免れた。そのような時、孔子と同じ胸算用で事を処したのは顔淵だけだった。兵難に遭った際、遅れてやってきた顔淵を見た孔子が「お前は死んだのかと思った」と言ったとき、顔淵は「先生がご存命なのに、この回、どうして死ぬものですか」と答えた。顔淵のこの発言は横柄尊大にも聞こえるが、「先生と同じ胸算用で処している」と言う自信から出たものだ。

公　ところで孔子が衛《えい》の内乱に遭ったとき、門人らは去就に迷い、智者として知られたもう一人の優れた弟子・子貢《しこう》に対し「師は衛君を助けるのでしょうか」と尋ねた。子貢は孔子に向かって「伯夷叔斉は（周の武王を諫めて受け容れられなかったのち）怨んだでしょうか」と尋ねた。孔子は「仁を求めて仁を得たのだから、怨むことがあろうか」と答えた。そこで子貢は、先ほどの同門の者に応えて「先生は衛君を助けない」と断言した。

右のような対話ののち、久米は公の心底を推して言う。孔子が衛君を助けるかという問答は、公の（徳川）将軍への援護の内意を暗示したもので、「自ら外国の大勢に順応して武臣の任を全うし、もって朝幕の間に心を尽くすべきこと」と「自ら仁を求めて仁を得たと信じ、また権勢争奪の意思がないこと」を仄《ほの》めかしたのだ、と。

そしてさらに久米は、「読書談はこれまでも度々《たびたび》おこなわれ、時事問題に触れたこともあったが、この日のように、ご自分の身の上に言及されたことはなかった」ので、「まさに来たらんとする時局の大変化は、非常の人にあらずんばとても之に処するを得まじ」と答えてその場を辞去したが、「この時より公の胸中には深き決心ありしことと想わるにぞ」と、感慨をこめて書いている。

以上、藩侯の近侍という「公」の人としての久米の役割がどんなものであったかを伝える貴重な逸話と言えよう。

人材談義

同年六月、直正は佐賀関でオランダ製の軍艦「電流丸」に乗船して上京することになり、出航前日の二〇日、珍宮《うずみや》で一泊、その折も久米と対談する機会をもった。

公　天皇の御親政はまさに公正な賛美すべきことだが、公家の人々の政治ははなはだ覚束《おぼつか》ない。公卿は古くから高貴の身ではあるけれども、久しく政治から離れ、民とともに事に当たる実経験をもたないので、思想は細事にこだわりやすく、人を統御するに足りない。従って皇政となっても相変わらず詩歌管弦をもてあそび、鞠《まり》を蹴るなどして悠々として品位を保たれるのが似つかわしく、とても、外国人と交渉して忙しい政務に当たらせることは難しい。さりとて幕府も同様で、表面は厳しく、老中などと言えばいかにもえらく見える種々の人物が集まっているかのような外観を呈しているものの、実は形式様式に過ぎず、当今の政局を取り仕切るに足りる才智能力を備えた者などは全くおらず、浅薄な小細工を弄するだけで、とうてい時局を制すべき望みはない。

久米　五万石十万石家が互いに牽制して決まり通りに事を運ぶのは保守の方策でありますから、変化に対応できません。天下の有志の人が、大藩大名が奮起してこの時局を救う事を望む次第です。

公　しかし大名も同様だ。ただ薩摩の先の修理太夫〔島津斉彬《なりあきら》〕がもし存命ならばこの際なんとか為す事を得たであろうが、既にその人も亡い。今は長州侯〔毛利敬親《たかちか》〕が評判であるけれども、予は参府の年が違うので一度も面談したことがなく、なんとも言い難いが、之まで自国を統御された手際から判断すれば、今日の時勢の変化に対処するには足りないと思う。

久米　では今、日本を興隆する人は、外にいないのでしょうか

公はしかし、ここで口を噤《つぐ》まれた。久米は公の言外の意想を推測して、「けだし、旧来の位地にある者は老朽の廃物ばかりなのだから、青年書生の間で、奮起してこの局面を乗り切る者が現れる事を希望されたのであろう」と解した。

久米はさらに、友人・大隈の言を思い起こす。ある人が公に「天下はどう定まっていくのでしょうか」と訊ねたとき、公の答えは「天下に人なし。将軍も大名も言うに足りない」というものだったから、さらに「では貴殿は」と問うと、「予もまた言うに足りない」との答え。「それなら一体、天下は誰を頼りにするべきでしょう」と重ねて問うたのに対して「人物は意外な処から時代の要求に応じて現れるものだ、歴史上の偉大な人物は門地から出ず、他から出るのが通例なのだ」と答えられた。

久米は、この大隈談に見られる公の所見を「人物は草莽《そうもう》の間より出る」の意と解し、このほど公と面談した際に推測した公の言外の意想もまさしく其処にあると看て取った。思い返せば、面談の折に公は何か考え込んでおられた様子で、久米は、詩興を催されたためかと思ったが、実はその日、幕閣

から書信が届き、それを披見《ひけん》しつつ国家将来の成行きを沈思していた際、たまたま久米が側にいたのでこの談話に及ばれたのだと覚った。

西洋政体談義

さて翌二一日、乗船した公は甲板で爽快の気を呼吸し、四方の眺望を楽しんだ。午後は船室で、侍者・久米に問い掛けた。

公　近ごろ出版された『西洋事情』〔福沢諭吉、初版は慶応二年の初冬〕を読んだか。

久米　はい、読みました。

公　西洋諸国はみな議事院を設け、全国の人民より選出した代人を出席させ、その多数の決議によって諸般の法律を立て、毎年、政治の綱要を定めると聞く。誠に上下の意思を暢達《ようたつ》するのに適した政体だと言える。しかし、機密の事はどうするのか。およそ国政運用に当たって最も肝要なのは、機密という問題である。対外の事はもちろん、内国の機務でさえも、多数の代議士に問うた上で決するようでは、機会に遅れてしまい、とても大事を成し得るものではない。政機は、当局者の機密から出るのでない限り決して成就しない。機を知るのは神かと言う。この要点を無視したら、万事、遅れを取るものだ。西洋諸国にしても、まさか政事の枢機まで国会に問うて決するといった迂闊なことはしないだろう。だとすれば、これをどう扱うのか。

久米　西洋の政体を略記したものとしては、『瀛環志略《えいかんしりゃく》』、『聯邦志略《れんぽうしりゃく》』、『英政如何《えいせいいかん》』および『万国公法《ばんこくこうほう》』など数種の訳述がありましたが、機密が行政の本能であることは当然なので、殊更《ことさら》そのような無用の説明をしているものは無く、今お答えする事ができません。

〔この二一日の対話の原文の大半は、杉谷昭『鍋島閑叟』一四四頁に引用され、当時の直正が幕閣改造や雄藩連合に関しては「合議制による政策統一」よりも「寡頭政治による秘密主義」を政治学の要諦と心得ていたらしい、と解説されている。〕

久米は、対話の成行きを「談はそのままに止んだ」と結んだ後に、彼自身の所見を次のように記している。

けだし文久以来、政変ごとに有力な諸侯を政事に参与させて国是を決定するようになり、殊に当時は諸侯会議の招集もあって、幕府の政権などは動揺のあまり、ほとんどその手から離れようとしていた頃だったのだから、政権が天皇に復した後には西洋のように諸侯と藩士との常議員を設け、それによって大事を議定させる政体に改めるのが時代にふさわしい処置である。とはいえ、行政に緊要である機密の運用が衆論の喧騒に支配されるようでは国事を円満に処置することが出来ない。公は、こうした考えのさなかに「機密の処理」という設問を提起されたのであろう。

なお、久米の答に現われる図書『瀛環志略』『聯邦志略』『英政如何』は、現在の久米美術館蔵書の中にも含まれている。近侍時代の久米が閲読した版と同一であるかどうかは確かめ得ないが、久米が終生、これらの古典を身辺に置いていたことは疑いない。

さて、公の京都旅行が兵庫にさしかかった時、公から久米に下問があった。

公　楠公《なんこう》の墓に詣でたことはあるのか。

久米　江戸遊学の際、往路は時間の都合で、帰路は乗物の都合で、湊川の楠公の墓を訪う機会に恵まれませんでした。

そこで、兵庫に着いた日の午後、公は近侍をすべて従えて兵庫を遊歩し、湊川の白砂を越えて数丁、川の近くの松堤に杖をとどめ、近くの一叢の森のある村を指しながら、近侍に久米のことを語った。

公　この者は書生だが、まだ、湊川の楠公の墓を知らないそうだ。あの森がそれだ。ほかにもそれを知らない者がいたら、出向いて拝するがよい。

公は、三四人が駆けてゆくのを見やりながら、他の二三人と共にゆっくりと宿へ帰られた。

さて、ここで久米は思い返すのだが、これまで、公の楠公論や勤王論を耳にした事はなかったのに、この日は、湊川を逍遙されるに及んで足をとどめ、近侍の者に「(楠公の墓を) 参拝せよ」と言われた。これはまさしく、日ならずして政府は京都に移って皇政に復すであろうことを、また、世は楠公を説いて勤王に傾くべきであることを暗示されたのに違いない。

海外消息の生き字引の傍らで

話は変わって、公と近侍との対話ではなく、主として公から近侍への啓発活動と呼ぶべき一事に触れたい。

直正が藩主だった時期、長崎のオランダ領事は、海外の新聞情報を幕府にひそかに提供し、幕府はそれを諸藩の大名に回送したのだが、余《あま》り顧みられず、秘庫に収められることが多かった。ひとり直正は、その内容を一つ一つ精読して西洋事情に通じており、「生き字引様」と呼ばれていた。

直正のこの心構えは久米の肺腑に入り、啓発するところ絶大であった。

フルベッキとの旧縁

次の話題は、維新も目前の一八六五年（慶応元）八月、フルベッキが佐賀を訪れた時の話（第二章5）。彼は、佐賀藩が同年四月に長崎で開設した英学校・致遠館に教師として着任していたのだが、八月には石丸虎五郎（安正）の紹介で米国領事フレンチと共に佐賀に旅し、弘道館では伝統の品など参観した。その折、近侍・久米は、内庫に所蔵されてきた唐宋の古書を彼らに見せた。フレンチがその保存法を訊ねたので「桐箱に収め樟脳を入れて虫を防ぎ、秋のさわやかな風に曝《さら》す」と答えた《公伝、五、五〇六頁》。

ついでに紹介すれば、このあと外人二名は、学生らと相携えて遠出し、鮎猟や温泉の実況のほか、有田焼製造の状況なども見て、長崎へ戻った。案内した石丸の報告によれば、彼らは「松浦の風光、嬉野の温泉」を賞美し、ここにホテルその他を整備すれば外人が連れ立って来遊し繁盛するだろう」と激賞したとのことであったが、藩の連中はその意味を理解できなかった《公伝、五、五〇七頁》。

もう一ついでに——石丸の報告に接した藩の故老が「途中で見たはずの広く豊かな稲田を彼らはどう評価したか」と問うたとき、石丸は「別に何もいわなかった」と答えたので、故老は失望したそうである。その事に寄せて久米は、「日本のひと握りの水田を米大陸の人に見せて評価を期待するのが笑止」だと書き《回顧録、上、六四六頁》、「閑叟公は、この手の人物を召し使って政務を処理し、同類の人材を任用して日本全国を平和に取りまとめ、浅はかな激徒や怠惰な幕府と付き合っておられるわけだが、誠に歯がゆい事だ」と慨嘆している。この種の慨嘆は、近侍として藩侯の傍にはべった「公人・久米」の胸に、つね日ごろ鬱積していたことであろう。

なお、フルベッキは明治元年にも佐賀を訪れた《公伝、六、三二三頁》。その頃、フルベッキは、前述のように英学校の教師を勤めていたのだが、大橋昭夫・平野日出男によれば、「フルベッキは他の諸藩からも教師招聘を申し込まれていたが、宣教師としての使命を考えて、すべて辞退していた」という（『明治維新とあるお雇い外国人　フルベッキの生涯』一四八頁）。その間の真相は、要約すれば、大隈が他藩を牽制する策を講じて佐賀藩に働きかけ、英学校の設置を認めさせていたのである（最初の名は蕃学稽古所）。

こうしてフルベッキは、佐賀藩の洋学教育事業に破格の貢献をしてくれたわけだが、後には中央政府に招かれて開成学校に教師として赴任する。そのような実力ある教師に早くから指導を受けることができた佐賀藩は、たいへん幸運だったのだ。

藩校の教諭に選ばれてカリキュラムの改定を終えた（第二章5）久米は、一八六九年（明治二）に入って間もなく、しばし「学」の世界を離れ、藩の政務に巻き込まれることになった。新政府と旧幕府との軍事抗争（いわゆる戊辰戦争）は終結したが、政府側で善戦し帰還した兵士たちの間からは、藩の軍制への批判が起こり、また、幕府廃止・天皇親政の大変革に対応すべき藩政改革については、学生を含む論客の声が高まった。藩を挙げての改革論の最中で、過激な青年たちから教諭・久米宛に人事刷新の意見が提示され、久米はその大要に同意して、藩の上層へ取り次いだ。

藩政にたずさわる

藩内には動揺が走り、藩中枢の人事に局所的な更迭がなされたが、それと並行して久米には、改革についての諮問がなされた。久米の回答は明快だった。

幕府の朽屋　倒壊して、既に朝政に復したる以上、それに適当する建設をなさざるべからず。朽屋の建　修理は幾度なすとも無用なり、粗造なりとも、朝政に適当する正式の結構ある建築をなし、以て漸次に整備せさすべし。
《公伝、六、三三〇頁》

藩政改革案の起草

そして久米に対し、秘密裏に改革案の起草が命じられた。これは、誰もが想像するとおりの難事業であった。久米は、当時の国政・藩政の実情と彼自身の考察・決断の跡とを、詳しく書き留めている（とくに《公伝、六、三二八頁》）。なかでも、次の所見（三三三頁〜）は、久米の観察結果をストレートに表明したものとして興味深い。

由来　士族は租入に養われ、ために経済知識は皆無にて、斗升の禄《ろく》に執着し、而《しか》して之を利用結合したるが　いわゆる藩なるを以て、その政治思想は改革保守のいずれを問わず、ただ藩力を恃んで争うにあり。故に此に痛痒《つうよう》を感ずる事には、必ず牽制力を発するを常とす。

さて藩政改革案の起草に着手した久米は、見通しとして、「藩侯・鍋島家の内政にかかわる事項を抜き去ってしまうのだから、その後は、藩の政・兵・民・財の四本柱に仮屋をおっ立てて下屋《しもや》と廂《ひさし》をおろせば充分なのだ」と読み、一週か十日もあれば草案は出来上がると踏んで取り掛かった。ところが、これまで長年の間に出来上がった複雑な職掌や部局名などの整理に手間取り、半月過ぎても仕上がらなかった。

学生は激昂し、学館は警戒する　そのため学生らは次第に不満を覚え、やがて激昂して大会を開き、「役所に立てこもって学館の生徒を省みないのはけしからん」と抗議する。

学生ら　久米教諭は、政務か教職か、どちらか一つを取り、他方は辞退すべし。
久米　後数日で済むから、待て。
学生ら　納得できない。

久米　しからば学館を辞する。

という次第で久米は結局、辞表を出して草案作成に集中し、遠からずそれを仕上げた。そして学館へ復帰しようとしたら、今度は、学館側から「辞表を出したのに出勤するのは不謹慎」との意見が出る。ここに至って久米は、草案を仲間に託し、家に引きこもった。

その頃、前藩主・直正は京都で国政に参与していたが、佐賀の藩状を憂慮し、江藤新平、副島種臣を従えて帰藩、藩政改革の方針を宣言し、江藤が実務に当たることとなる。江藤は久米の草案を見て「とうぶん余に加勢せよ」と出仕を嘱託した。

《回顧録》冒頭の「文学博士易堂先生小伝」はいう。

江藤は〔久米〕先生を引いて革政に参与せしむ。先生藩治規約の稿を提示し、佐嘉の藩政治体茲《ここ》に成る。先生又藩の理財法に有益なる辨法を授け以て故老を啓発せらる。

この文は、「是れ、先生が政治的手腕を示されし初にして又其の終」と結ばれるのである。

久米は、かねがね手がけてきた藩政改革案を整理し直して『藩治規約』と名づけ、佐賀藩の精錬所の活版印刷に付して配った。（《公伝、六、三五二頁》および《回顧録、下、九〇頁》）

藩政改革の中核で

新しい藩は、八つの局（神事・学校・軍事・郡政・雑務・評定・医・監察）とそれらを総括する「政府」、計九局より成り、各局は通常、知事・大弁務・小弁・録事・史生・属吏・使卒で構成される。

久米は、藩政府の中枢の史局の大史および神事局の大弁務を命ぜられた（九月一五日付）《回顧録、下、一〇一頁》。これらの役職についての解説を要約しておく《公伝、六、三六〇頁》。

史局とは、⑴元の請役所にあった記録方、境目方、⑵臨時に機密を議した仕組所、⑶内廷にあった御代物方を集合し、加えて、⑶年行事の事も兼ねる局である。⑴〜⑶には、従来みな学館出身の才学者を任用してきた。新制度の史局は「幕政が朝政に豹変して当惑している故老たちの諮問に答える」ことも受け持った。

史局の大史は、「秘籍典章をすべ、法制を統理し、機事の決する者を受けて是を編修し、典章となし、かつ日誌を作るを掌《つかさど》る」ことを職務とする。

史局の実務は、藩政府の楼上、記録方に設けられた機密所で処理され、みだりに出入することは禁じられた。副島、江藤は此を休息所とし、茶菓を用意し、書斎でリラックスする書生さながらの態度で事務を論議し採決し、時には藩政府の会議にも列席するなどして、藩政改革の発動の拠点として機能した。久米自身は、藩内の給禄の査定にもかかわり、得意の算法の技量を発揮して逓倍率云々の試算など担当している。

また、神事局とは「神祇・祭祀・祝部《いわいべ》の戸籍等の事を総判するを掌る」部署であり、久米はこの局の、知事に次ぐ役職に就いたのである（藩の新制度は《公伝、六、三五二頁》および《回顧録、下、九二～九八頁》に詳述されている）。

そのほか、同じく江藤の委嘱で刑法の修正などと取り組んだこともある《回顧録、下、一二七頁》。さらに雑務局の大弁務を兼ねて、理財の事務を担当した《公伝、六、五五四頁》。所掌は、現代用語に当てはめれば、予算策定、会計監査、代官保管金の月々の収支などであり、久米はそれぞれ厳しく対応し、時には、旧習の迂遠さにあきれ果てたのであった《同、五五六頁》。

しかし、間もなく外遊の話が出て、藩務への参画はここで終結となる（第三章1）。

藩の役目あれこれ

このように久米は、誘われるままに、あるいは興味の赴くままに、藩の政務に深入りしてしまったわけだが、各局の配属部署の区分とは別に、「職階」と呼ぶべき身分上の区別として、どんな地位にあったのだろうか（以下、《公伝、六》も参照）。

一八六九年（明治二）六月、版籍奉還の成立の後、藩知事以下の身分は、大・少・正・権の語でランク付けされ、参事・属・史生の語で階層化されていたようである。久米の場合、「諸辞令　写」（本書附録B）によれば、佐賀県の権大属に位置づけられ、一八七一年（明治四）藩の大属となった。なお、大属への任命は七月五日であり、また八月二日、都合によりそれを辞した《回顧録、下、一四八頁》（本書の附録Bでは未採決となっている）。ちなみに、天皇布告による廃藩置県が行われたのは、この年の七月一四日。佐嘉（佐賀の旧称）では鍋島直大が藩知事に任命された《回顧録、下、一〇九頁》。

同一八七一年九月末、久米の肩書きはまた変わった。今度は鍋島家の「家扶《かふ》」《回顧録、下、一四八頁》、これは「家令」の補佐役である。廃藩後はどちらも空白だった模様で、この人事も江藤が差配した。久米は早速、鍋島家の予算策定を担当、「緊縮の限りを尽くした」のであった。

それに先立つ同年一月一八日、前藩主・閑叟が逝去、その葬儀についても、江藤を中心に、久米は葬儀委員の次席として事に当たった。神葬であったが、前例はなく、仏教の僧侶やキリスト者のフルベッキらの参拝など、さらに殉死者の件、埋葬地の選定など、顧慮を要する問題も多く、久米の心労は深いものがあった。

そのほか、鍋島家の御曹司・直大に経済学や筆算を教えたりもした《回顧録、下、一七四頁》。

ところで、同じ佐賀人でありながら、江藤は法律一点張りで「太平に麻痺した世の中は法律で締め付けねばならぬ」と主張し、余〔久米〕を議官に推薦しようとしたこともあった《回顧録、下、一七五頁》。その処遇（官等）や適格性について、大隈重信をも含む外野から声がかかったりしたが、それを聞き及んだ岩倉具視が、「久米の名は、鍋島閑叟から聞き込んでいる、佐賀の好学者ではないか、米欧回覧に同行させればよいではないか」と思い立ち、鍋島直大に持ちかけた。久米の外遊への導きの糸は、まさにこの時、結びつけられたのである（当時の久米と江藤と関係は、鈴木鶴子『江藤新平と明治維新』一四五頁に記されている。職名などは、ここでは《回顧録》によった）。

自称「一生中の最大愉快」

明治維新からやがて四〇年という一九〇八年（明治四一）、久米は「町村の発達」について講演した（雑誌『斯民』第三編、第十号、明治四一年一一月、「説苑」欄。一九〜三四頁）。

主として「村」の歴史的発展を縦横に論じたものであるが、途中から佐賀での自分の生い立ちに触れ、父の訓育（第一章1、第七章1）を論評し、さらに、佐賀での藩政改革の経験を回想している。其の中に「一生中の最大愉快」という節があって、次のように気炎を上げている（句読点を補う）。

私は、〔鍋島〕閑叟の側において書籍の出入をさせ〔られ〕、時には議論を吹っかけられて、大分修行しましたが、そんな事で明治維新となり、いよいよ日本を作り変えて、新たにすべての法制を定めるようになったが、其の頃藩で、家中から朝廷に出す者と国に留まる者とを内々定めた様子、私は国に留まるほうに入って、学校の教官、実は書生鎮撫《ちんぶ》に回された。随分難しかった所が、段々奥羽戦争も済み、兵隊繰込となった所が大沸騰を起こして、どうしても此の老耄《おいぼれ》政府は保てない。それも尋常な改革ですまぬから、いっそ正面から往って毀《こわ》そうと学校から両人連で政府へ往って、改革も是までのような建修理ではいかぬ、新規に建替えねばならぬ、其の建設の制度は私が取調べて出しましょうといった所が、存外に、それでは大改革をしいて取り調べろという事になって、それで新制度を打ち立てることになりました。是が、私一生の愉快な時でありました。

この講演では、土地問題・税制・山林行政など、飽きる気配も見せずに語り明かしている。終段では「私は…学問以上の知識を得た」、「大改革に逢わねばこんな愉快な研究はできぬ」と率直に感想を述べている。気鋭の久米は、藩の「公務」を、単なる義務とは受け取らず、「学問以上の知識」に通ずる「愉快な研究」と受け止めていたのである。本書の副題に採用した、「史学の眼鏡で浮世の景を」の句にも、これと共通の学問観、社会観が窺われるのではないだろうか。

さて、こうして久米は、佐賀での公務に精励を続けていたのだが、やがて、待望の西洋行の日が到来する。

2 官職に就き、岩倉使節に随行する

役所からの重々しい辞令

話を明治初期に引き戻す。佐賀・鍋島家の家扶をつとめていた久米のもとへ、国の役所からの辞令が届く。彼は、それ以後の一八年ほどを国の役人として、つまり「官」の人として働くことになるのである。

そこでこの際、米欧回覧の直前から直後に至る間の、久米の「公」の身分を見直しておくことにしよう。私たちが第三章で素描した久米の姿は、いかにも「科学技術レポーター」のような外見を呈していたが、その時期および続く数年間の彼の身分を支配した辞令あるいは公信には、存外いかめしい肩書きや任務が記載されていたのだ。

以下、《諸辞令》（本書附録B）と、《使節団文書・別冊》とから関連項目を抽出し、字句はやや簡略化して年月順に列挙する（令は辞令、信は公信を表わし、〔　〕内は発令者または発信者を示す。記号として、久米個人の身分・職分には㋐㋑㋒…を、公共の組織・体制にはⒶⒷⒸ…を使い分ける。和暦は、明治五年までは

陰暦、明治六年一月一日からは陽暦による)。

このあと次章の半ばまで、煩雑な記号が並んで目障りではあろうが、謎解きの楽しみもあるはずなので、お付き合い願いたい。謎を解いた後の整理した経歴表は、巻末の年譜に示してある。

㋐令一八六九年(明治二)九月一五日　大史兼神事局大弁務〔佐賀藩〕
㋑令一八七〇年(明治三)三月一一日　以　本官　当分　雑務局大弁務　権　被命候事〔佐賀藩〕
㋒令同年一〇月八日　権大属〔佐賀藩〕
㋓令一八七一年(明治四)九月晦日　家扶〔鍋島家〕
㋔令同年一一月五日　権少外史〔太政大臣〕
㋕令同月同日　特命全権大使欧米視察各国へ被差遣候ニ付随行被仰付候事〔太政官〕
㋖令*一二月八日　米国華盛頓《ワシントン》ニ於テ文部省理事官随行ノ心得ヲ以　教門ニ係ル政律取調兼務被仰付候事〔正院〕
㋗令同年一二月(日付を欠く)　大使附属枢密記録等可上取調候事〔特命全権大使〕
㋘令**一八七二年(明治五)二月(日付を欠く)　久米邦武へ文部省随行を免除し大使随行を申付の件〔特命全権大使〕
㋙令*二月一八日　文部省理事官心得被免候事〔正院〕
㋚令同年八月三日　使節紀行纂輯之儀専務ニ相心得　杉浦弘蔵申談可取調候事〔特命全権大使〕

㋛信***一八七三年（明治六）第一月一二日　久米権少外史へ去九月より月々洋銀五十元増給と御申し渡して候〔正院より特命全権大使副使宛て電文〕

*㋖項、㋙項は、『記録局諸則沿革録附録』（国立公文書館蔵、《読む》、福井論文、四三八頁挿図）によるものであって、「諸辞令〔本書附録B〕」には記載されていない。

**㋘項は、《使節団文書・別冊、二三二頁》に見出しが示されている「在米雑務書類」よるものであって、《諸辞令》（本書附録B）には記載されていない。

***㋛項は、《使節団文書・別冊、四四頁》に見出しが示されている「本朝公信・地」四三号のマイクロフィルム（国立公文書館蔵）によるものであって、《諸辞令》（本書附録B）には記載されていない。

ここで、㋛の前提をなした要請公信（ロンドン発、船便）も左に示しておく（㋛#とする）。

㋛#「欧米派出大使御用留　五」、第十六号、明治五年壬申十月十五日　英京倫敦《ロンドン》（国立公文書館蔵）の部分

大使随行権少外史　久米邦武儀　公事鞅掌に付　当九月より月々洋銀五十元　増給申渡候　其段大蔵省へ御達し有之度候

全権副使　山口　伊藤　大久保　木戸　花押

全権大使　岩倉　花押

三條　太政大臣殿　参議殿　外務卿殿

元の文書およびそれに関連する文書（マイクロフィルム化されている）の見出し等の相互関連は、共通文献《使節団文書・別冊、四四頁、一一七頁、二二三頁、三一一頁》で知ることが出来る。

さらに付記すれば、同文献七九頁および二三六頁に示されている、左の見出しをもつ公信（㋛##とする）も、注目に値する。

㋛##「在英雑務書類　二」および「在英雑務書類」、「帰朝後の紀行編集の為　各位見聞筆記の再確認の件」、一八七二年（明治五）七月二〇日、特命全権大副使から各省理事官　並随行者宛て。

旅先で発令された 久米の新任務

さて、私たちが別の章（第一章3）で見たように、久米は、鍋島家および岩倉具視とのさまざまな縁に導かれて岩倉使節団への参加を求められ、一八七一年（明治四）末、あわただしく旅立った。そして帰国後五年目の一八七八年（明治一一）末、労作『米欧回覧実記』を世に送った。これらの史実は、今日では広く知られていると言えよう。

ところで、この八年間の彼の仕事ぶり、特に「公人」としての働きぶりは、整然とした形で今日に伝えられてきたと言えるのだろうか。答は、否定的なものにならざるを得ない。

その理由として、使節団関連の文書の研究しにくさ（とりわけ、使節団から本国に届けられた文書のかなりの部分が焼失したという事情）を挙げることができるし、さらに、久米《回顧録》の中断という事情を挙げることもできる。いずれにせよ、これらの情報の未整理という、久米にとっても、後代の私たちにとっても大変に不幸な事態は、意外なほど長く続いてきていたのであった。

しかし近年、幸いにも、この不幸な事態の克服を意図する研究が現われ《読む、四二九頁～、福井論文》、「太政類典」「公文録」などの史料を精査しての新知見発表がなされ、また、さらなる疑問提起もなされて、残る課題の所在が見通しやすくなってきた。

それを受けて、本書は、現段階での多少の寄与を試みるべく、《諸辞令》（附録B所載）のほか、すでに言及した《使節団文書・別冊》（マイクロフィルムの目録）と、数点のマイクロフィルムとを援用し、旅先の使節団と本国の政府との間で交換された書簡・電文にも眼を配って、考察を進めてみることにしたい。

教門に係る政律の取調

まず、使節団員としての久米の任務の基本は、㋕「特命全権大使に随行」であり、具体的には、㋗「大使附属枢密記録等　取調」である。㋗に加えて「各国宗教視察」が折々話題にされるけれども、それに関連する事項は「自筆履歴書」《研究、佐藤論文》および久米の自筆メモ《学際、山崎論文》*にしか見られず、他の公的文書による確認はできなかったのである。**

＊使節が出航して間もなく、船中で、同行のアメリカ公使から「(使節団の中の) 宣教官員」との面談が要請され、田中不二麿文部省理事官と久米とが、急遽、これに当たることになったというもの。

＊＊前掲㋐に神事局云々とあって、この身分が後々までいきているとの解釈もあるようだが、これは佐賀藩の辞令であって、使節団随行には繋がらないと見るべきである。

しかし、これも幸いなことであったが、近年の研究《読む、福井論文》の挿図によって、前掲㋖の原文およびこの任務を解除する辞令の原文㋙を読み取ることができた。これらの公文書は、こののち注目されてしかるべきものと言える。

また、それと関連して、これまで「各国宗教視察」という表現で呼ばれてきた久米の一任務は、こののち「教門に係る政律取調」と呼びかえるほうがよいと思われる。

発令抜きの解除？

本件に関し、さらに一点、煩雑をいとわずに付言しておくのは、この任務の解除に関する事柄である。《使節団文書・別冊》には、この任務の「免除」の件が、前掲㋘の形で記載されているにもかかわらず、㋖に対応するべき「発令」の件の記載が全く見られない。この不均衡を本書でどう扱うべきか、当初は苦慮していたのであるけれども、その後、《読む》を介して「発令」を確認できたので、㋘を記載しておくことにした。原因は、米国ワシントンでの発令（発令者は岩倉）が文書化されなかったのか、文書化はされたが本国へは送信されなかったのか、あるいは送信されたが焼失したのか、いずれかと推測される。些細な事柄ではあるが、今後の課題の一つである。

近侍のメンタリティで

ここで辞令㋕、㋗に戻れば、核心は「大使随行」と「枢密記録」とである。このあたりは、鍋島―岩倉の期待（第一章3）を、当時の公文書のスタイルで表現したものと解してよいであろう。ちなみに「枢密」とは、現代国語では「肝心要《かなめ》の秘密」の意だが、漢和辞典には「政治上の大問題を秘密に相談すること」とあり、「枢密使」は「天子の左右に侍し文書を掌《つかさど》る人」とあった。

思うに久米は、米欧回覧の初期、格別の限定はせずに、岩倉相手の任務を了解していたのではないだろうか。それはいわば藩侯の傍らに近侍が随行し、藩侯の左右に侍して秘書（祐筆）役を務め記録をしるすことと、本質において異なる所はなかったであろう。「記録」に関しても、江戸遊学の際の「跋渉備考」に似たメンタリティで対処していたと思われる。アメリカ滞在中、束縛のすくない時期には、あらたに加わった使節団メンバー・畠山義成と共に米国憲法の研究などもし、あたかも「学の人」に立ち返ったかのような日々も経験できた。

紀行の纂輯で公事鞅掌

　では、辞令㋚「使節紀行纂輯を専務とし、杉浦（畠山）と討論し調査せよ」はどうか。回覧開始から八カ月ほどの頃、使節団がイギリスに移ったばかりの時期である。新世界アメリカを離れて大英帝国に歩を進めたこの時期、使節らの日常の外的条件は当然ながら大きく変わっただろうが、それとは別に、使節団内部の責務分担に何か動揺でも認められるようになってきたのだろうか。

　先行研究《読む、福井論文、四三六頁》によれば、使節団メンバーの一部に公務分担の乱れがあり、トップダウンの指示とボトムアップの異議表明とがやり取りされた事実も公文書群から読み取ることができるという。同様な事態は、《使節団文書・別冊》の項目見出しにも反映している（七九頁「使節団各位の職務内容」一八七二年八月一八日付、大使および四副使の発信）。当時のやり取りの趣旨も、《使節団文書》（七九頁、八〇頁および二三六頁）に記載された見出し（前掲㋛##）で察知できる。

　職務分担上のこうした事態そのものは、久米に直結していたわけではないから、ここでは深入しない。とはいえ、事の成行きは久米を直撃することになった。前掲㋚がそれであり、続いて㋛#による申請が本国へ伝えられ、㋛の形で決着を見たのである。

中間の㋛#に「鞅掌《おうしょう》」という難しい語があるので、漢和辞典で確かめておこう――「鞅」は背に荷をになうこと、「掌」は手で物を持つこと。転じて、非常にいそがしく疲れることである。

要するに久米は、辞令㋚を受け取った後、めっぽう忙しくなり、疲れるようになった。そこで使節団上層部は、それに報いるべく「増給」を申請し、首尾よい結果を収めたのだ。

漢語で重み付けられた公文書

「紀行纂輯　専務」―多忙―「増給」という筋書きは、表面的には誠に直截で、わかりやすい。しかし、新しい任務は何か、多忙になったのは何故か。その背景には、久米にとっても、使節団にとっても、さらにまた明治以後の日本にとっても、なかなか意味深いものが潜んでいた。その点の詳細は後で考察することにしたい。

それに先立って、ここであえて少々勘ぐった解釈をすれば、この「増給」の処置は、ポケットマネーをポンドと墜した久米（第七章3）への救済と見ることができるかもしれない。だが、ヘソクリを棒に振った団員は他に何人もいたのだから、久米だけを救済する措置は公正を欠き、内部告発を誘起しかねない。「増給」は、「紀行　専務」で多忙という誰の眼にも明白な事情に対する「公」的な処置だったのだ。

ところで、この申請公文の中に、「鞅掌」といった難しい漢字が使われたのは*、一体なぜなのだろう。辞典には、用例として『詩経』や『荘子』といった極め付きの古典の文が挙げられている。そんな語を、しかも旅先で、即座に使いこなせるのは誰なのか。無学と自認した岩倉ではなさそうだ。だとすれば、そのご祐筆、つまり久米その人だったのではないか。ともあれ、この語で権威付けられた申請書類が本国で裁可されたのは、大慶至極であった。

＊「鞅掌」という語は、《実記Ⅰ、一〇頁、例言》でも用いられている。

増俸の重み　では、「増俸」額の洋銀五十元は、どの程度のありがたみをもっていたのか。「洋銀・元」という通貨は、「円」を定めた一八七一年（明治四）『新貨条例』の前の「両」とも違い、その後の「円」とも違うので、相場の細かい算定は困難だが、維新前後に開港場で通用した貿易一円銀（メキシコ弗《ドル》と同質・同量に鋳造されたもの）と解し、久米流に「約数ヲ較算シテ」《実記Ⅰ、一九頁》、ここでは大胆に「円」と同等と解して、概算を試みよう。

使節団員の支度料、手当などは、公文に記されて国立公文書館に保存されている。元の史料は、《使節団文書・別冊、一九四頁、第二十号》、最初の精査は《使節の研究、大久保論文（一七六頁）》、要旨は、田中彰『岩倉使節団『米欧回覧実記』』（岩波現代文庫、一二〇頁）である。

月々の手当だけ示せば、左のとおりである（当時、一弗はほぼ一円）。

大使	五〇〇弗
副使	四〇〇弗
一等書記官	二五〇弗
二等	二〇〇弗

三等	一八〇弗*
四等	一五〇弗*
五等	一三〇弗

*初案はいずれも一七〇弗であった《実記I、三七四頁、田中校注》。

ところで久米は、さらに下の「随行　権少外史」だったから、その手当は「本官等級ニ応シ旅費規則ニ照《てら》シ」て決められた。その金額は、右の文書には示されていない。推測すれば「一二〇弗」あたりだろう。これに「増俸五十元」の推定値を加算した「一七〇円」は、三等書記官のわずか下。これは、途中から使節団に参加し久米と相談しながら「紀行」編纂を担当することになった三等書記官・杉浦弘蔵〔畠山義成〕の手当と大差ない。役所側は流石に抜かりなく「横並び」の手配に万全を期していたと見える。

日々の記録から

米欧旅行の初段階に話を戻すと、アメリカ滞在期の久米の任務は、主として㋕「大使随行」と㋗「枢密記録」であり、途中で付け足された「教門ニ係ル政律調査」は短期間で解除された。要するに久米は、他の理事官やその随員たちがそれぞれの使命で日ごろ緊張していたのとは大違いで、いわば無任所の随員兼秘書として、使節団の内外の景況を、自主的に観察し記憶し記録し続けていればよかった。前にも述べたように、それは、彼の近侍時代のメンタリティの延長で処理できるものであった。

もちろん、彼の場合、佐賀藩校と江戸昌平黌でのエリート教育に重ねて父や藩侯の開明的な啓発を受け続けてきたので、観察の感度・分解能は抜群、記憶の容量は絶大であった。それあってこそ、横浜で船に乗れば乗ったですぐに郵船の機能（第三章1）から船客規則、航路に沿う経緯度・天候、洋上の鳥影、酒宴の情景まで描写して読み手を魅了することができた《実記Ⅰ、四一頁〜》。その出来ばえは、「記録」担当・久米の適材ぶりを証明して余すところがない。

しかし今日、私たちがたやすく閲読できるのは、米欧回覧終了後の五年ほどを費やして「再三校訂ヲ加ヘ」《実記Ⅰ、一五頁》て成った『特命全権大使　米欧回覧実記』だけである。では、米欧回覧中の彼は、日々、例えばどんな記録を残していたのだろうか。

『実記』成立のプロセスを追う　それを例示するためには、《実記》の「成稿過程」の研究の成果を援用しなければならない。

この研究は、きわめて即物的に、かつ綿密に、進められている《使節団の研究、第3章》。その素材およびプロセスは、私も、折々、横目で拝見してきたが、こうした分析的研究の成果を、局所的にもせよ、印刷公刊するのは難事業であって、一般読者の閲読に堪える形での発表は、なお少数である。今は、《文書、三》収録の「奉使欧米日記」（二つ折りした洋紙にメモを墨書し綴じたもの）から「初章太平海ノ航海」の一部を借りて、久米の記録（またはその浄書）の姿を捉えてみたい。《実記》が御手元にあれば、その第Ⅰ冊、四二頁、左から五行目以降の節と見比べていただきたい（さらに、本書の第三章1も参照されたい）。

〔明治四年〕十一月十二日〔中略〕此回に出航の飛脚船ハ、船号を亜米利加《アメリカ》といふ蒸気船にて、四千三百五拾噸《トン》の大船なり、〔中略〕長サ凡六拾五間といふ、偖《さて》この船にハ二丈五尺に一丈四尺の蒸気缶を四個もふけ、蒸気櫃の徑ハ一百〇五因制*にして、「シリントル」ノ棒長さ一丈二尺の升降にて、汽輪を運転す、〔中略〕常に〔一平方因制あたり〕二十磅《ポンド》の圧力にて運動するへき船なれハ、此力を算へて一千五百馬力と云なり

＊「因制」は、インチ《文書、二、二九六頁》。

久米が、「大使随行」と「枢密記録」の役柄で「自主的に」記録を続けていたのは、例えばこのメモのようなものだったのだ。続く記事では、船内のピアノ、書庫、食堂、客室などの有様を克明に描写している。

越えなければならない段差

さて、私が推測するところ、久米は、自分の眼で見た事実とは別に、蒸気動力のことは、船内で配られたパンフレット（たぶん英文）から抄出して、右のようにメモしたのであろう。彼は、正規に外国語を学んではいなかったが、この手の型録や仕様書は解読できたようである。

メモの中身だが、理工学調なのは当然として、計量単位にはインチ・ポンドと尺・寸とを混用し、その挙句に馬力の値を示すその文脈は、「国際的」であり、当惑させられる面も多い*。

＊機関の「回転数」値の欠落は致命的な過失である。《学際、遠藤論文、二四二頁》は、一六回転〔毎分〕と推定補記している。

ところで、私たちが第三章1で問題にした「実馬力」という語《実記I、四二頁》は、右の船中「記録」には出てこない。言い換えれば、この専門語は、船中「記録」から《実記》完成稿に至る間の「再三校訂」のどこかの段階で、意図的に書き込まれたのであって、現場での記録と、成果品との間の「段差」の一例と見ることができる。同類の段差は、成稿過程の研究の進展に呼応して、数多く見出されることになろう。

この先しばらく、この「段差」にこだわることとしたい。それは単に、初稿と完成稿との段差を指すわけではなく、私的な営為と公的な任務との段差をも意味する。

3　『実記』原稿との長い付き合いの始まり

フルベッキの非公開指南書

ここで思い合わされるのは、フルベッキのガイダンスである。『米欧回覧実記』という意義ある文献の創出に対して最も直接的なガイダンスとなったのが「一米人フルベッキより内々差出候書」であったことは、今日では広く知られているであろう。原史料は、『開国』(〈日本近代思想大系1〉、三七一～三八〇頁)に掲載されているが、ここでは、《使節団の研究(六九頁～)》への(現代表記を交えた)引用を再引用する。

フルベッキ(一八三〇～一九〇〇)(第二章5、第四章1)は、オランダ系アメリカ人で、理工学を修めたのち聖職者となり、一八五九年(安政六)に来日、長崎洋学所で教職に就き、ついで佐賀藩の致遠館（在・長崎）で大隈らを指導した。一八六九年（明治二）には東京の開成学校で教鞭をとり、また、大隈の依頼で、日本政府要人の海外視察計画への助言「ブリーフ・スケッチ」を提示した。

フルベッキ「内々差出候書」十項目の要旨は以下のとおりである。

（一）特別の許可がない限り、大使一行の人員中の一人が著述したり、個人的に出版してはならない。

（二）使節団の各人は、読んだり見聞したりした「要用タルコト」を筆記し、また、あとの「編輯」の便のために、地名と日時を記し、その「記者」の名を書いておく必要がある。

（三）「人民」を啓発し、また「利益」になる「所有ノ公書表及び地図類」はひとつでも遺してはならない。

（四）「毎員　旅中間断ナク且《かつ》使節帰国ノ上ニテ此類ノ筆記、官中ノ一員ニ付与スベシ」。

（五）使節は、帰国の上、「老練ノ記者」に命じて「公書筆記」を「採摭」「取捨」して、「一体全備ノ紀誌」を「編輯」すべきである。それは日月の順序を追った形で「編輯」し、あるいは「毎章毎回ヲ限リテ以テ一事ヲ誌シ、附録ニ公書表記等ヲ加フベシ」。

（六）この「編輯」を専任する「記者」は、大使随行の人であろうとなかろうと、各人の筆記中に疑問があったり、または注釈の必要があるときには、絶えず「筆記ノ者」を呼出して問いただすことができるようにする必要がある。

（七）外国の文書を翻訳するためには、適当な訳官を命じて右の「記者」を助け、また、「画図アル所ハ画工ヲモ加フベシ」。

（八）「此著述ノ文体ハ宜ク風味アリテ清麗ナルヲ要ス、且　文章ノ尽サザル所ハ画図アリテ之ヲ補フベシ」。順次これを刊行するが、その値段は安くして、「貧民ト雖モ之ヲ　購《あながう》ルニ難カラズ、只　流布ノ衆多ナルヲ旨トスベシ」。

（九）使節一行が経験したことでも、全く「公事」に属して「人民ニ益ナキモノ」は載せなくてよい。〔後略〕

なお、（一〇）項には、各国歴訪の際に着目するべき事項と、報告書の目次凡例が列挙されている。右のフルベッキ「内々差出候書」は、木戸家文書（国立歴史民俗博物館蔵）の木戸孝允関係文書の中に見出されたが、「使節団出発前に密《ひそ》かに使節団首脳に手渡されたもの」と解され（前掲『開国』三五四頁、解題）、以来《実記》の編著・公刊に方向付けを与えた文書として次第に注目されてきたものである。今それを再引用しつつ久米の任務と対応させてみると、本質に触れる相関が多々あるかに思われるので、ここで多少の分析を試みたい。

フルベッキ・マニュアルと久米の仕事ぶり　まず（一一）項は、「団員一人一人が閲読・見聞した重要事項を筆記する」ことをうたう。久米は、前掲の「奉使欧米日記」に見られるとおり、出航の二日前の分から「見聞した事項」を書き留め始めている。この働きぶりは、辞令の㋕「随行」と㋗「枢密記録」に一〇〇％、いな、一二〇％ほども忠実だと言える。

続く（一三）項については、現地の新聞記事、名所案内、展示品説明カード（キャプション）、地図などの持帰り品（久米美術館蔵）が、久米の寄与を立証している。ただし点数は厖大と言うほどではない。（四）項は、意味やや不明瞭だが、久米が制作した「筆記」（例えば前記の「奉使欧米日記」）は、おそらく大部分、久米家ついで久米美術館に収められてきたと考えられるので、「官中ノ一員ニ付与」はなされなかったのであろう。

途中を飛ばして（七）項——「外国の文書を翻訳するため」の「訳官」としては、一八七二年（明治五）一月から使節団に加わった畠山義成という、この上もなく「適当な」人物（第七章2）をはじめ、すぐれた人材がいた。「画工」を必要とした場面では、久米自身が自在に筆やペンを走らせた。

という次第で、「フルベッキ内々差出書」のここまでの項目は、辞令㋕と㋗の下で働いていた久米の手元では、ごく自然に充足されていたのである。では、残る三項はどうか。

（二）項に見る「一人が著述」したり「個人的に出版」したりということは、少なくともアメリカ滞在中は、「大使一行ノ人員」の誰の胸にも、もちろん久米の胸にも宿ることはなかっただろう。

さて（五）項は、これまでの諸項目と全く違った事柄を含んでいる。話を短絡させてしまえば、今日の私たちは、一読してすぐ、これは久米邦武を想定しての指示かと思い込んでしまいかねないような、それほどに奇妙なリアリティをたたえた綱目ではないか。史実はもちろん逆であって、フルベッキが「内々」差し出した文書のこの（五）項が、（たぶん木戸を経由して）使節団首脳部に伝わり、これに見合う人物は、と考えめぐらせて見たら、尋ね回るまでもなく、〈咫尺の間に〉久米の存在が探り当てられたのであろう。人選の妙、時の運のなせる所と言うほかはあるまい。ただし、「時の運」

の面で見れば、(五)項には「帰国の上」とあるが、使節団の旅程の上では、辞令㋚の交付の時期すなわちロンドン滞在中の一八七二年(明治五)八月三日に実現されたのであって、いわば「前倒し」だったことになる。なお、「老練」は必ずしも高齢者の意ではないが、満三三才になったばかりの久米が選ばれるとは、フルベッキも予想しなかったであろう。
ともあれ、この処置は、結果から判断して、申し分のない正解であった。なぜなら、この発令日を境にして、辞令㋚の「使節紀行纂輯」を「専務」とする条件が、久米の内部と周囲の両方で整い始めたからである。その点は、後でもう一度、考えることにしよう。

風味アリテ清麗ナル文体

フルベッキ項目に戻って、(六)項は、付帯事項だから、特に検討する必要はあるまい。
最後の(八)項は、多くの《実記》愛好家にとって、快哉を叫ぶに値する命題だったと言える。「風味アリテ清麗ナル」文体は、《実記》のどの頁からでも採り出すことができる。私の好みの例を一つだけ示しておく(地名はカタカナ書きに改める)。この種の作例は、森鷗外『独逸日記』の(暗々の)下敷きとなったのではあるまいか。

ハンブルク府ノ領地ヲ出テ、ハノーブル新州ノ地ニカヽル、此鉄道ノ途スカラ、全ク平野ナレトモ、麦苗正《まさ》ニ緑針ヲ長シ、菜花時ニ黄金ヲシク、松樹ノ森林ヲ其間ニ錯ヘ、田家処処ニ村落ヲナス、林杪《りんしょう》〔「杪」は、こずえの意〕ニ風車ノ閃《ひらめ》クアリ、路ニ野花ノ開クアリ、我邦ノ春郊ニ、紫雲英《れんげそう》ノ

氈《もうせん》ヲシクカ如キヲミサレトモ、春風被払スレハ、何処ノ平野モ、紅緑燦爛《さんらん》トシテ、姿致ヲソユルハ、殊ニ愉悦スベシ
（《実記Ⅳ、二〇七頁》、「北ゼルマン後記」）

紀行編著へのあらたな意欲

こうして私たちは、フルベッキが内々に差し出したガイダンス文書と、岩倉大使が公文で発行した辞令㋚との、表裏さまざまな繋がりを、心に留めることができた。歴史的な相関を突き止めるには、なお、いくつかの手続きが必要なのであろうが、ここでは、再び人選の妙と時の利に敬意を表した上で、久米の経歴におけるこの重要な転換期の意味を整理しておきたい。

すでに指摘したように、久米のアメリカ滞在期の仕事ぶりは、書生時代の旅行記「跋渉備考」以来のもの、また、近侍のメンタリティの延長で処理できるものであって、恣意的とまでは言えないにせよ、「私的」な営為には違いなく、必ずしも「公的」なものではなかった。ところが辞令㋚以後、身辺は「鞅掌」をきわめ、「増給」もあって、緊張は一途に強まった。久米は、自分ひとりの見聞から「要用タルコト」を抽出筆記しておくという受動的な役柄に留まらず、「一体全備ノ紀誌」の「編輯」という息の長い仕事を構想しての「使節紀行纂輯」を、しかも「専務」として能動的に処理する立場に移ったのである。

なお、久米のこの任務展開を、ロンドンでの岩倉の「私的な」かつ突発的な命令によるものとと解する向きもあるようだが、実際には、私たちが見たとおり、「公的な」かつ時宜に適った処置だった

きる。

のだ。この処置が、使節団内部の業務分担に一本の筋を通したであろうことは、ストレートに納得できる。

訪問先ごとに色合い・味わいは変わる

他方、「ロンドン」という地点での、そして「一八七二年（明治五）八月」という時点でのこの発令は、使節団の対外条件の変化とも強く結び付いていた。旅路は、最初の訪問先・新興国アメリカでの（不本意な）長期滞在を終えて、ヴィクトリア女王との謁見も予定されている老練の国イギリスへ向かう。久米の表現を使えば、「民主ノ城」であり「国王ノ権ヲ憎ムコト毒蛇ノ如」き合衆連邦政治のアメリカを観察した眼で、今度は、「一等宰相ガ公党ヨリ推サレ」、「皇帝ノ特旨ニテ、其ノ輔翼《ほよく》ノ任ヲ命ズ」る「立君政治」の国イギリスを探訪することになる。政情だけを見ても、両者の格差は尋常でない。

それに加えて、もう一つ別の大きな格差が想定される——産業と貿易の面での格差である。「火熱ニヨリ蒸気ヲ駆リ、以テ営業力ヲ倍蓰《ばいし》シ、紡織ト航海トノ利権ヲ専有シテ、世界ニ雄視横行スル国」《実記Ⅱ、二九頁》となった英国、「世界ノ大市場」《実記Ⅱ、三三頁》と呼ばれる英国——久米の観察・記録の能力を刺激して止まない要素が、眼前に次々と現われた。

記録側の方法論的な対応

成果品である《実記》を先に論評してしまえば、鉄鋼産業に関して、アメリカではピッツバーグとフィラデルフィアをあっさり叙述して終わったのに対し、イギリスでは、マンチェスター、シェッフィールドほかの活機を詳説し、ベッセマー転炉の図なども交え、アームストロング翁との会談にも筆を進めて、委曲《いきょく》を尽す。

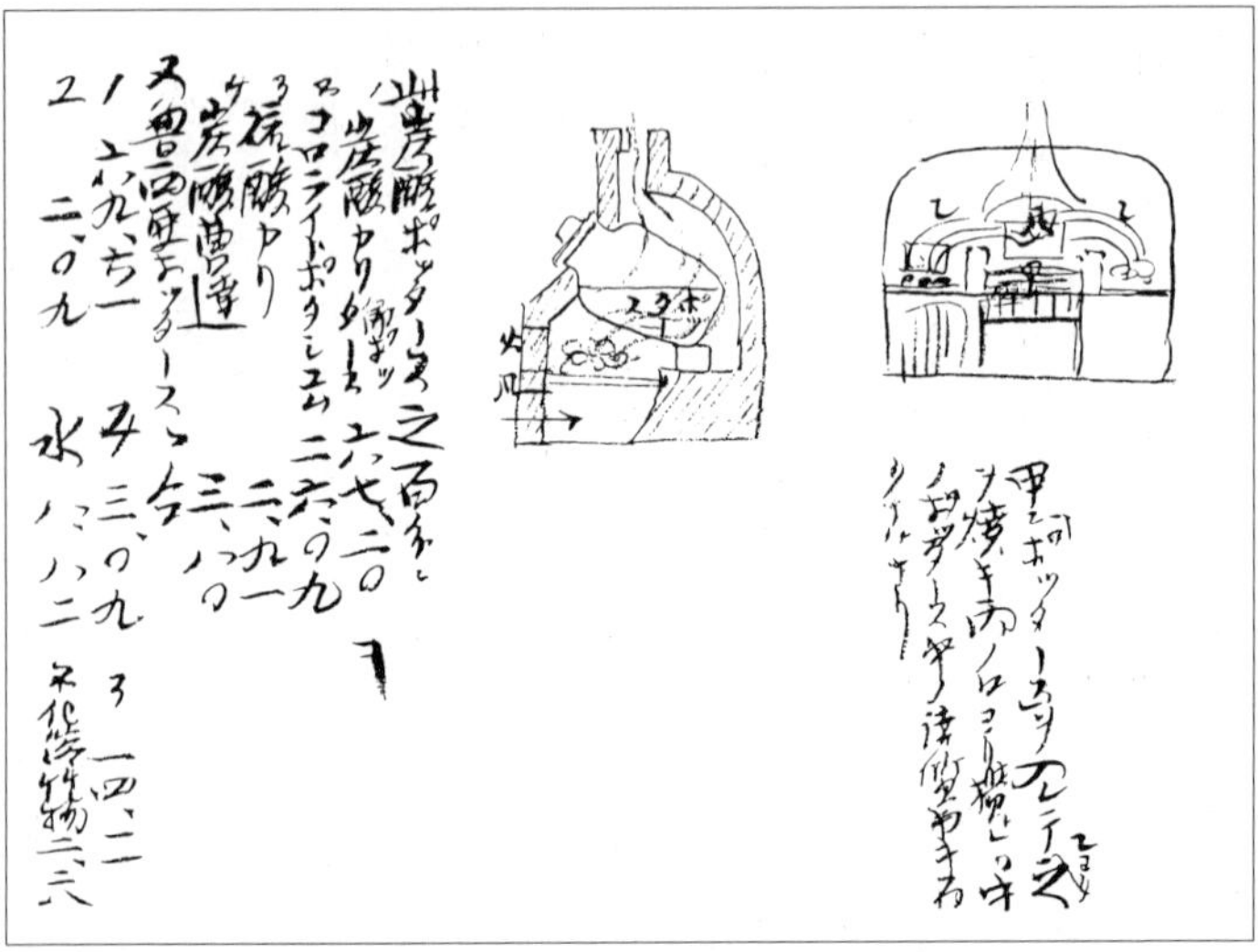

陶磁器釉料に関するメモ（久米美術館蔵の手帳より）

成稿過程史料の例としては、陶磁器の釉薬《ゆうやく》に用いる「ポッタース」の件で「英国にて聞き取りたる成分分析表」《文書、二、二三九、二四一頁》のような手稿が見られるし、また、回覧中に携行したノート《文書、三、三八八頁〜》に挿入された「ポッタースヲ取ル法」の図も、「英国ニテ〔成分を〕聞キ取リタル」際に現場でスケッチされたものと判断される。

方法論的な素材処理

一方、編述者・久米の側でも、このような意味の「格差」は、意図的・方法論的に捉えられ、それを逆手に取ったような形で、素材が処理されてゆく〔実記I、一三頁〕。

初編〔アメリカ〕ハ西航ノ始メニテ、注意多ク風物ノ異ヲ釆論《さいろん》スルニアリ、二編〔イギリス〕三編〔フランス、プロイセン他〕ハ、工

芸制産ヲ詳審スルヲ務ム、

さらに先取りすれば、

四編〔ロシア、北欧、ドイツ、イタリア、オーストリア〕五編〔ウイーン万博、スイス、南フランス〕ニ至テハ、復ヲ略シ異ヲ択《えら》ミ、弥縫周備《びほうしゅうび》＊ニ意アリ、

＊「弥縫」は、欠陥を補いつくろうこと、「周備」は、くまなく整えること。

ここであえてお勧めするが、使節団歴訪の諸国・諸地域の、広義の「格差」を探り当て論じ去ることとは、《実記》愛読者にとって好個の研究課題であり、こよなき悦楽でもあろうと信ずる（例えば太田昭子論文 The Japanese Encounters with Victorian Britain, 慶應義塾大学法学研究会『教養論叢』一一三号、二〇〇五年二月、五五〜八七頁）。

以上、ロンドン辞令の前と後における久米の心組みの変化を考察した次第であるが、なお、今後の研究課題として二点を補い、この節を閉じたい。

第一は、ロンドン以後、科学技術面の記録が豊富になることとの背景。その一つに、宇都宮三郎との交際（第七章4、議論する人）を挙げることができるのではないか。

第二は、辞令㋚に記された「使節紀行纂輯」という表現。それ以前の辞令の「枢密記録」が散文的だったのと比べて、「紀行」の語は詩趣を誘う。久米が、スコットランド・ハイランドやスイスの山水の叙述に文芸味をたっぷり注ぎ込むことができたのは、辞令㋚に「紀行」の語が含められていたからではないか。

帰朝のあと

欧州からの帰路、使節団は上海に寄る。久米は、書肆《しょし》で「清《シン》国の学は振わざる久し」と悟る反面、（江南兵器製造局の）翻訳局で「理、化、重、礦、地質、航海、防海及び度学の書が翻訳されている」ことに感銘を受ける。最後に、故国・長崎の港口では「大小ノ島嶼　ミナ秀麗ナル」姿を懐かしむ《実記V、三三四～三三六頁》。こうして、紀行纂輯を専務とする使節団員の役目は終わる。

さて、米欧回覧が終結した一八七三年（明治六）の暮以後、久米はどんな生活を展開し始めたのか。私たちはここで、もう一度、「諸辞令」（本書の附録B）その他を見ておかなければならない。例の㋚、㋛以後、帰国まで、新たな辞令は出されなかった。帰国に関しては、

㋜帰朝　一八七三年（明治六）九月一三日　正院

という記載が残されている（《読む、福井論文、四三八頁の図版》。記号を㋜とした）。

ところが、其の後の久米の公務に関しては、《使節団文書　別冊附録》の見出しだけでは考察を進

めることができないし、「諸辞令」は左掲の㋝〜へ飛び移ってしまう。

㋝令一八七五年（明治八）二月二三日　大使事務局書類取調御用被仰付候事
㋞令同年五月二五日　少外史（太政大臣）
㋟令同年九月二二日　権少史（太政大臣）（詳しくは「権少外史」で、太政官正院外史本課に属した）
㋠令一八七七年（明治一〇）一月一八日　少書記官（太政大臣）
㋡令一八七八年（明治一一）一二月二五日　米欧回覧実記編修成功ニ付　為其賞金五百円下賜候事
（太政官）

私たちは、ここでもう一度、久米の履歴記載の補充を進めなければならない。

二回にわたって開設された大使事務局

まず、帰国後に久米が出仕した「大使事務局」の実態を見る必要がある。それについては、「理事功程総序」*《使節の研究、大久保論文、二一七頁〜》に引用があり、左の二項を伝えている（記号を前もってⒸ、Ⓔとしておく）。久米以外の人員構成は、後続の節で示す。

Ⓒ一八七三年（明治六）九月　大使復命ノ後、大使事務局ヲ開キ（後略）
Ⓔ一八七五年（明治八）三月　再ヒ（大使事務）局ヲ開キ（後略）

＊この見出しは大久保論文で仮に付けられたもの。《使節団文書　別冊、一九三頁》の見出しは単に「序文」と書かれており、同、三三三頁、解題では「岩倉使節団復命記録総序」とするほうが適切ではないかとしている。

4　帰国後の久米の公務

当時の久米が、大使事務局で、またその他の部署で、どんな公務についていたのか、実はそれもなかなか複雑なのだが、これも幸いなことに、先行研究《読む、福井論文、四四六頁～》に、公文書精査の結果が発表されているので、次に引用列挙し、前掲の諸項目との対応を付記する。大使事務局を第一次と第二次とに区分するのは、福井論文に従ったものである。

大使事務局での任務

既出Ⓒと同等　一八七三年（明治六）一〇月七日　大使事務局（第一次）へ出仕
一八七三年（明治六）一二月二二日　佐賀帰省を願出、一二三日　許可　一二四日出発
一八七四年（明治七）二月二七日　帰京届出
既出㋝Ⓔと同等　一八七五年（明治八）二月二三日　大使事務局（第二次）へ出仕
既出㋞と同等　同年五月二五日　少外史

同年六月二七日　故広澤参議暗殺一件取り調べに参座
同年七月七日　同右　参座を免除
同年七月二四日　佐賀へ帰省
同年九月五日　帰京

以上によって、当時の久米の公的な経歴を辿ることができる。自筆履歴書との見比べを望む方は、本書の附録Cを参照されたい。

ここで、やや私的な事柄を三点だけ補記しておく。久米は、二度の佐賀帰省の第一回では江藤新平の乱に遭遇したが、深く巻き込まれることはなく、帰京の際には家族を同行し、築地に居を定めた。翌年、京橋に移り、郷里の母を呼び寄せる。二度目の帰省は、長州出身の参議（広沢真臣）の暗殺事件にかかわるものであったが、これも無事に落着した。

さて、そもそも大使事務局では、誰が何を受け持っていたのか。その実態は、《使節の研究、大久保論文》所載の本格的な論究によって、初めて明らかにされた。其の核心を次に列挙する。

Ⓐ使節団出発前の明治四年九月末、「使節方別局」が皇居内に設置された。
Ⓑ使節団が回覧中に政府あてに送付した書類の多くは、明治六年五月五日の皇居出火で焼失した。
Ⓒ使節団帰国後の明治六年九月、既出Ⓒの第一次大使事務局設置。山口尚芳ほか外務省関係者、久

米、畠山らで構成。のち、畠山は文部省へ転出。局員の多くは他の任務へ転出。

Ⓓ「理事功程」等の督促・受理整頓・浄書・製本。礼状の発送、焼失文書の補綴を含む書類の整理。

Ⓔ明治八年三月、既出Ⓔの第二次大使事務局。田辺太一、畠山、金井《かない》之恭《やすゆき》、久米。畠山は分担低減。

Ⓕ未提出報告書の督促・受理整頓・浄書・製本。

Ⓖ明治一〇年一月、「局ヲ結ヒ」書類正副を取り揃えて呈出。

大使事務局の職務展開は、焼け跡問題*を含め、右のとおりであるが、受命者の多くは大使事務局の仕事にさほどの時間を割いてはおらず、**その反面、写字生が何名も動員されている《読む、福井論文、四四五頁》。

*この火災に言及した公文の中に「祝融」「回禄」といった表現が見られるのは面白い。いずれも、中国の古典に由来し、「火の神」を指す。

**外務・文部などの本務に忙しかったからでもあろう。

こうして大使事務局は、重要な史料群を後世に残したけれども、当然のことながら、事務局の主務だった「整頓」は、実質上、残務整理であって、「創造的」な仕事とは無縁だった。とりわけ、火災に遭った紙片の始末などは、*苦労の連続であったかに推察される。

*「理事功程総序」に曰く「残片ヲ、回禄ノ灰ニ拾ヒ、遺文ヲ散秩ノ筐ニ求メ、百方捜索…」。

ちなみに、この「総序」は、明治一〇年一月付け、田辺・金井・久米の連名で執筆された。其の全文が《使節の研究、二一八〜二一九頁》に掲載されているが、その風格は、またまた久米の筆を連想させるところがある。

大使事務局の現場で

ところで、大使事務局への配属者名をたどれば明らかだが、その開局から閉局まで、一貫して出仕したのは、久米一人であった。その間、待遇と配属の上では、左の処置がなされた（既出㋞に続く事項）。

㋞#明治八年九月二〇日　従六位に叙
㋟と同等　同年九月二二日（内史・外史の統合により）権少史に任
㋟#　同日〔太政官〕第三科　記録に配属　『法例彙纂』の編集に従事*

*国内の伺書への指令などを集め、フランス法律全書に準拠して矛盾のないよう整理した《中川・久米伝、三三五頁》。

とはいえ、役所での彼の身分は、写字生を別とすれば、（金井と同列にはなったものの）最下級であったから、同局の現場作業の過半は久米の上に課せられたのではないだろうか。「公」の人・久米の、大使事務局員としての寄与は、「量」的にも並々ならぬものがあったと思われる。

独力で『実記』を仕上げる

久米へのこうした処遇は、先に示した公文書調査のⒺ〜Ⓕすなわち明治八年の分に対応するものである。ところが、明治九年に入ると、久米の経歴表は真っ白になってしまう。そして、新しい事項は、明治一〇年から、以下のように始まる《読む、四四七頁》。

㋠と同等一八七七年（明治一〇）一月一八日　少書記官に任
㋠#　同年一月二九日　〔太政官〕記録掛に配属
㋠##　一八七八年（明治一一）一〇月　『実記』を刊行
㋡と同等　同年一二月二九日　『実記』編修の功により金五〇〇円を下賜

ちなみに大使事務局の終結（前出Ⓖ）は一八七七年（明治一〇）一月、すなわち右の㋠や㋠#の前後の時期であった。

さて、ここで私たちは、右の㋠##および㋡で、久しぶりに『実記』の文字に対面する。彼のこの代表作は、大使事務局での精励と相携えて、このとき初めて世に出たのだ。明治一一年末は、久米の生涯の大きな転機となった。

この事実の重みを、《使節の研究、大久保論文（一一〇頁）》は、大使事務局の業績紹介に続けて次のように簡潔な表現で凝結させている（『実記』の規模に関し大久保は五編、五巻のほかに五冊とも書いた）。

なおこのほかに、久米邦武は、独力で『米欧回覧実記』五編（五巻）という大著の編纂を成就している。

誰のための『実記』か

ところで、いまさら何をと言われるかもしれないが、あんがい議論が分かれるようなので、当事者の言説の要旨を（現代語に改め）整頓しておく。

〈フルベッキ〉前出の「内々差出候書」　この著述がもたらす利益の第一点——そこから得られる知識は、みな事実に即し、また、直接に教えられた事柄なので、人民を啓発するところは絶大であり、読む人は楽しんで、飽きることがない。というのも、大使一行の官員が実地に経験したことを国民にお裾分けするという趣旨のものなのだから、いわば、朋友に耳や眼を貸して世界をたっぷり見聞してもらうのと同じだ。

〈岩倉具視〉《実記・現代語訳Ⅰ、五頁、例言》　岩倉大使は（中略）わが使節が見聞したことについては、これをできるだけ広く国民に知らせなくてはならないと考え、書記官畠山義成と久米邦武の二人に対し、常に自分に随行し、視察したことについては調べて記録することを命じた。之が本書編集の本来の主旨であり、公的な目的の一つである。

ここで併せて、使節団中の「理事官」の任務を紹介するため、「理事官に対する勅旨」（明治四年一一月四日）を引用しておく。

各国ノ内、文明最盛ナル国ニ於テ本省緊要ノ事務、目今　実地ニ行ハルル景況ヲ観察シ、其方法ヲ研究講習シ、内地ニ施行スヘキ目的ヲ立ツルヘシ。

《使節の研究、大久保論文、原文は二〇〇頁、解説は一三二頁》

これは、明らかに「政策」の調査研究を意味しており、日本の将来への路線提案を前提としている。したがって、久米・畠山の任務とは異質である。

久米の胸裏に結晶した使命感

この意味の任務の異質性は、軽視されるべきではない——特に「公」の世界では。私はここで、使節団員・久米が胸裏に結晶させたであろう使命感を、私の言葉で整理し直しておきたいと思う。

余は、近侍時代、藩侯の望むままに内外の世情万般を調査し、偏見なく報告はしたが、別命のない限り藩の政策への口出しはしなかった。いま、全権大使に随行し、枢密記録と紀行纂輯とを命ぜられた余は、向後、米欧諸国の世情万般を親しく観察し公正に記録して残す仕事に精励するが、理事官の担当であるべき国の政策の論とは一線を画すことにする——そして願わくは、フルベッキが期待したとおりの「読む人が楽しんで、飽きる事のない」ような『実記』を仕上げたい。

名をとどめない写字生たち

では、こうした使命感のもとで久米が筆を執《と》った「場所」は、どこだったのか。

もちろん主として大使事務局だったわけで、建物は特定しにくいが、その情景は、

「政界の怒濤を避けて太政官内文書の堆中《たいちゅう》に隠れ」《回顧録、上、二頁、文学博士易堂先生小伝》という表現に濃縮されていると言えよう。そこでの同僚は、すでに述べたように、外務省関係の数名のほか旧知の畠山であったけれども、別の任務へ転出したり、大使事務局が臨時に閉鎖されたりした事情があって、局員の出勤日数は（久米の場合を含め）さほど多くはなかったらしい《読む、福井論文、四四五頁》。

《実記》原稿を抱えた久米は、外国語のことで畠山の力を借りる機会をもつこともできなくなり、文字通り「独力で」筆を進めた。築地や京橋の自宅へ稿を携えて筆を入れたこともあっただろう。そのような彼の日常を、最も実質的にサポートしたのは、何人かの写字生たちだったに相違ない。

久米美術館に残る大量の《実記》原稿群《使節団の研究、七二頁》は、複数の筆記者の手による原稿の多数の束で成り立っている。太政官公用紙その他に、まず久米が、手馴れた字体で書き下す、次に写字生が律儀な楷書で写し取る、続いて久米が朱筆や貼り込みで補訂する、再び浄書…といった、手仕事の跡が、さまざまなヴァリエーションで、私たちの眼の前を流れてゆく。それは、書き込むのも消し去るのも自由自在という今日のパソコン作文の乾いた光景とは全く異質の、筆耕者の息づかいを感じさせるような風情をたたえている。しかし、写字生の氏名は、どこにも見当たらないようだ。

前後六年を経て

この種の営為は、いったい何年間、続けられたのだろうか。

終端は、《実記》の刊行、すなわち一八七八年（明治一一）末、博聞社《はくぶんしゃ》（社長は長尾景弼）による印刷出版*である。

＊博聞社および長尾については、第七章2で触れるが、次の文献も参照されたい。久米美術館編「銅鐫《どうせん》に見る文明のフォルム」二〇〇六年。稲岡勝「長尾景弼・股野兄弟と博聞社」『都留文科大学研究紀要』第六三集、二〇〇六年三月、一六六頁。また出版事情に関しては、国文学研究資料館編『明治の出版文化』臨川書店、二〇〇〇年、R・キャンベル論文に詳しい分析がある。

それでは、起点はいつなのか。一つの答は、刊行を担当した博聞社が一般向け予約出版を企画した際の趣意書に見られる。太政官記録掛へ提出されたこの文書《使節団の研究、五四〜五五頁に全文が掲載されている》の中に、「前後六年ヲ経テ卒業ニ至レリ」とあるのだ。出版時点から遡行して六年前とは、一八七二年（明治五）であり、まさしく「紀行纂輯　専務」の辞令㋚を受けた時点である。

久米の筆の速さ

右の「前後六年ヲ経テ」は、久米と盟友・長尾との共通認識であったに違いない。その間、久米は、大使事務局の書類「整頓」業務に精励し、その傍ら、（五月雨式に届いた）「理事功程」文書への気配りも怠らずに、回覧旅行中に書き溜めた手帳・メモの類を見返しつつ、「理、化、重諸科、統計、報告、歴史、地理、政法等ノ書」も参照して《実記Ⅰ、例言》＊、全五冊、本文計二一〇九頁の巨編『実記』を書きつづったのだ。

＊現今の国立公文書館の蔵書のうちで「岩倉使節団献呈本」「岩倉使節将来本」「岩倉使節団受贈本」「フルベッキ旧蔵」「太政官文庫」などと注記ないし押印されている図書の一部分は、久米の目に触れたものと推測されるので、書誌研究が望まれる。一方、久米美術館が保管する邦武の旧蔵書のうちの和漢の科学技術書については、《維新》および《文書二、とくに付録2》を参照されたい。

久米の著述のスピードについては、数字入りの例証を示すことができる。一九〇五年（明治三八）の『上宮太子実録』（上宮教会出版部蔵版）、本文二六五頁という単行本の場合、久米の「序」に「五たび稿を改」めたとあり、執筆委嘱者による「あと付け」に「約十有余月を要し」とある。この著述も、強烈な批判精神のもとに著わされた作品で、史料考証に多大の努力が払われている。

《実記》二一〇〇頁が六年、『上宮』二六五頁が十数月という数字のペアーを比例の算術に載せるのはもちろんナンセンスだけれども、そろばんに習熟していた久米の気質とはどこかマッチするようにも見えるので、この度の評伝を担当した計数屋から、座興の意味で提示してみた次第である。

それはともかくとして、「(久米が)帰国直後から『実記』編纂に携わっていたならば五年もの歳月は必要でなかったろう」といった意見は、久米を囲んだ外的な環境条件、久米が抱いた内的な使命感の、いずれにもマッチしないものと言わなければなるまい。

御賞与五百円下賜

『実記』完成に対し五〇〇円が下賜されたことは、既出の辞令㋡と対応する履歴項目に見たとおりである。このまとまった金額の支出については、「公」のサイドでもそれなりに思慮があった模様で、「前例」として左の二件が斟酌《しんしゃく》された《使節の研究、一四六頁》《読む、四三〇頁》。

箕作中博士『仏蘭西法律書』翻訳仰せ付けられ候処、日夜　勤勉速に卒業候段
　金百円　下賜　明治二年一二月二七日

元刑部中判事　水本成美『新律綱領』撰修成功ニ付き
絹三匹　金壱万匹　下賜　明治二年二月二五日　（以上、「太政類典」、第六巻、国立公文書館蔵）

さらに、従来の研究書には引用されなかったようだが「太政官調査局議按」（明治一一年二月二四日）を見ると、「少書記官久米邦武　欧米回覧実記　編輯候ニ付　賞金五百円下賜候間　右金額太政官額外常費増費トシテ渡」す件を、大蔵省へ達按し高裁を仰いだことがわかる。

続く「本局伺」（同年二月）には、「…久米邦武　欧米回覧実記　編輯イタシ　金五百円下賜候処　右ハ先年ノ大使事務ニ属スルモノニシテ通常職務勉励トハ全ク其趣旨ヲ異ニシ　素ヨリ予算外ノ支出ニ付　昨十一年九月　旧大蔵少　岩橋轍輔以下七名へ蕃地処分ニ際シ職務勉励候ニ付賜候金額」ならびに「同年一二月　外務省ノ上申ニ因テ伝染病予防規則取調委員ニ下賜候　慰労金」と同様に「太政官額外常費増費トシテ御渡相成」りたいとの伺い文書も見られる。この文書往復は、最後に「大蔵省へ達」で決着となっている（以上、太政類典、同前）。

久米への五〇〇円はやはり異例で、横並びに気を遣う必要のあったことがよく分かる。

記録掛での公務

時代はいくらか逆行するが、久米は、一八七五年（明治八）九月から配属された「太政官第三科　記録」（既出㋟#）および一八七七年（明治一〇）一月から配属された「記録掛」（既出㋠#）では、『法令彙纂』その他の編集に従事した。この種の刊行物は、後年、法令の改正に対応しやすい加除式などの形式で発刊されるようになり、時代を越えたベストセラーとなっているが、もともと制定された法令の正文を忠実に印刷刊行するものであるから、それこそ「公」的な仕事の一典型であって、学者の個性を織り込む余地は乏しい。

しかし、そんな仕事に、後に言う広報ないし情報公開の意義を認め、人材を募って、長尾という人物との交誼を得たのは、やはり久米の器量の現われと見ることができる。

その後の公職

その後の久米の生活は、修史館と帝大の時代（第五章）、在野時代（第六章）と続く。

これらの時期の久米にも「公」の仕事は課せられた。史料編纂の作業、学会の運用、人員養成などがその例に挙げられよう。もちろん久米はそれらの仕事を誠実に処理したが、その際、常に「学業のため」という意識は伴っていたに違いない。その反面、いわゆる管理職（委員長、学会長、学部長、理事など）には一度も就任しなかった。

ただし、鍋島家との縁だけは、「公」とも「私」とも区別しがたい形においてではあるが、多年にわたって続く。その縁故を、《諸辞令》および《中川・久米伝》から抜書きしておく。

《諸辞令》　一八八〇年（明治一三）六月六日　家事向　相談致　依頼候／鍋島直大

《中川・久米伝》（六頁）》　閑叟公死去の後は、嗣子・直大公に近侍し、兼ねて師伝となり、直大公の藩を離れ華族の家を始むる際には、同家の家令・深川亮蔵氏と提携し家政を指導して大事に臨み、〔中略〕同家の隆盛を保ちたるは先生の貢献する所　大なるものあり。直大公　死去せられ、直映公　継承の後も、先生は顧問として細大の機微に与り、三代に歴仕し重役として直映公の信く、先生八十五歳、新たに邸宅を成就せらるるや、直映公は親しく先生の新宅に駕を枉《ま》げられ、六十二年の功労に対し金壱万円および年金　他　種々の下賜品あり、懇篤なる感謝の詞を賜りたり。

第五章　官学歴史家の時代——批判する人

1　明治期東大史学の残照

歴史の厚味

たまたま二〇〇五年（平成一七）一一月の二日間、東京大学史料編纂所で「国宝・重文名品展」が開かれ、その草創期における歴史家・重野安繹《しげのやすつぐ》らの事跡に連なる書類を筆頭として、久米邦武編著『米欧回覧実記』の部分複写、また、久米が同類を発見したことで日本古文書研究に話題を提供した足利尊氏の書状（いわゆる「髻《もとどり》の綸旨」〔本章2〕）などをも含む、多数の貴重な史料に接することができた。

それと前後して、同大学附属図書館では、特別展示「東大黎明期の学生たち」が催され、この大学の形成期の社会的環境とくに図書の流通、思想の展開の有様を象徴するさまざまな文化財を、まとめて参観させてもらった。久米に多少とも関係のある図書として、スマイルズ著・中村正直訳『西国立志編』、ギゾー著・永峰秀樹訳『欧羅巴《ヨーロッパ》分明史』、バックルの『英国文明史』、カッケンボスの窮理書や文典などが印象的であった。

『東京大学年報』をたどる

さて、この章で注目すべき官立大学の動きについては、『東京大学年報』の活用を試みることにしたい。この「年報」は、機関の公的な（通常、無味乾燥な）記録のほかに、その年の教育・研究・事務の仕事の推移（例えば部署新設の理由）を記録しており、とりわけ教官の「申報」という個性的な記事を載せているので、学術史研究にきわめて有用な資料である（ちなみに同書の解説によれば、「申報」とは、英語 report の訳語と見てよいようだ。外人教師の申報は、外国語で執筆提出され、その邦訳（初期には抄訳）が掲載されたものと解される）。

《東大年報》は、東京開成学校と東京医学校（明治六年～）、東京大学（同九年～）、帝国大学（同一九～三〇年）の期間について復刻され、六巻本の形で一九九三～九四年に刊行された。久米が官立大学に在職した期間のすべてをカバーした形で復刻されているので、本書は、この六巻本から多大の恩恵を受けた。

この《東大年報》の歴年はすべて「明治」で表わされているので、以下、引用に当たり、西暦年を〈…〉内に付記する。なお、本章で考察する史実を、より広い人脈およびより長い歴史年代に着目して扱った文献として、関幸彦『ミカドの国の歴史学』がある。

2　史家への転生——『実記』・修史館・帝大

公人からの羽ばたき

一八三九年（天保一〇）に生まれた久米邦武は、満三三才で岩倉使節団に随行して一年一〇カ月の米欧回覧を終えた。そして帰国した後は大使事務局、太政官記録掛といった役所で、文書の整頓や法令集の編纂などの仕事を几帳面に処理し続けるかたわら、後世に残る力作『特命全権大使　米欧回覧実記』を完成させた。この作品の刊行は一八七八年（明治一一）末である。

『実記』と愛称されるこの著作は、彼の代表作と呼ぶにふさわしい巨編であり、岩波文庫に編入されて以来とみに注目を集め熱心に研究されるようになった。近年の主な関連研究の動向は、本書末尾で紹介するが、専門的な面でも、『実記』の成稿過程に関する研究のように、膨大な手稿群の実態を次々と明るみに出しつつある例があり（《研究、一〇一頁、田中論文》および《使節団の研究、六九頁》）、今後の進展が期待される。

さて、久米の生涯を追認しようとする本書では、『実記』の時点までの久米の仕事を、主として「公の人」の立場のものと位置づけている（第四章4）。

ところが、その『実記』刊行から数えて一〇年目の一八八八年（明治二一）に眼を転ずると、帝国大学文科大学教授の肩書きをもち、新設「史学会」の雑誌に毎号欠かさず論文を発表する久米の姿が見えてくる。たとえて言うならば、久米はこの一〇年間で見事に「羽化」し、「学の人」として羽ばたき始めたのである。*

＊ただし、この「たとえ」は、羽化に先立つ「さなぎ」時代に関しては無力である。さなぎは、本来、非活動的だが、久米は、「公の人」の時期にも、すこぶる活動的であった（第四章）。

私たちは、まず、羽化に至る一〇年の間に久米がどのような（外的な環境と内的動機との）変化を経験したのか、それを検証しなければならない。それには、取りあえず《実記》という問題作の編述スタイルを考察して見よう。

『実記』の漢文調とどう付き合うか

まず、《実記》の文体だが、一読してわかるとおり「漢文読み下し」調であって、日本では、学校の「漢文訓読」やカルチャー講座の「漢詩鑑賞」などの時間に扱われ、人気は、細《ほそ》いかもしれないがけっこう永く続いている。

まず、朗読の愉しみを味わってみよう。

馬車ニテ波止場ニ至リテ、小蒸気船ニ上ル、此時　砲台ヨリ十九発ノ砲ヲ轟《とどろ》カシテ、使節ヲ祝シ、米公使「デロング」氏ノ帰国ヲ祝ス、海上ニ砲烟ノ気、弾爆ノ響、シハシ動テ静マラス。

《実記Ⅰ、四二頁》

芳賀徹*は、右の節の「気」「響」の語を重視し、そこでは「漢語の名詞止めが適所に用いられ、文中に効果的なスタッカートをひびかせる」と評して、漢文の歯切れよさの味わいを教えてくれる。ちなみにスタッカートは西洋音楽の用語で、楽音を短く切れ味よく表現する奏法を指す。

右の節は《実記》本文の第二頁に出てくるのだから、眠気と戦いながら頁を繰る読者でも、この辺りまでは一気に読めるはずだ。音読をお勧めしたい。

＊芳賀徹「岩倉使節団の文化史的意義」久米美術館展示図録新訂版『歴史家　久米邦武』一三頁。

全く別の分野の専門家の感想もご紹介しよう。

鋼板ノ全質、烈火ニ烙《ラク》シ、白炎ノ度ニ至リタレハ、全面ニ炎焰ヲ吐ク、〔中略〕鉄砧《てっちん》ヲオキ、紅烙セル鋼板ヲ其上ニ載セ、職人十八名、左右ニ分レ〔中略〕炎炎赫赫《えんえんかっかく》トシテ、満場為メニ紅ナリ

楠井健＊は、右の一節とその前後をかなり長く引用し、「最も魅力のある精彩に富んだ文章の一つ」と評価し、「朗々たるリズム、簡潔な表現」といった特徴づけのもとに「漢文読み下し調の文体の魅力」を力説し、「力に満ちた古典的重工業の鉄と炎と男の労働の情景を、リアルに伝えたこの文章の味はすばらしい」と絶賛する。

＊機械工学者で技術史に詳しい楠井健氏の論文「江戸時代に培われた技術のポテンシャル」〔日本機械学会編『技術のこころ　二』一九九一年、二四頁〕は、《実記Ⅱ、三〇〇頁》所載の英国シェフィールドのキャメル（Cammel）鉄鋼圧延場参観の記について、原文を振り仮名付きで引用しつつ、詳しく分析し感賞

している。

とはいえ、漢文味読のための素養の厚みということになれば、祖父・父から三代目の私の場合に歴然と現われているとおり、世代ごとの落差は甚だしいものがある。久米は、私の祖父のさらに一つ上の世代に当たるのであろう、語彙といい、引用といい、対句の構成といい、私が素手で付き合える水準を遙かに越えていると痛感せざるを得ない。その事態を裏から見れば、いま私が本書で漢語（例えば第四章2の鞅掌《おうしょう》や第四章3の林杪《りんしょう》）の読解に多少の労を投じているのは、後進諸氏のためにいくらか役立っているかとも思う。なお、当然ながら「水準」は学校ごとに異なった模様で、一例を示せば、ある時代の「慶應の中学では、漢文を閑却したので、当時の私ども仲間の漢学力はみな弱い」といった感想もある。*

＊小泉信三『読書論』一六三頁。もっともこの著者は、弱みを「感じている所へ」『国訳漢文大成』の刊行が始まったので、「それを系統的に読もうと思い立った」のだそうだ。

ともあれ『実記』は、たやすく読み通せる本ではない。《現代語訳》が尊重されるゆえんであり、また、英語訳やドイツ語（部分）訳を参照しながら漢文調をたどれば理解が深まると言われるゆえんでもある。

『実記』編述のスタイル　言うまでもないが、《実記》の漢文調は、久米の側から見れば、幼少期いらい親しみ、佐賀藩校と江戸昌平黌で磨きを掛けた技量の、余す所のない発露である。あの「文体」は、彼にとってまさに自家薬籠中のものであって、その腕前は、江戸遊学の旅日記「跋渉備考」《文書、四、四二七頁〜》で既に証明済みだ。《実記》の文体は、誰それの作品を手本にして成ったという性質のものではない。

ところが、『実記』編述のスタイルには、久米の年来の素養とは思われない要素が見られる。多くの方がお気づきであろうが、ここで箇条書きすれば、次のようになる。

(1)「記者の論説」を加えること、つまり「編中に二字〔文庫版では「一字」〕を下し注記」すること《実記Ⅰ、「例言」一四頁》。

(2)各国・各首都には「総論」を設けること《同前、一五頁》。

(3)銅版画をはじめ、地図・統計表・旅程〔里数〕を交えること。

(4)末編に〔欧州〕「総説」を設けること《同前》。

右の四者のような扱いは、彼の学習期の「跋渉備考」には〔地図・里数を例外として〕見られない。そのような扱いを久米が《実記》で新たに採用したのは*、誰かからの助言があったからのか、あるいは何かを参照したからのか。

＊久米の、やや後の作品『東海東山巡幸日記』でもほぼ踏襲されている《文書、一、今井による解題》。

スタイルを摸索する

さて、この種の問いに対して一義的な答を求めるのは、もともと無理であるが、繫がりを暗示するような言説ないし文献を引き合いに出すことは許されるであろう。取りあえず二例を示しておく。

○西国歴史ノ体　編年史中ニ紀事本末*ノ体ヲ帯ヒ、間々論断ヲ加ヘ、或《あるい》ハ図画ヲ挿ミ、概数統計ノ事ニ至テハ表記ヲ掲出シ、一目瞭然　其ノ要領ヲ得セシム、〔中略〕編年中ニ表史ヲ帯ヒ間々事ノ沿革本末ヲ叙列シテ論断ヲ下シ、地理形勢等ノ処ニ至テハ図画ヲ挿入スルヲ要スヘシ（重野安繹、一八七五年〔明治八〕五月、修史局の事業開始に当たり太政官に上申した「修史事宜」より）。

＊「紀事本末」とは、歴史の一体、一事件ごとにその始末を記したもの。

○其ノ体　年月ヲ逐テ編次スト雖モ、事ノ本末ハ必　其ノ下ニ統記シ、文中要旨ノ処ハ往々論断ヲ加テ読者ノ意ヲ警発ス。大抵、編年ニ記事本末ヲ兼ル者ノ如シ。マタ著名ノ人為出レバ、小伝ヲ附載スルハ紀伝体ヲモ帯ルト言フベシ。サテマタ、史篇ノ首ニ、必　人種地理風俗等ヲ載セ、其ノ国土人情ヨリ叙起シテ、其　参照ニ備ルハ、最モ着実ノ趣向ト称スベシ（重野安繹、一八七九年〔明治一二〕一二月一五日、東京学士院での講演）。

重野と久米――太政官のもとで　重野のこれらの言説は、「重野博士の史学説について」（《成立》の大久保論文、二一三～二四六頁）で簡略に紹介され、「島津家編修『皇朝世鑑』と明治初期の修史事業」（同《成立》の大久保論文、一九八～二一二頁）で詳しく論及された。いずれも「歴史の体裁の得失」を考察したものだが、久米の編述スタイルとの関連はこれまで指摘されなかったようである。

久米と重野との間柄（第七章2）について言えば、一八七五年（明治八）、修史編修官に就任した重野と、太政官権外史（事務官）に任ぜられた久米とは、役職の違いもあって面識を持つには至っていないようではあるが、太政官に上申された「修史事宜」の文書を、久米が、官署内で直接あるいは間接に見知って参考に供することはできたに相違ない。その経験は、『実記』スタイル選定へのひとつの有力なきっかけとなったのではあるまいか。

文明史書その他の影響

いずれにしても、この時期、日本の史家の間で、歴史叙述のスタイルに関する摸索が続けられていたことは疑いない。後に紹介する久米と大隈との「歴史批評」対話からも察せられるとおり、明治初期日本の史家は、古典すなわち中国の『春秋左氏伝』や『資治通鑑』、日本の『大日本史』など、また、もっと専門的な清朝考証学文献などの、権威の束縛から脱するべく、西洋の史書（後出第五章3のゼルフィー著書など）にも範を求めて、視圏の拡大をはかっていた。

例えば、その頃すでに、ギゾー（一七八七〜一八七四）やバックル（一八二一〜六二）のいわゆる文明史書（本章1）も、福沢諭吉らの論著を通じて日本の知識人に知られていたから、その叙述スタイルが話題にのぼることも多かったであろう。なお、これは後年のことだが、東大に来たドイツ史家リースも、バックルの文明史その他を紹介し論評している（本章3）。

さらに、久米の場合には、フルベッキのガイダンス（第四章3）の影響も忘れることはできない。

『回覧日記』の正体

なお、限定的に《実記》のスタイルを論じようとする場合、考慮を要すると思われるのは、国立公文書館保管文書のうちの、『回覧日記』十五冊（リストアップされていながら実物が欠けている）の問題《使節の研究、大久保論文、一一二頁》、また、それとは別に『米欧回覧日記』六冊と名付けられた書類が記帳されているという事実《同前、一一三頁および一四九頁》の二項目である。* これらの文書が、どんな内容をもち、どんなスタイルで編述されていたのか、興味は尽きない。

＊《使節団の研究、七九～八〇頁》（「黄表紙本」の件）も参照。ついでに記すが、久米美術館所蔵の「黄表紙本」八冊のうちの『二篇　英国ノ部』下冊』の裏表紙には、「明治十年第九月」と墨書されている。何らかの作業の日付を意味するものであろう。執筆、浄書、綴込み、提出その他、どの段階であるかは判断不可能であるが。この種の大量の手稿の中で「日付」が明記されている例は極めて少ないと思われるので、あえてここに書きとめた。

国家の事業としての史料の収集と編纂

さて、重野や久米が太政官という役所の中で働き始めたこの時期、新しい国家としてのスタートを切った明治日本は、歴史関連の分野で、どんな仕事に着手したのだろうか。

まず、史料収集編纂の事業が、明治新政府成立の直後から開始された。これは、大きな流れとして見れば、徳川幕府の事業、なかでも有名な水戸光圀《みつくに》の『大日本史』編纂事業の継承であったが、その連続性の吟味はさておき、以下、《研究、荻野論文（三二六頁）》に引用された三成重敬《みなりしげゆき》論文と、久米の《諸辞令》とを活用して、明治政府の史料編纂事業の経過と久米の参画とを箇条書きする。既出（第四章3、4）での㋡「《実記》成功で五百円下賜」およびⒼ「大使事務局終結」に続く項目である。

Ⓗ一八六九年（明治二）、明治天皇宸筆《しんぴつ》の御沙汰書により、「史料編纂国史校正局」が昌平黌内に設置された。

Ⓘ校正局は改組され、太政官正院の歴史課と地理課とになった。

Ⓙ一八七五年（明治八）、修史局となる。重野安繹・川田剛・依田百川らが参加した。

Ⓚ一八七七年（明治一〇）一〇月、修史局は廃止される。

㋢同年同月、修史館という名の大規模な機関が、太政大臣・三条実美を総裁として発足し、重野安繹・久米邦武・星野恒らがそこに参加した。

前出（第四章4、⒂⒃Ⓢ）のように、当時、久米は（太政官正院・外史本課の）権少外史の地位にあったが、一八七七年（明治一〇）一月一八日に、太政大臣からの辞令で少書記官に任ぜられ、一月二九日、記録掛に配属された。

㋣一八七九年（明治一二）三月一三日、久米は、太政大臣からの辞令で三等編集官に任ぜられた。

㋤一八八〇年（明治一三）六月一一日、久米は、太政官からの辞令で御巡幸供奉を仰付けられた。

この巡幸は、明治天皇が山梨・三重・京都を主対象として一八八〇年（明治一三）六月一六日～七月二三日に行ったものである。経緯と成果については、《文書、一に収録された『東海東山巡幸日記』とそれへの解題〈㋤㊁㋦㋧今井修担当〉》およびそこに引用された秋元信英の諸論文を参照。久米のこの経験は、彼の後年の地誌・歴史地理研究への重要な布石となった。この『日記』〈緒言は同年一二月〉の編述スタイルは『米欧回覧日記』のそれに近い。

㊁一八八一年〈明治一四〉一二月二二日、久米は、太政大臣からの辞令で二等編修官に任ぜられた。

Ⓛ一八八六年〈明治一九〉　修史館は廃止され、内閣に臨時修史局が設置された。

㋦同年一月九日、久米は、内閣からの辞令で修史局〈「臨時修史局」の意〉編修を仰付けられた。

㋧同年四月一〇日、久米は、内閣総理大臣からの辞令で奏任官二等に叙せられ、下級俸を賜った。

㋨一八八七年〈明治二〇〉七月七日、久米は、内閣からの辞令で修史材料古文書捜索のため、福岡、大分、佐賀、熊本、宮崎、鹿児島の六県へ出張を命ぜられた。

㋩同年八月二〇日、久米は、内閣からの辞令で修史材料古文書捜索として長崎県へも出張を命ぜられた。

これら七県への出張の経緯と成果については、《文書、一に収録された『鎮西文書採訪記』およびそれへの解題〈佐藤能丸担当〉》を参照。久米のこの経験は、彼の後年の古文書学展開への強いインパクトとなった。明治一八～二九年にわたった八次の史料採訪の全貌は《研究、荻野論文に付表〈三二〇頁〉》を参照。九州の分は約一五〇日に及び、最大規模のものであった。

やや特殊な話題だが、「髻《もとどり》の綸旨《りんじ》*」〈本章1、東大での展示〉については、発見者・久米の驚きと自負が、以下のように語られている《研究、荻野論文、三四五頁》。

去る〔明治〕二十年に私が九州の古文書を採訪して筑後国柳河に至り、立花家の文書を尋ねたところ、家扶から写しを見せられたのは「髻の綸旨」らしく思われたので、元の文書を見たいと申し出た。同日、立花伯の前で秘庫を探した結果、まさにそのとおりであった。ご一同、驚かれ、古文書学の重要さを納得されて、さらに親切に、秘蔵の書を見せてくださった。

＊「髻の綸旨」とは、勅命にかかわる機密事項を細長い紙片に書き使者の髻（髷《まげ》）に潜ませて送ったもの。様式や使途については諸説がある。

Ⓜ一八八八年（明治二一）一〇月三〇日、臨時修史局は帝国大学に移されて臨時編年史編纂掛となる。

久米は一〇月二九日付で帝国大学文科大学教授となり、三〇日付で臨時編年史編纂委員を命ぜられる。

レパートリーの着実な拡張

ところで、修史館・臨時修史局の時代に久米が手がけた仕事と言えば、巡幸記録と文書探訪を別とすれば、「華族類別録考案」「内閣諸公伝略」「藩史」＊の編輯などの方面だったとされている《研究、四七六頁、佐藤による「久米邦武年譜」》。その詳細は伝えられていないようだが、表題を見た限りで言えば、久米の働きぶりは、依然として「国家」の役人の仕事という色合いの濃いものだったようだ。

＊まず薩摩・大隅・日向の藩史を手がけたという《中川・久米伝、三七頁》。

しかしその間、彼は、天皇の行幸に供奉し、『東海東山　巡幸日記』を大成して地誌研究に新境地を開き、下って九州七県の史料探訪では日本古文書収集に巨歩を進め、後に『史徴墨宝』とその『考証』に貢献した《研究、三一七〜三二五頁、荻野論文》。

このようにして久米は、仕事のレパートリーを着実に拡張し続けた。その重要なステップをなした右の二業績（東海東山と鎮西）が、いずれも「旅」の産物であったこと（第一章）は、本書執筆者としては「わが意」を得るに足りると信ずるものである。

もう一つ、ややマイナーなレパートリーと言うべきだが、「能楽」分野について一言——我国の修史事業の実質的な源流は昌平黌である（既出㋐）。そこに集積されていた膨大な蔵書が修史館に移され活用されて、後の機関に引き継がれたわけだが、久米は修史館の時代、その中の能楽の文献に接しており、後に広範な研究もした（第七章4）。しかし、それが発表されたのは二十余年を経た明治三〇年代後半であった。

歴史研究への屈曲した道程

それにしても、久米が、プロの歴史家として成熟してゆくためには、なお一層の強烈な内的要因が必要であった。その一面を探るために、以下、久米自身の告白を検討してみよう。

余はいまだ歴史研究法を論じて発表したることなしと雖《いえど》も、歴史を研究しつつあれば、意見はなきにしもあらず。亦《また》ありとて論述する程の卓説もなければ、余の少年より史学をなしたる歴史を談じて研究法に代るべし。

余は日本の国初めより構成せられたる泰東風の政教が、蠹朽《ときゅう》し果たる最終期に湧出したる動物の一匹なれば、幼少よりの教育は腐敗を極たる水に浸漬《しんせき》してせられたり。徳川氏は鎖国を以て日本の島国根性を圧搾して頑固させたる上に、明の永楽帝が黔首《きんしゅ》〔黒い頭巾、平民〕を愚にする政略に用ゐたる宋の朱子学を摂取して、二百五十年の太平を偸《ぬす》みたれば、儒学も国学も皆之に感染せられ、固陋《ころう》と空疎と迂闊と阿附《あふ》と冥頑と、総《すべ》て痴騃なる性質の薬品を調和したるを圧制的に服用させ、異学論を禁じて、人知を沈淳させせんと努めたるも、既に末期となり、余の成長する頃には世界新鮮の空気は徐々と吹出しぬ。余とても含生《がんせい》の活物なり、其中にありて清気の快きを呼吸せんと、史学に向ひて遊泳を始めたり。故に人より余が史学の師伝は誰より受たるやと問るれば、只《ただ》藩の学校に於て学びたりと答ふより外なし。抑《そもそ》も官立学校には官より教師を撰命して講義を受けしむものなれば、就学生は教師の学徳を慕ひて集るよりも、寧《むし》ろ其経費の甘く、材料を整備し、及び脅迫令等、他の目的によるものなれば、今にも行はるる教師を敬せよとの訓令は、其時よりの遺物なれども、号令は人々の敬畏心に深浅をなさしむる力あるものにはあらず。官立学校の教師は例により生徒より敬愛を受るは冷淡なるを常とす。藩の学校に学びたる余なれば、句読習字及び詩文の点作等は、特別に恩を受たる師はあれど、史学の師とてはなし。因て研究法の師伝とてもなし。只父君より誘導されたりと謂の外なし。

（「余の歴史研究方法」《著作集　三、『泰東史談』二〇〇頁〜》）

親友・大隈重信の史学指南

他方、佐賀の藩校・弘道館の一年先輩の学友として、大隈は久米に、きわめて具体的な史学指南をした（第二章2および《研究、佐藤論文、三九四頁》も参照されたい）。

旧時代の学校といへば四書五経の経学が正課で、それを程朱《ていしゅ》の註で講じ、もっぱら修身倫理を考究し、あるひは心理的にも説き上げる。あるひは朱子と陽明との是非を論ずる、是をば教授教諭の老先生から授かるのである。その余暇には歴史を読み諸子類にも及び、更に、文才あり詩文をも兼ねるものが才子といはれた。〔中略〕私は、十八史略より綱鑑を読み、遂に〔朱子の〕綱目を読んだが、その綱目は、今の武富時敏氏の家に好《よ》き注釈書があったのを〔中略〕借りて読んでいた。〔中略〕〔大隈〕伯はそれを見て、通鑑を読め、特に胡三省《こさんせい》の註釈のあるのがよい、それには句読点の切方に種々の符標があり、或ひは先着、急着または着眼、主眼などと傍註を施してある、是によりて歴史を見れば批評をなすに大いに益を得ると教えられた。伯が、私に歴史の読み方を教えたと言はれるのは之を指してのことである。

（『時勢と英雄』二六〇頁）

また、別の機会に回想したところによれば、

〔大隈〕侯も余〔久米〕も、〔朱子の綱目の〕統一の拘束が嫌いであった。〔中略〕侯は〔中略〕歴史を読むには批評眼を磨くべしと言はれた。それから余は歴史批評の趣味を覚へ、通鑑以前の春秋より周礼尚書まで、歴史の圏内に包容して批評する興味を得た。

（『大隈侯八十五年史』一九二六年〔大正一五〕、「序」、五頁。『尚書』については、久米の手稿の中に学習の跡を見ることができる。その一部は《文書、四、四四四～四四九頁》に収録されている）

久米は、この種の回想の中で、経書と歴史との関係にたびたび触れているが、要するに「修身斉家治国平天下」といった人倫ないし経綸を説く規範の書とされていた「経書」を、規範の書としてではなく、歴史の書と見て読むべきことを強調している。この強調点は、久米の後年の論文「史学の独立」《著作集、三、三頁～》などで、闊達《かったつ》に展開されてゆくのである。

明治初期日本の史学思想

こうして、父や旧友の影響を再確認してみると、少壮期の久米が体験した内面的飛躍の「歩幅」の大きさが実感できる。その「歩幅」は、彼の論文、たとえば「史学考証の弊」《著作集、三、六〇～七四頁》に、系統的ではないが実体験的に語られているので、箇条書きで抄録してみる。

日本の史学　第一期　紀伝学——歴史を表に、経書を裏に、合わせて文章を修める。『春秋』が標準。シナ宋代には『通鑑』『唐鑑』（第二章2）、日本では『大鏡』『増鏡』『水鏡』『吾妻鏡』。

第二期　性理学――儒学が宗教の模擬のように落ち込んだ。朱子が註した四書が標準（朱子学）。歴史とは、品行行状を修める学問の機関。

第三期　考証学――古典をその当時の思想で精緻に読む。朱子学は恐慌。清《シン》代に整頓され、日本にも影響。保守派では無精神の学と謗られる。

以上、乱暴な抄録ながら、学修期の大隈・久米が「何を批判し、何をターゲットとするか」の論を交わしたその奥行きの深さが、二一世紀の私たちにも、ある程度は実感できるのではないだろうか。それにつけても強調しておかなければならないのは、重野・久米が「漢学出身の日本史学者」だったという事実である。「漢学は、国学と洋学との間の微妙な形で存在理由を見付けた」とも言われる。歴史学の場合、この二人は、西南雄藩（鹿児島と佐賀）の出身、藩校に次いで江戸昌平黌で漢学を修め、藩務や教職に携わり、藩史編纂や藩則制定を担当し、岩倉使節団と（表裏の）関係をもち、一八七五年（明治八）、修史館で初めて席を並べ、内閣・臨時修史局で史料探訪を分担し、そして一八八八年（明治二一）、相携えて帝大教授となった。二人とも、中国清朝の考証史学に接する機会は多々持ったであろう。一方、「国学」派の人材は、修史事業の開始期には参画していたけれども、修史館の成立の段階で事業から離れた。以後、修史事業は漢学派によって推進される。そして今度は、「洋学」との距離が問われることになり、現実問題として、重野によるゼルフィー史学紹介は実効を顕わさずに終わった反面、久米は米欧回覧をフルに活用して西洋通と呼ばれるようになり、両者の「洋学」とのスタンスには大差が生じた。

また、それとは、久米が重野を「政治家気質の学者」と評したことなどにも、両者の資質の差が窺われる（久米「世が見たる重野博士」《著作集、三、一一九頁》）。

3　始動期の帝大史学

大学へ移された史料編纂事業

既に指摘されている事柄だが、（本章2Ⓙに示した）修史局が政治的国家的な仕事の場であったのに対して、（Ⓣに示した）修史館は学究的事業の場として新たな活動を開始した。そこに久米が加わったことの意義は大きい。

彼の起用については、重野の存在が少なからず作用している（第一章4、第七章2）。そして重野・久米のコンビは、緊密さを保ちながら帝大へ移る。その「いきさつ」を、久米は後年、率直に語った。


史学と云ふのは昔よりあったことなれども、一つの科学として大学の科目に立てられたのは、ちょうど史学会の起りまするのと同時で、〔明治〕二十一年の秋頃でした。然《しか》も会頭の重野君と、それに星野〔恒《ひさし》〕君と、私との三人が、内閣より〔中略〕元の太政官より史料編纂、編年史編修を背負って大学に這入《はい》って来て、其の時に教授になされて、さうして、其の編纂片手に教授をしろと云う訳であった。《著作集、三、五八頁》

「編纂片手に教授をしろ」という表現が、過渡的な事態を軽妙に表わしている。

日本編年史の発進と流産

「教育と編纂との両立を」という大学当局の意向は、教育面については、すぐ後で述べる歴史学科創設や外人教師導入の形で実現されるが、編纂のほうは、かねてからの課題の継承という形で展開されてゆく。現実の課題は『大日本編年史』の編輯であり、その着手は一八八二年（明治一五）、つまり既述の久米『巡幸日記』の刊行から一年ほど後、重野による修史館リード体制が整った時点のことであった。

その編輯スタイルは、私たちが本章2で見た重野の「修史事宜」や講演の趣旨を具体化したものではあったが、意外に思われるのは、漢文体が採用されたことである。当事者（漢学系）に共通して、「当時の和文は文法も未確定で、一定の文体を成していない」との判断があり、同時に、「いま漢文で書いておけば、将来、和文体の確立後にリライトすることができる」との読みもあったからだと言う。しかし《実記》の文体を知る私たちから見れば、漢文採用は復古調に感じられる。

ともあれ文体は決まった。では、内容の取捨、編述の方針はどうか。重野の所見は筋の通ったものだったが、具体的展開にはなお多くの困難が予想される。

その間の機微をつぶさに伝えてくれる文書が、《著作集、三（一二三〜一二八頁）》に収録された。仮題「編年史官選弁」は著作集編集委員による。元来は久米が草案〈修史意見書〉*を書き、重野が加筆したものだが、重野の嫡子による浄書もあり、それらを総合的に整理した形で収録された。

＊《成立、大久保論文、七三頁》では「意見書」と呼ばれていた。原稿は、東大史料編纂所と久米美術館に

収蔵されている。

久米（ら）は、この編年史が「国の経歴を記するもの」だと定義し、それは、「政治が下から始まる西洋では民選されるが、政治が上から出る東洋では官撰される」と説く。論拠として、国体の差、文運《ぶんうん》熟成度の差を挙げる。文運の浅い日本では、史料の採輯・保存・印刷さえ覚束ないと嘆く。次いで、修史館の在来の成果、今後の見通しなど、数値も挙げて分析し、万一これを中止したならば、在来の成果は無に帰し、まとまりのない史料編年史が役所の倉庫に堆積するだろう、と結ぶ。

まさに苦渋に満ちた「編年史白書」であるが、こうした文書が一八八二〜八七年の間に何度も手を加えられた挙句《あげく》、官選修史事業は中絶されたのである。

そもそも、日本の正史では皇室・政府に重点が置かれるべきだとする伝統的解釈は根強かった。また重野らが、厳格な史料クリティークの末に忠臣孝子の存在を否定し、抹殺博士と呼ばれるに至るその姿勢も、国粋主義者らの反感を徐々にかもし出しつつあったのだ。

ドイツの史学者リースの来日

さて、明治初期日本における史学の展開を辿るには、この先、外国人の名前をふたたび持ち出さねばならない。

まず、ドイツの歴史家リース（Ludwig Riess, 一八六一〜一九二八）が一八八七年（明治二〇）に来日したことは、日本の史学史における一つの注目すべき出来事であった。リースの師ランケ（L.v.Ranke）は、言語学を修めたのち歴史家となり、ベルリン大学教授、プロイセン国の修史官などの要職を歴任、講述のみでなく歴史演習も重視する教育活動を展開、多数の著作を発表し、史料批判と客観的歴史叙述の学風を確立した。ランケの弟子・リースは、一時期、写字生（後に日本の修史館等でも制度化され久米らを助けた現場実務者）の立場で親しくランケの教えを受けた。こうして成立したランケ・リースの一九世紀ドイツ史学の核心的な要素が、明治中期の日本へ伝えられたわけで、この選択の近因は、言うまでもなく、当時の日本のドイツへの著しい傾斜にあるに相違ないが、さらに遠景の一つとして、後述のゼルフィー作品の（反面教師的な？）影響も無視しがたいであろう。

では、この後ふたたび、《東大年報》の中の外人の発言をやや細かく見てゆくことにしたい。まず《東大年報、巻五（一一二頁）》に、「明治一九年三月、文科大学設置」とあるけれども、「史学科」の名は見られない。しかし翌明治二〇年早々の「教員ノ就職解任　外国人ノ部」の記事として、「一月三日　独逸国人リースヲ史学ノ教師トナセリ」《同、四九五頁》があり、秋の「学科課程増設」記事として「明治二〇年九月一五日　本学ノ学科課程ヲ改正セラレ　更ニ史学科英文学科独逸文学科ノ三学科ヲ増設セラレタリ」《同、四九三頁》があって、帝大史学の着実な整備の様を伝えている。

リースの申報《レポート》

ところで《東大年報》の「申報」だが、教師全員が寄稿しているわけではなく、各人の裁量に任されていた模様であって、久米邦武はその（三年余の）在任中に一度も寄稿していない。対照的にリースは、着任早々から何度も稿を寄せた。最初の「申報」《同、五〇九頁》の書き出しは、

一八八七年（明治二〇）二月二九日ヨリ七月ニ至ル余ノ講義及実地演習ヲ為シタル申報ヲ呈ス

余ノ東京ニ到着スルヤ直《ただ》チニ四級ノ学生ヲ教導スルコトトナリタリ

そして、前年まで外人教師ヂクソン（Dixon, J. M.）が政治学科生に講じたローマ史と、英法律学科生に講じた英国憲法史の補完、そしてまた、坪井九馬三《つぼいくめぞう》が哲学科生・和文学科生に講じた欧州現代史の拡張に加えて、新たに政治学科生のために開講した立憲政体論の展開の様子を詳しく報じている。さらに翌年、すなわち史学科成立の直後の時期の「地文学　史学　地理学教師」申報《東大年報、巻六、一三六〇頁》では、承前の欧州史各論のほか史学科生のために開始した講義と演習の内容を、次のように記述している。

史学科学生ニ毎週二時間　地文学ノ講義ヲ授ケ　且《かつ》実地演習ヲ施セリ　本講義ニ於テハ地理学上ノ問題ヲ解説スル各方法　数理的地理学ノ要論　地理学教授法　製図法ノ理論　又　気界水界陸地ノ諸顕象ノ汎論　及ヒ鉱物植物　及ヒ動物ノ自然分配ヲ詳説シ　加フルニ地球上文明発達ノ諸階級ノ景状ヲ以テセリ　シカシテ史学科学生ノ為メ修史学ノ発達ヲ講究シ　加フルニ毎週三時間バックル氏文明史批評　及ヒ二三有名ノ著書ニ就キ編纂学的観察ヲ加ヘタリ　又　史学科第三級下山氏ニハ諸学校ニ於テ歴史ヲ講ズルノ方法ヲ演習セシメタリ

リースの活躍とその周辺

リースの担当範囲がたいへん広かったことは、人選の妙の証明と評するべきかもしれないが、常識の範囲をいささか超えているようにも見える。

なお、「申報」の末尾に登場する下山（寛一郎）は、史学科の第一回（一八八九年（明治二二））卒業生で、前出の坪井が一八八七年（明治二〇）から欧州留学した時期、史学史や歴史理論を研究し論著を発表した《成立、大久保論文、一〇一頁》。また、ギクソンは、スコットランド生まれの語学者・文学者で、帝大に来た最初は工科大学で英語を教え、のち文科大学へ移った。リース来日以後は史学担当から離れ、もっぱら英語・英文学を教えた。遡って坪井は、一八八四年（明治一七）末（東京大学文学部と呼ばれていた時代）から史学を受け持ち、「国運隆替ノ原由ヲ闡明《せんめい》スル」趣旨の講義を担当していた《東大年報、巻二、四一三頁》が、リース着任の直前には、哲学科と和文科の学生に欧州現代史を受け持っていた。留学後には、下山を継ぐ歴史研究方法論の専門家として活躍、東京専門学校（早稲田大学の前身）の講義録にも執筆した。そこには、久米との接点が見出されるはずである。

久米邦武、帝大教授となる

以下、例によって、《諸辞令》その他から抜書きする。前掲Ⓜ「臨時修史局は帝大に移され　臨時編年史編纂掛となった」に続く綱目である。

㋪一八八八年（明治二一）一〇月二九日、久米は、内閣総理大臣からの辞令で文科大学教授に任ぜられた。

㋫同年四月一〇日、久米は、内閣総理大臣からの辞令で奏任官二等に叙せられた。

㋬同年一〇月三〇日、久米は、帝国大学からの辞令で臨時編年史編纂委員を命ぜられた。
㋭同年一〇月三一日、久米は、文部省からの辞令で中級俸を賜った。

さて、ここから先、基準とする典拠文献を《東大年報》に切り換え、西暦年を補いつつ、記述を進める。久米の帝大就任およびそれに関連する人事を「東大年報」は、どう報道したか。合本の《東大年報》の第六巻に、「文科大学年報　明治二一年一月～一二月」が収録されており、その六一～六二頁〈職員ノ事〉に、次の辞令が紹介されている。

二月一〇日　前内閣修史局　編修長　文学博士　重野安繹へ　本学年中　日本歴史ノ講述ヲ嘱託セラル
九月八日　前内閣修史局　編修長　文学博士　重野安繹ニ　次学年中　日本歴史ノ講述ヲ嘱託セラル
一〇月二九日　講師　文学博士　重野安繹　元老院議官ニ　前内閣修史局　編修官　久米邦武
同　星野恒　本学教授ニ任セラル
一一月九日　本学講師　元老院議官　文学博士　重野安繹　本学教授ニ任セラル

ゼルフィーの歴史科学

話を一転させるが、*The Science of History* と題する英語の本が、久米の時代の歴史家の間で取り沙汰されていた。原著者ゼルフィー（Zerffi,G.G., 一八二一～九二）は、ハンガリー出身、英国オクスフォード大学で活動していた歴史家である。

この書物に関し、久米自身が書いたものは見当たらないが、久米に直結してこの書を取り上げた文献（たぶん唯一のもの）として、久米の逝去を報じた訃報（藤木邦彦による）を挙げることができる。

〔明治〕二十二年、我が史学会の成立するや、〔久米先生は〕委員として少なからぬ尽力を与えられ、修史館の事業を継続することよりもむしろ多年研鑽された結果を史学雑誌に発表することに傾倒せられたようであった。〔中略〕なお、さきに末松謙澄《けんちょう》博士がOxfordに在って見学《ママ》中、修史局は博士に委嘱してOxford大学教授Serfi《ママ》氏に特に執筆した*The Science of History*を得たが、之が重野、久米、星野諸先生の西洋のいわゆる歴史および史学なるものについての十分なる概念を得られた最初であったと思われ、これら諸先生によって花々しい論文が続出したのも、一つには、一方、修史局の豊富なる材料を擁せられたと共に、一方、この新知識に拠られたためであったとも察せられる。（『史学雑誌』第四二巻、第四号、一九三一年四月）

さて、この本に関しては、後に、大久保利謙氏が詳細に研究され、論文を発表された《成立、九六頁～》。大久保論文によれば、原著は一八七九年（明治一二）にロンドンで刊行され、日本に届けられて間もなく中村正直（Smiles著 *Self-Help* の邦訳『自助論』で知られる人）その他の訳書や訳稿があり、また、後の歴史理論家・今井登志喜は、ゼルフィーの学風を紹介して「ドイツ史学の価値の推称がしばしば見られる」と述べているそうである。

また、最近にも、ゼルフィーのこの書がわが国に与えた影響を論じた文献が発表されている（川本皓嗣・松村昌家編『ヴィクトリア朝英国と東アジア』二五四〜二六二頁。鈴木利章「文明史・G・G・ゼルフィとT・B・麻侯礼卿」）。

この論文によれば、ゼルフィーの書は、中村訳のほかに嵯峨正作著『日本史綱』でも紹介された（一八八八年）。嵯峨によれば、ゼルフィーは「歴史家は、過去の闇を断罪する裁判官たるべし*」と主張したという。（鈴木二三八、二四二頁）。

＊ある時期の重野に与えられた「抹殺博士」というニックネームが連想される。

その他、『東京専門学校広義録　史学綱要』（明治二九年、後藤宙外寅之助担当）も、ゼルフィーの影響下に書かれた、とある。またゼルフィーは、ギゾーやバックルに通ずる文明史家と評されながら、原史料の探索精査を重視しない傾向のゆえか、次第に軽視された模様である。

ゼルフィーと久米

久米について言えば、彼がこの英書を直接に読んだとは考えられない。訳書・訳稿を見たか、さもなければ、修史館の同僚と共に議論を展開した程度であったかに察せられる。それはともかく、英国留学中の日本人を介して、修史館が歴史理論の文献を捜し、この書を得たということは意味深い。中国近代考証学の伝統からの脱皮をはかるべく、西欧の史論への接近を試みたことの証拠が、ここに見られるからである。

では、話題を限定して「久米に対するこの本の影響」を問うた場合、答えはどうなるだろうか。話は少々横道へそれるけれども、ゼルフィーの邦訳稿（中村正直による）の一部分が岩倉家旧蔵書に含まれていたという事実《成立、三二六頁》も知られているから、岩倉具視―久米邦武の線との繋がりも一考を要するかと思われる。また、右の問いについては、大久保の主張であった「修史館史家のうち久米は最左翼（重野は最右翼）」との説も思い合わされる《成立、大久保論文、八五頁》。では、例えば、「久米はゼルフィーの影響で左翼に寄った」などの推論が可能であろうか。

この種の問いに対する答えは、結局のところ「特記すべきものなし」に終わるようだ。私自身は、大久保論文が「左翼」と表現した久米論文の特徴の中の重要な要素として、いわゆる方法論上の特質ではなく、むしろ学風としての「論争好み」および「戦闘的」*を挙げ得ると考えているのだが、そのような久米の学風の形成に最も強く作用したのは、ゼルフィーのような理論書ではなく、やはり前述の佐賀藩の弘道館および幕府の昌平黌、また、父・邦郷および友人・大隈重信であったと解したい。

*語義を限定する趣旨で英語に対応させれば、それぞれ disputative および aggressive。なお、大久保論文では、久米は「闘将」と呼ばれている《成立、五六頁》。

リース・重野・久米、講壇に立つ

このように、外国から専門家を迎え入れて次第にアカデミズムの色彩を濃くしつつあった大学で、久米は、どんな仕事ぶりを見せ始めたのか。坪井らと古文書の研究会を編成して、みずから講義を行ったことは以前から知られていたが、学生を前にしての講義のことは、従来ほとんど話題にされなかったようである。その点も、幸いに『東大年報』のお蔭でほぼ明らかになってきた。この年報の編成は、必ずしも系統的ではないので、なお見落としがあるかと危惧する次第であるけれども、わかった範囲で書き留めておく。

久米らの担当については、《東大年報、巻六（五五五頁）》に次のような記載があって、重野、久米、リースの三者が国文科と史学科との学生のための講義を展開していた様子がよく分かる。

〈明治二二年九月〜同二三年七月〉

国文学科一年生のためにリースが「史学」
同　二年生のために久米が「支那歴史」
同　二年生のためにリースが「史学」
同　二年生のために重野が「日本法制沿革」
史学科　一年生のためにリースが「地文学」「史学」「地理」
二年生のためにリースが「史学」「地理学」
三年生のためにリースが「史学」「地理学」
臨時編年史編纂掛の拡大
さて、久米の新しい職場である帝大の史学部門は、当時、どんな状況にあったのだろうか。

まず、前掲Ⓜの史実だが、それを《東大年報、巻三（一三九頁）》は左のように記録している。

一八八八年（明治二一）一〇月三〇日　臨時編年史編纂掛ヲ置ク　内閣臨時修史局　廃セラレ従来　同局着手ノ修史事業ヲ本学ニ属セラレタルヲ以テナリ

続いて、「地誌」の仕事も大学に移される《同、二三五頁》。

一八九〇年（明治二三）一〇月二日　地誌編纂掛ヲ置ク　内務省地理局　元地誌課ノ事務ヲ本学ノ管掌ニ属セラレタルヲ以テナリ

その翌年、「編年史」と「地誌」とが合併される《同、三〇一頁》。

一八九一年（明治二四）三月三一日　臨時編年史編纂掛及地誌編纂掛ヲ合併シテ史誌編纂掛ト称シ文科大学ノ所管トナス

地誌への執心

ここに示した推移のうち、一八九〇～九一年の項目では「地理、地誌」が注目されるが、久米は、当時すでに「歴史地理学」の重要性を認識しており、さらに遡った太政官時代からの「地誌」編修の跡をも含めた研究小史を、後の一九〇一年（明治三四）の『歴史地理』に発表した（久米「歴史地理の根本に就て」《著作集、三、八四〜九四頁》）。その一部を次に引用する。

明治維新後、間もなく「太政官　歴史課地誌課」が設けられ、「地誌課」では、塚本明毅主任のもと、諸藩の地誌の類の採輯が進められ、『地誌提要』が刊行された。明治九年、地誌の仕事は内務省に移され、後（同一八年頃）、修史館に合併された。その前後、太政官は内閣に変わり、修史局は帝国大学に移り、文科大学に国史科ができて、歴史と歴史地理を科学的に研究する新時代に入った。いま大学に集められている膨大な歴史地理の研究材料は、大抵、例の地誌課が採輯したものである。委細は、その道の古老に尋ねるとよい。

ただし、右の論説の途中《著作集、三、八七頁》で久米は、地理学と歴史地理学との間柄を次のように論じた。

地理研究は理科の本領に属す。其の上に人事の跡を印《しる》したるに因《より》て歴史地理の研究は起る。これ理学と本支の縁親あり。地誌学は祖先にして人類学は父兄の如し。

このあと、太陽系の一遊星である地球が熱球から冷却して固形質を作り…と説き起こし、火山・岩石・土泥の話から鉱物植物動物の生成を論じ、人類学・地質学から歴史学へという繋がりに注意を促した上で、日本古代史の考察に移る。全編、「歴史を科学として研究する」態度に徹した個性豊かな論究として注目されるのであるが、意外にも、「進化論」への言及は全く見られない。久米の科学観に関し、大きな気がかりとなる事柄と言わなければならない（第七章5）。

古文書学・前史

話は三転するが、古文書研究への志が久米の胸に焼きついたのは、米欧回覧の終段、イタリア・ヴェネチアの文書庫《アルチーフ》における日本古文書との対面の際であった（第三章4）。そして、後の臨時修史局時代、文書採訪のため九州七県を周回して「髻の文書」（本章2）などを発見したとき、この関心はふたたび燃え上がった。

ところで、久米がこのような実例に接し始めた頃、日本各地の古文書はどんな処遇を受けていたのだろうか。しばらく後（一八九六年〔明治二九〕）の記事（「古文書の観察」《著作集、四、九四頁》）で、久米は以下のように書いた。

古文書を応用して歴史を編纂せんとの注意を生じたのは、徳川時代の早き比《ころ》よりのことで、既に水戸の大日本史にも少々採用されております。然し其比は封建鎖国の最中で、諸藩は勿論、家々にても文書を秘蔵すること甚だ厳重であったから、水戸よりも人を諸方に派出して古文書を採訪させたけれど、畿内辺の大寺に於いても面倒に思ッて、其人を玄関に待せて、数百通の中より僅《わずか》数通を見せて、追返した位な事だッたと申します。〔中略〕其通りの事情でした所から、水戸人は迚《とて》も古文書を主として歴史事跡を編修することは思ひも寄らぬ事にして、只《ただ》参考書の一となるまでと思ッて居た様子である。〔中略〕源平盛衰紀、太平記などの軍談をば歴史の基本となし、其中に古記録を混入したものから、元来取捨が顚倒して、真偽があべこべになッて居る。だから一時は謹厳な歴史と評判を取ましたれど、今となりましては価を失ひつ、あるも致し方ないことです。また林家で編修しました続本朝通鑑は、情実に撓《たゆ》まされて取捨を錯《あやま》り、雑駁極ると評判が悪かッたけれど、今となりては同じ軍談種の歴史で、さして勝劣を置く程もない。其の上この書は、幕府の力で其のころ古寺より散秩した古文書古記録を採収したものと見え、仏教のことが最も詳しく、かつ確実な事が挙がッています。〔中略〕また加賀藩で先代の三代目とかが、水戸の修史に不満足で、〔中略〕修史の材料を採輯されたが、是は百万石の大藩なれば経費も多く定められ、価を惜しまずに散佚《さんちつ》の古文書を買い入れた所から、其の比に社寺旧家より出た古文書古記録の類がおびただしく採輯されて、今に前田家の書庫に保存してあります。諸大名の家で歴史の材料となる貴重な古文書を最も多くしているのは前田家でしょう。

その他、さまざまな例に加えて、「古文書を抵当に金を貸す」話まで紹介されている。一八八〇年（明治一三）頃については、「古文書を伝えてきた士民が退転し、有名な文書が、質に入れられたり、ちり紙として売り捌《さば》かれた、子供の習字用に使った」といった風聞がしきりに聞かれるようになった。それで、修史官が地方を巡回し採輯に手を尽した等、危機一髪の事情も回想されている。

採輯は、予想を超えた順調さで進行したと言えるのであろう、大量の貴重な古文書が発見され、実物または写本が臨時修史局に集められ、教官および補助者の研究に供せられることとなった。再び久米の言を聞くことにしよう。

古文書研究会の発足

余が文科大学に在しとき教授数名申し合わせ、修史室に借入れたる古文書の原本につき毎週一度の研究会を始め、其のとき余はこの学の順序を立て研究法の緒《いとぐち》をも始めおかんと、会中の諸人と相談して起稿したりしに、まだ数巻をなさざるに教授を解任し、其の功を終えるを得ざりき。其比より始めて古文書学の科目を国史科の中に立て　講座に於て研究の方〔法〕を授くることになりたれば、今は漸々と弘まりつつあるならん。近年の学士・学生の史説に古文書の採用ますます多きを加ふるを見る。《研究、荻野論文、三三九頁》

右に言う「寄稿」の産物が、『(未定稿) 古文書学』であって、久米美術館に保管されてきたが、《著作集、四、一〜八二頁》に収められた。叙述スタイルは、専門家向けであって、学生向けではない。研究会の発足は「帝大在職中」としか伝えられていない。会は週一回、久米の退官の頃まで続いた。メンバーは、久米のほか坪井九馬三と宮崎道三郎とされている。右の文の「諸人」には重野、星野恒らが含まれたという《研究、荻野論文、三四〇頁》。

古文書研究会について確認されている事実は以上の程度と考えられるが、久米の論文「史学の活眼」《著作集、三、五五頁》に、より細かい記述があるので、粗く箇条書きしておく。
・明治二四年に坪井がスイスより帰国。欧州での古文書学の盛況を伝えた。
・文科大学で古文書研究会が始まった。主唱は坪井、史局から久米、外山《とやま》学長も参加。
・法科から宮崎ほか一名が参加。火曜を研究日とした。
・久米が主筆となり古文書学という書を作り始めたが、非職・辞職となり、会を退いた。
・その時までに古文書学の草稿を三冊だけ書いたが、大学を離れたので、執筆は止めた。

「古文書学」の名付け親は　ところで、「古文書学」という命名を久米の創出と見る説もある。川副論文はその例だが、ただしそれは「坪井博士の談によれば」という形の証言である（川副博「久米邦武先生小伝」『佐賀史談』昭和四四年三月創刊号）。

他方、久米は「坪井の創出」というが、その本音は次のように要約される（同前の論文）。

書きかけの本が一年期だけでもまとまっていれば、坪井の言を受け、古文書学の開祖は、中国では「尚書の孔子」、日本では「久米」と気取ってもよいのだが、単に古文書学という名を選んだままでで、肝心の本が未完成なのだから、己《おのれ》が開祖とはおこがましい。

ついでながら、日本古文書学会の発足は、一九六六年（昭和四一）であった。

4　成熟する帝大史学

国史科の誕生

ここでまた《東大年報》を点検する――「国史科」はいつ設けられたのか。一八八四年（明治一七）九月～一八八五年（同一八）一二月の項の一部に、

和文学科中ニ日本歴史ノ一科ヲ加ヘントス

（《東大年報、巻二、一三二頁、「東京大学第五年報」処務ノ部》）

とある。とはいえ、教員配置に関しては「内閣修史局編修長　重野安繹ニ日本歴史ノ講義ヲ嘱託シ」とあるに過ぎない。その後、リースの来日や史学会の創設もあり、歴史の研究と教育についての学内での議論を徐々に結晶化したのであろう、久米自身、後に次のような臨場感あふれるルポルタージュを書いている

其の比《ころ》はあたかも西洋に歴史を科学的に研究することが行はれ、因《よ》って日本にも文科大学に史学科を設けたが、遂にまた日本歴史の一科をも置くことになったのは、当時　史学科の教師独逸人リースといふ人の勧誘によるといふことです。私も九段の三河屋でリースの日本歴史科の必要といふ

演説を親しく聴いたことがあります。（「倭韓共に日本神国なるを論ず」《著作集、二、四〇頁》）

さらに、別の記事では、歴史地理学の発端をも回顧している。

其の〔明治二一年の〕秋 内閣の修史局を帝国大学に寄せ、重野、星野及び余は文科大学教授に任ぜられぬ。其の時まで文科に和文学一科ありしを以て、修史の時間を偸《ぬす》みこの科に国史を講ずるほどのことならんと思いしに、時の総長渡辺洪基《ひろもと》氏、学長外山正一氏、教授小中村、物集両氏、我輩三人と協議し、和文を分ち史文両科となさんと要求されたり。是は固《もと》より希望する所なれども、如何にせん、修史局に於て十余年来 採輯したる古文書、古記録、系譜、地誌は丘をなす程にて、国史学は全く一変すべき見込にはあれど、未だ整理さへとどかざるに、其の一科を設けて学生を招くは、譬《たと》へば材木を積みてホテルを開くに同じ。少数とても旅客のあれば斃《たお》れ屋に宿せむるの外なく、時期猶《なお》早きかと躊躇したれども、畢竟《ひっきょう》史学は草創に属すれば、早く其の傾向に誘〔導〕きおくべきに決したり。この時に国史国文の二科を分ち、国史科に歴史と歴史地理との二科目を設けんとの議ありたれど、是もまた草創なるを以て姑《しばら》く一科目となし、教授の適宜にまかするに決し、歴史及び地理てふ科目にて教授を始む。この地理とは即ち歴史地理を意味す。是を 日本にて歴史地理学の始まりとなすなり。（「歴史地理の根本に就て」《著作集、三、八四頁～》）

さて、《東大年報》は次のように宣言する。

文科大学ニ於テ国史科ヲ新設シ　又従来ノ和文学科ヲ国文学科　漢文学科ヲ漢学科ト改称シ　其ノ学科課程ヲ改正スルコト左ノ如シ。　《巻3、一五九頁》

こうして国史科が誕生した。時は一八八九年（明治二二）六月二七日であった。「左ノ如シ」の内容のうち、国史科の学科課程は次のとおりである（授業時間数は省略）。

国史科　第一年　哲学史および論理学／史学／英語仏蘭西語もしくは独逸語／日本歴史および地理／日本法制沿革／国文学／支那歴史および法制／法制沿革
第二年　哲学史および心理学／史学／英語仏蘭西語もしくは独逸語／日本歴史および地理／日本法制沿革／国文学／支那歴史および法制／法制沿革
第三年　倫理学／審美学／教育学／英語仏蘭西語もしくは独逸語／東洋哲学／日本歴史／日本法制／支那歴史および法制

国史の教科書『国史眼』

国史の講義が開設されたことに伴って教科書の必要性が高まり、結果として一八九〇年（明治二三）、重野・星野・久米の共編による『稿本　国史眼』七冊（帝国大学蔵版、大成館）が採用された。本書の来歴は左のとおりである。
『日本史略』一八七七（明治一〇）年、パリ万博事務局の依頼で修史館が編刊。
『国史眼』一八八八年（明治二一）、帝国大学編年史編纂掛が増訂。
『稿本　国史眼』改訂版、一九〇一年（明治三四）、目黒甚七が刊行。

各ヴァージョン（と久米美術館蔵『日本史略』稿）の総括論評は《研究、鹿野・今井論文（二八四頁）》にまとめられている。

『国史眼』の文体については、久米が次のように説明している（現代文で抄録する）。

『日本編年史』（漢文）を印刷刊行すれば、読めぬの声が沸騰する。仮名まじりの漢文にくずすことは容易だ。ダガ、それでも読めないだろう。そこで、解釈を交えつつ書きやわらげる。それが『国史眼』の文体である。（「余の見たる重野博士」《著作集、三、一一二頁》）

便乗して私の感想を挿入すれば、『国史眼』は、本文中に「着眼すべき処に傍点。。。。」、「推量・未定の考察には傍点・・・」を付すといった扱い方の上で、久米の別著『上宮太子実録』などを連想させるところがあり、社会事象万般を簡約・直截に（いわばコマ切れに）列挙する点で歴史百科の趣を備

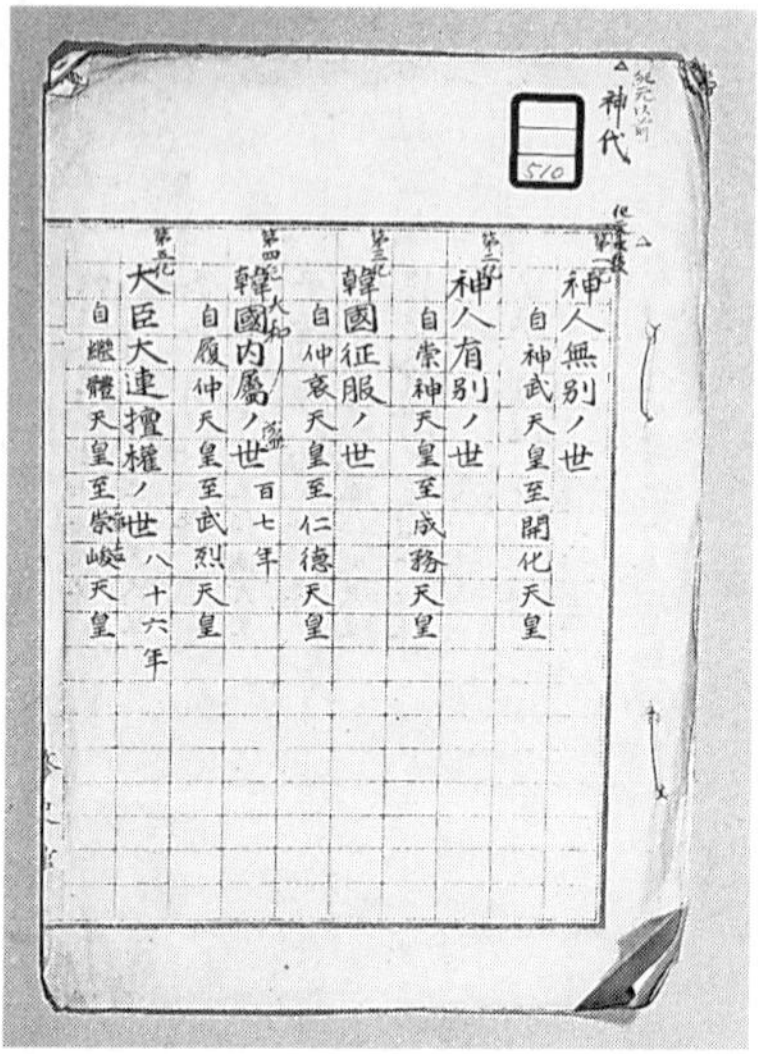
神代
第一紀 神人無別ノ世 自神武天皇至開化天皇
第二紀 神人有別ノ世 自崇神天皇至成務天皇
第三紀 韓國征服ノ世 自仲哀天皇至仁徳天皇
第四紀 韓國内屬ノ世 百七年 自履仲天皇至武烈天皇
第五紀 大臣大連擅權ノ世 八十六年 自繼體天皇至崇峻天皇

『国史眼』（久米美術館蔵
右：目次草稿。
下：未定稿と改訂版『稿本国史眼』。

えている。

とはいえ、別章に記載した事項との相互の関連付けのために工夫した「行間の注記」は、印刷作業の都合で実現できず、「看る者よろしく自得すべし」と丸投げになってしまったから、「読みにくさ」は払拭しきれず、あえて言えば「青臭さ」を否定し得ない。もちろん、この「青臭さ」は、若き久米・大隈らが座右に置いていた漢籍の「かび臭さ」に比べて、まさに新時代的な「歓迎すべきもの」であったのだが。

史学会の創設

同じころ、歴史学の学会を設ける機運が高まり、リースから大学総長への意見具申などもあって、重野を中心に準備が進められ、一八八九年（明治二二）一一月一日、発会式を兼ねた第一回学会が文科大学第一〇番教室で開かれた。重野らの講演が行われ、会員外の傍聴も認められて、約二百名が参会した。事務所は文科大学寄宿舎内に置かれた。

そして同一五日、重野が会長に推挙された。一二月一五日には学会誌『史学会雑誌』が創刊され、大成館から発行される。裏表紙の欧文目次はドイツ語であった。

歴史のめがね――『時代の思想』

久米は『史学会雑誌』の編纂委員に選ばれ、みずからも健筆をふるった。創刊号（一八八九年（明治二二）一二月）から第三号まで連載の「日本幅員の沿革」は、上代における日韓関係を論じた長編である。

その途中の第二号（一八九〇年（明治二三）一月）には「時代の思想」を投じた。これは、日本史を八つの時代に区分して考察したものだが、総論として「時代ごとに思想はおのずから異なる」ことを強調し、「古い時代の思想で後代を推《お》す誤り」を指摘する。そして「史学を専修する余は、古人と今人との間の通弁となる心得」だと説く。最後の節を、現代語で紹介する。

色眼鏡をかけると、その色次第で晴と曇、朝と夕、春夏秋冬の景色の見え方が変わる。いつも色眼鏡を使っていれば見え方は定まるかもしれないが、真相が見えるわけではない。だから、史学に志す者は、透明無色の眼で観照し時代ごとの思想に立って考えなければならない。

本書が副題に掲げる「史学の眼鏡…」は、無色透明を前提としているのだ。

古文書学の展開

文科大学に国史科が設けられた一八八九年（明治二二）に、帝大総長・渡辺洪基はドイツ人の歴史学教授リースに対し、古文書の学科についての意見を求めた《研究、荻野論文、三三二頁》。リースは、（ゼルフィーとは違って）歴史学の補助学としての古文書学の意義を熟知していたから、当然ながら賛成し、それに加えて「日本に即した古文書学を」と回答し、また、修史事業に必要な編集者および補助者の養成を建言した。

こうして、古文書学を含む新たな課程が一八九三年（明治二六）から加えられた。

国史科　第一年　漢文学

　　　　第二年　古文書学

史学科　第一年 支那歴史
　　第二年　古文書学ほか
　　　　　　　　　　　　（以上、《東大年報、巻四、五頁（明治二六年分）》）

既に述べたように、帝大での古文書学の興隆は、久米の存在に負うところ多大であった。関連する講義課目の増置は、言うまでもなく彼の創見と成果との反映であったが、この年、久米はすでに大学を離れていた。講義は、星野が担当し、『古文書類纂』が教科書に使われたのである。

久米の『古文書学講義録』および『刊本　古文書学』が刊行されるのは、下って明治三五～三八年度、早稲田大学出版部によってであった（第六章2）。

重野の一冊読み　修史館・東大（・早大）の時代の久米の傍らに在って、相互に強い影響を与え続けたのは、重野安繹である。両者の関係は、後章（第七章2）でも考察するが、帝大で「机を並べて」いた時期の交流をここで抽出してみることにしたい。久米は、重野の逝去の翌年、この文章で重野を追悼し、日本の近代史学の形成に与った人々の姿を描き出した（「余の見たる重野博士」《著作集、三、九五～一二〇頁》）。

「自分は、不潔と言う程ではないにしても、机上の書籍筆紙は乱暴である」と書き始めた久米は、それと対照しながら、重野の仕事ぶりを描き出す（現代文に改める）。

修史館で〔重野〕博士と連席していたが、博士が私の机の前に立って話をされる時いつも、ゆがんだり食い違ったりしている〔久米の〕本や筆紙を整えたり、埃《ほこり》を吹いたりされるので、言外の風刺〔言葉に表わさない皮肉〕だと思っていた。ご自分の机の上は常に羽箒《はぼうき》で掃い、キチンと本を開いて見ておられる。

それを見て久米いわく――〔重野の仕事ぶりは〕結局のところ「一冊読み」だ。数多くの文献を読み漁《あさ》って論証するには、とても向かない、と。また別の機会に〔重野の机の〕引き出しをチラと見たのだが、書き損じた紙の余白を切り取った紙片などが整然と並べてある――

久米「引出しの中まで整頓しておられますね」

重野「官の用紙を浪費しないためだ。誰も喜んではくれないだろうが」（微笑）

久米「それが本当の倹約家です」

そこでまた久米いわく――〔重野〕先生の潔癖では、みずから大編修をなすだけの脳力は続くまい、しょせん、監修、結撰〔資料を仕立て上げること〕の人に過ぎないと思う。

しかし、やがて勘付いた――先生の潔癖も節約も自分を律するまでで、他人に押し付けることは決してない。傍らに私のような乱暴者がいても、焦ったりしない。つまりこれまた「誰も喜んではくれないだろうが」なのだ、と。

「私のような乱暴者を可愛がって起草させ、それを修正することを喜んでおられた」という久米の述懐は、先輩・重野に向けての最も率直な謝意の表明だったのではないか。

とはいえ、先輩への率直な苦言も見られる――重野先生は「数理に注意乏しい」《同論文、一〇二頁》などがその一例。そろばん上手だった久米の眼には、史上の暦年の記載などに曖昧さを残した重野の傾向は、重大な「欠点」と映じたのであろう。

政治家気質の学者と学者気質の事業家

もう一つ、久米は重野を評して「政治家気質の学者」と呼んだ《同論文、一一九頁》。

重野博士はもとより学者だが其の輪郭の広い学界にあらゆる学者をはめ、多方面の文事に働かせて之を助くるを厭われぬところが、政治家質といふのです。デ、吸引力の強い所は、大抵の者をも牛溲馬勃《ぎゅうしゅうばぼつ》敗鼓の皮*と薬籠中に収めて応用を試みられた。《同論文、一一九頁》

＊「牛馬の排泄物」と「皮の破れた鼓」。どちらも、見たところ無用だが実は薬用。

ちなみに久米自身はどう考えたか。久米は、「米欧回覧の際、岩倉ほか大政治家が人材登用に熱心で、朝廷の職に尽力せよと勧めるのを度々《たびたび》見たが*、朝廷は功名争奪の場だ、今後は民間に尽力すべき事業の余地が広いのだから、学者質の事業家になろうと考えていた」という《同論文、一一九頁》。そして現実に、久米は官学を逐われた後、政界その他の「公」の世界にはもはや全く関心を示さず、この文を発表した一九一一年（明治四四）の前後には、私学で講義に励み、新聞雑誌に頻々と寄稿し、そのかたわら個性ゆたかな実業家たちと親交を続けていたのであった。

＊久米に対しても、例えば木戸孝允から、何かと勧めはあった。「もし望むならば、どこかの局長クラスのポストを手に入れることも、できないことではなかった」《研究、加瀬論文、四五三頁》。

5　大学と社会

久米教授の悲劇的な退任

本章の結びに先立って、再び《諸辞令》から列挙する。本章3のⓗに続く項目を示す。

ⓜ一八九〇年（明治二三）一二月二三日、久米は、文部大臣からの辞令で奏任官《そうにんかん》一等に陞叙《へいじょ》され、文部省からの辞令で年俸金弐千百円を下賜された。

ⓜ一八九一年（明治二四）三月三一日、久米は、文部省からの辞令で年俸金弐千円を下賜された。

ⓜ同年三月二三日、久米は、帝国大学からの辞令で史誌編纂委員を命ぜられた。

ⓜ一八九二年（明治二五）二月二九日、久米は、宮内大臣からの辞令で従五位に叙せられた。

ⓜ同年三月四日、久米は、文部省からの辞令で非職を命ぜられた。

ⓨ同年三月三〇日、久米は、文部省からの辞令で依願免本官となった。

「神道は祭天の古俗」事件——非職・免官

さて私たちは今から、久米が長い人生の中で味わった諸体験のうちの、社会的に最も目立った「出来事」と対面することになる。前掲㋮〜㋱の、太陽コロナを思わせるような輝かしい経歴の後に、突如、㋲㋳の黒点が出現するのである。

一八九一年（明治二四）、創刊三年目の『史学会雑誌』に久米は立て続けに五題一二編の論文を投じた。最後の三編「神道は祭天の古俗」は、史家・田口《たぐち》卯吉《うきち》の主催する雑誌『史海』（第八巻、翌・明治二五年一月）に転載されて以来、たちまちに大小の波紋を引き起こし、予想を全く超えた激震をもたらしたのである。

帝大内部での広報状況は《東大年報、巻四（三七一頁）》に記されている。

一八九二年（明治二五）三月四日　文科大学教授　久米邦武　非職ヲ命ゼラレル、

同年三月三〇日　非職　文科大学教授　久米邦武　依願免本官。

なお、右の処置と連動する形で、内務省は、三月五日（すなわち「非職」発令の翌日）、問題の『史学会雑誌』三号と『史海』当該巻とを「治安ヲ妨害スルモノト認」め、その発売頒布を禁じた。

なお、一八九四年（明治二七）、久米は史学会の編纂委員を辞し、評議員となった。

「神道は…」事件の史的背景を問う

さて、この問題に関しては、委曲を尽くした研究の成果が発表されている（《研究、二〇四〜三一六頁、鹿野政直・今井修論文「近代日本思想史のなかの久米事件」》）。その後に発表された、思想史の立場からの考究も注目される（兵藤晶子「久米事件という分水嶺――明治期における神道非宗教論の交錯とその行方」日本思想史研究会会報、二〇号、二〇〇三年一月、三五二～三六一頁》）。また、最近の立花隆『天皇と東大』にも論及がある。

これらの論考は、それぞれ主に、この事件の史学史的・思想的・社会的な諸相を鋭くかつ詳しく扱っているので、それらの抄録・鳥瞰の作業は、評伝を任とする本書としては、極力避け、それに代えて、久米の内面と周辺とにフォーカスして、いくらかの観察を試みておくことにしたい。

学の人たちの姿さまざま　第一に、大学当局の反応である。鹿野・今井論文（《研究》、三〇九頁、注52）に引用の大森金五郎論文（「故　久米先生を思ふ」『歴史地理』五七巻四号、五六一～五六五頁）に、帝大総長は「自分は国史家ではないから、歴史上の真偽の鑑定は」できない、ただ、「伊勢神宮を大廟というは間違」との説は朝廷の主張の否定と見られ、気の毒だが、この処分となった云々とある。この反応ぶりは、「超然」性の仮面の裏での、ナショナリズムへの追従の戯画的な証明にほかならない。

第二に、石井八萬次郎の現場体験である。邦武の甥（妹の子息）であるこの人物は、「神道」事件当時、帝大理科大学の学生で地理学を修めており、伯父・邦武の京橋の家に止宿していた。前掲の大森論文（五六二頁）によれば、大森は、久米非職の報道の翌日、気遣って久米家を訪問したが、壮士らと誤認されて面会を謝絶され、辞去しかけたところ、旧知の石井に呼び止められ、久米と会談、壮士の暴挙や当局の措置を知らされて驚愕し、翌日、大学への行動に移った（次項）。さて、石井は、後に地理学者として中国調査などに貢献し（第七章1）、久米の《回顧録》の編修にも寄与したものの、夭折《ようせつ》した。この石井は、「神道」事件の現場を見た数少ない知識人であり、実録や所見を書き遺したかに推察されるのだが、裏づけは得られていない。

第三に、学生の反応である。前掲の大森論文では「非職発令の翌々日、学友五名で帝大総長・加藤弘之と面会、学生側より久米教授非職の趣旨や手続きについて伺」い、「復職もあり得る」などの答は得たが、「大学では後任の先生を物色しているようだ」との感触を得たという。三月八日、学士学生三八名で送別会を開き歓を尽した。久米は一詩を吟じ、「梅花開かんと欲して復《ま》た緘《かん》す」の意を詠じた。散会に際し護衛を申し出たが、いわく「それには及ばず、かかる盛会に臨むを得たれば死すとも憾《うらみ》なし」と。学生が久米の復帰を望む声は他にも聞かれたが、デモのような集団行動はなかったらしい。

社会の眼に曝されて

第四は、久米原著「神道は祭天の古俗」（《著作集、三、二七一頁〜》）の終段（同、二九六頁）に「進化」の語が見られることである（前掲の鹿野・今井論文、二一一頁に引用）。これは、久米作品には稀な用例である（第七章5も参照）。この時期の日本では、生物進化の問題としてよりも「社会進化」の問題として議論が活発になっていた。＊その語を久米が、しかも「国体」との関連で用いているのは注目を要する。

＊明治初期の日本では、進化論の「優勝劣敗」という面を人間社会に当てはめた「社会ダーウィニズム」が、にわかな流行を見せた。例えば渡辺正雄『文化としての近代科学』二九四頁を参照。

第五に、司法側の判断である。大審院は、この事件を学説上の問題と判定し、採り上げなかったという（中川論文、《中川・久米伝》三九頁）が、以後、法理の面での再検討はなかったのか。

第六に、転載の件である。久米説の『史学会雑誌』への発表に直接の反応を示した論者は僅少だったのに、田口というキリスト教系の論者の媒介で広く公開されて以来、事件が暴発した。晩年の久米が「世間に誤解されたなあ」と語る《回顧録、下、五五七頁》までの間の、久米のキリスト教に対する思想の重層的な遍歴は、彼の明治学院での連続講演「日本古代史と神道との関係」に対する沖野岩三郎の解説などと共に、示唆するところ多大である（前掲の鹿野・今井論文、とくに注60、75、76および山崎論文《研究、一七四～一七七頁、とくに一八五頁》）。

第七に、在野史論への橋である。竹越与三郎ら民間史家が開拓した「家庭の愛読書を志向する史学」は、久米の仕事と橋一つで連なるともいう（大久保論文《成立、三三七頁ほか》および秋元論文（『国学院女子短期大学紀要』一九八七年（昭和六二）三月、鹿野・今井論文の三〇九頁、注50ほかに引用）。

久米の内面での激震と余震

第八は、久米自身の告白である（「余の見たる重野博士」《著作集、三》一一〇頁）。後年の久米は、（修史事業の）蹉跌《さてつ》は「余が蕪雑な神道論により辞職したのが動機」となったに違いなく、「森（有礼）文部大臣が神道家により刺殺された後で（中略）、政府の大臣に思想の度を失ひ、頑固連を処する掛引《かけひき》が狂ひ、（中略）之に乗ぜられた」と、距離を置いた観察を述べた。そして、「余を去りて後、加藤総長も去り、重野博士も去り」、「十余年以来の国史編修業」も「さしたる理由もなく廃止」そして「操觚《そうこ》者は沈黙」した。「これ実に文明の学事上に於て大々的の失体」と慨嘆をあらわにし、「無謀の武断に逢て悲境に陥られた」先輩・重野への想いを吐露した。

さて一方、久米自身も、想えば「ずいぶん苦をなめたと見え」、退官後の「余の肥満になったるを見」た友人が驚いて、「さすれば在官の勤務は苦しいものかとしみじみ知った」との言を伝えている。「その後　余は　寸法の合わぬ洋服をことごとく売り払い、再び製しなかった」という次第で、久米自身は、官学を離れて「瘠境から肥境に入った」とし、場合によっては、自嘲であろうか、この境遇変化を「神の恩寵」と呼んだりもしたのであった。

ここで参考までに書いておくが、「非職」の例は「東大年報」の他の箇所にもいくつか見られる。歴史関係で言えば、田中義成の場合《研究、荻野論文、三六六頁、注2》は、事態は久米のときと全く違い、田中が写字生出身という卑賤の閲歴をもつことが問題視されたのだが、学生が大衆行動を起こした点は意外である。ただし、田中の場合は、退官には至らなかった。

久米の帝大時代の作品「太平記は史学に益なし」はよく知られているが、タイトルがセンセイショナルであるばかりでなく、論調すこぶる「野」趣に富み、しかも二五年後に再度にぎやかに取り上げられた事情もあるので、後節（第六章3）で扱うことにする。

史料編修事業の変貌

《東大年報》は、いくつもの重大な変更を、航海日誌のような精密さで伝えている。

○一八九三年（明治二六）四月一〇日　史誌編修事業ヲ廃ス　是ヨリ先キ本月七日ヲ以テ本学ニ於ケル史誌事業ヲ停止シ　従来採集セル史料並ニ史稿及ヒ地誌編集ニ関スル書類ハ　更ニ其ノ処分

ヲ達スル迄　本学ニ整頓保存スヘキ旨　文部大臣ヨリ達セラレタルニ依ル《東大年報、巻四、三九頁》。

○同年四月一五日　従来　文科大学　元史誌編纂掛ニ於テ保管セル書類ハ　爾後　本学図書館ニ於テ他ノ書類ト区別シ　整頓保管スルコトトス《同前、三九頁》。

○一八九五年（明治二八）四月一日　文科大学ニ史料編纂掛ヲ置ク　蓋シ曩《さき》ニ停止セラレタル史誌事業ヲ更メテ史料編纂事業ト為シ　五ヶ年ヲ期シ完成スヘキ旨　文部大臣ヨリ達セラレタルニ依ル《同前、一七六頁》。

○史料編纂ノ件　史料編纂掛ニ於テ本年中　史料ヲ新纂セシモノ二百八冊　修正増補セシモノ五百九十六冊　合計八百四冊トス《同前、二二九頁（明治二九年分）》。

これらの記事の前後および中間に、次の事項が記載されている。

○一八九五年（明治二八）四月一日　文化大学教授・文学博士　星野恒　文化大学助教授　三上参次ニ史料編纂委員ヲ命ス。

○同年五月一八日　文科大学助教授　田中義成ニ史料編纂委員ヲ命ス。

○同年一二月二二日　　行幸ノ件

工科・理科・法科の施設と並んで、文科大学史料編纂掛に天皇が行幸され、「編年史料　影写文書」、「編年文書等　成績物」「文書原本其他　記録画像等ノ珍奇ニ属　スルモノ」を天覧に供した。臨席したのは、史料編纂委員　三上、田中、（第一高等学校の）中村義象であった。

「東大年報」は、続けて、

本掛ニ於テハ　諸記録文書等ヲ閲覧スルノ便アルヲ以テ　国史科史学科ノ学生　日々入シテ研究ニ従事スルモノ多シトス

と記し、さらに統計の形で、

維新以後　修史ノ業ヲ創始セシ以来　本年ニ至ルマテ蒐集編纂シタル資料ノ概
「甲」編纂セシ分
「乙」材料トシテ蒐《しゅう》集《しゅう》セシ分

を「掲記シテ参勘ニ便ニ」しているが、その多くの項目について「うちｘｘ冊は帝国大学が編纂したもの」と附記し、それ以前つまり修史局・修史館時代の蒐集編纂成果との区別を明らかにしている。

「甲」のうちには、『史徴墨宝』『国史眼』のように、久米がたずさわった作品として我々に親しいものも含まれている。

さて、この種の事業は、一九〇三年（明治三四）、同大学史料編纂所で、いっそう系統的に展開されることとなった。そして現在は、この章の冒頭で述べたとおりの価値あるアーカイブとして、内外の高い評価を受けているのである。

明治期日本の史学界

明治期日本の史学界の趨勢について言えば、明治前期の重野、久米、星野が第一世代で、彼らは漢学の素養を基礎としつつ、考証の学風を強めると共に次第に実証の方向に進んだが、明治三〇年代以後、西洋の史学方法論と史観を体得した帝大史学科出身者の内田銀蔵、原勝郎らの活動が本格化し、第二世代としての成熟を見せるようになる。

久米は長命であったから、彼ら第二世代の活躍ぶりを検分していたはずだが、研究や著述の仕事を共有した例は見当たらないようである。

第六章　在野歴史家の時代——述作する人

1　場にふさわしい学を

正倉院文書と史学者たち

一八九二年（明治二五）、非職の処置を受けて帝国大学を去った久米は、それ以後の長い人生を、官立あるいは国立といった看板とは縁のない〈場〉で過ごした。そうした境遇は、彼が生涯にわたり、「正倉院文書を拝観できなかった」という事実の中に端的に表われている。正倉院は、在野の学者を一切近寄らせないことを権威と考えていたのであった《研究、荻野論文、三四二頁》。

ちなみに、帝国大学関係者が正倉院文書の原本を拝観し校合《こうごう》することを許されたのは一九〇〇年（明治三三）からで、最初の入庫者は星野《ほしの》恒《ひさし》、田中義成《たなかよしなり》、三上参次《みかみさんじ》の三部長と大学院生・辻善之助《つじぜんのすけ》らであった。一九〇二年（明治三五）からは、黒板勝美《くろいたかつみ》が毎年のように正倉院へ出向き、一九三五年

（昭和一〇）まで古文書調査を進めた《研究、荻野論文、三六三頁》。

そもそも正倉院文書は、穂井田忠友《ほいだただとも》（一七九二～一八四七）が一八三六年（天保七）に整理・伝写して成った『正集』以来、一八七六年（明治九）の『続修』、一八九二年（明治二五）の『続修後集』『続修別集』『続々修』でようやく整理が完結したのである。一八三九年（天保一〇）生まれの久米に当てはめて計算すれば、彼の学習期から官学時代にかけて営々とまとめられてきたわけだ。久米は帝大時代初期に史料編纂掛で、『大日本古文書』という正倉院関連の編年文書集の編集にたずさわり、もっぱら穂井田らの伝写史料を活用して仕事を進めていた《研究、荻野論文、三二七頁》。しかし、この文書集の最初の部分が刊行されたのは一九〇一年（明治三四）、久米が大学という〈場〉を離れてから九年も後のことであった。

久米と史学会
——その後の縁

では「学の人」久米の研究活動は、退官以後、にわかに停止されてしまったのか。判断材料はいろいろあるだろうが、いま、史学会の『百年小史　一八八九～一九八九』（史学会編）後半（3）の「史学会　例会題目一覧」から久米講演の分を抜き出すと、左のようになり、「にわかに停止」どころか、「ますます旺盛」だったと言えることがわかる。

「史学会　例会題目一覧」所載の久米講演題目（＊は『史学（会）雑誌』掲載、＊＊は更に《著作集》に採録）。

一八八九年（明治二二）	「時代の思想＊＊」
一八九〇年（明治二三）	「治外法権について＊」
一八九一年（明治二四）	「勧懲の旧習を洗うて歴史を見よ＊＊」

一八九二年（明治二五）	なし〔久米退官の年〕
一八九三年（明治二六）	「史学の独立**」
一八九四年（明治二七）	「史学の標準**」
一八九五年（明治二八）	「史学の活眼**」
一八九六年（明治二九）	「古文書之観察**」
一八九七年（明治三〇）	なし
一八九八年（明治三一）	「明経学の政治に於ける結果」（九月に一、一〇月に二）
一八九九年（明治三二）	なし
一九〇〇年（明治三三）	なし
一九〇一年（明治三四）	「史学考証の弊**」
一九〇二年（明治三五）	なし
一九〇三年（明治三六）	なし
一九〇四年（明治三七）	なし
一九〇五年（明治三八）	「満州支那の将来に就き史学の推測*」
一九〇六年（明治三九）	なし
一九〇七年（明治四〇）	なし
一九〇八年（明治四一）	なし
一九〇九年（明治四二）	なし
一九一〇年（明治四三）	「倭韓共に日本神国なるを論ず**」

このように、久米の例会講演は明治の末まで続き、多くの場合、学会誌に掲載された。題目を見ながら差し当たりの感想を言えば、まず史学の方法論を扱うものが多い（その点については後で部分的に議論する）。それと同時に、東アジアの政治問題を扱うものも意外なほど多い。帝大を離れて以来、久米の着眼点が徐々に変わってきたかに見える。

元来、講演という形式を史学会が重視したのは、ドイツ人教師リースの助言によるものであろう。一方、久米のしゃべり言葉は明瞭を欠いたと多くの人が証言しているが、彼は生来、議論好きであったから（第七章4）、学術集会で登壇し討議することへの意欲は年ごとに高まり続けていたことだろう。

この機会に、久米論文の発表先を調べてみると、「言志会」という修史館メンバー中心の歴史研究集会の記録（手稿を綴じた「湖亭史話」と「星岡史話」、ともに東京大学史料編纂所蔵）を別とすれば、退官時点までの久米の投稿は、一篇を除き『史学（会）雑誌』である。その一篇とは、『史海』すなわち田口卯吉主催の啓蒙的な雑誌への寄稿であり、この縁の故に、久米の論文「神道は祭天の古俗」が『史海』に転載されて社会的な注目を浴びる。そして一八九二年五月以後に七篇、翌年には六編もの久米論文が『史海』に掲載されることになる。久米と社会との接触面は、この時期、一挙に拡大されたのである。ただし、国学系の史学協会（一八八二年に創立）の『史学協会雑誌』には一度も寄稿していない。

2　私学での活動

官学を離れて

ところで、帝大を離れた久米が最初にたずさわった仕事は、立教学校（立教大学の前身）での教職であって、そこでの主な任務は「史学」であったから、後にいう「立教史学」の草創期の展開に寄与するところがあっただろうとの指摘もなされている《研究、佐藤論文、四三七頁、追補》が、同校文学界の雑誌『八紘《はっこう》』の紙面には、久米投稿の文学寄りの記事もいくつか見られ、彼のレパートリーの拡張ぶりがうかがえる。

ただし立教での仕事は一八九四年（明治二七）九月から二年間で終わった。そして一八九九年（明治三二）から、東京専門学校（後の早稲田大学）での活動が始まり、それは一九二二年（大正一一）まで続くのである。

立教学校では文学を

まず、立教学校での久米の働きぶりを見てみよう。一八七四年（明治七）、アメリカ聖公会の伝道主教が開いた私塾・聖パウロ学校は、火災・再興・新築などを経て明治二〇年代には立教学校の名のもとに改革を進め、日本人教師を導入したが、一八九四年（明治二七）には、新設予定の専修科の教員に久米邦武、高橋五郎、内村達三郎（鑑三の弟）らを採用した。久米は「史学」を担当した（以上、www. rikkyo. ne. jp による）。

この時代、日本プロテスタント教徒たちの間では、「従来の西洋崇拝文明開化に反省が生じ、日本回帰」への動きが高まっており、神道の「神」の延長上にキリスト教の神を受け入れた例も多かった《研究、山崎論文、一七七頁》。立教学校は、そのような状況を重視し、また、外国人教師によるカリキュラムを不満とする生徒の意見も考慮して、すぐれた日本人教師の導入を推進した。久米は、重野安繹の仲介でこの教職に就いたという《中川・久米伝、六五頁》。

この専修科については、史学と並んで、次のような科目の開講も構想されていた。すなわち、論理学、心理学、道義学、国文学、漢文学、哲学、哲学史、社会学、また外国語では英・独・仏のほかラテン・ギリシャ・ヘブライなど、総体に、高水準の教育が意図されていたのである。

その後の久米は、一八九五年（明治二八）九月から一年間、専修学部教授として「国史、支那史」を担当した《研究、佐藤論文、四三七頁》。

雑誌『八紘』——文学・漢詩・ブロック博士統計書など

立教に奉職した久米は、教室で史学（主に国史、支那史）を講ずるだけでなく、一八九五年（明治二八）創刊の同校文学会の雑誌『八紘』への寄稿にも意欲を示し始める。

主なテーマは文学関係であって、「文学とは何ぞ」に始まり、「仮名文と漢文」「文学界月雪花の争論（連載二回）」「文章の華美（連載五回）」と、四題一〇編も、闊達《かったつ》な見解発表を続ける。そのほかに漢文「田園雑興」と漢詩「田畯十二月詩並序」（『八紘』第四号、明治二八年七月）も投じたが、この漢詩は、同年一〇月、雑誌『佐賀』第七号にも発表されている（本書の第七章5に採録）。

他方、史論としては、漢文の「日本外史弁妄序」が見られる（『八紘』第一二号、明治二九年四月）。

その途中に投稿された（これも漢文の）「泰西理財精蘊序」は異色篇で、M・ブロックの著書とその邦訳の紹介である。ブロック（フランスの経済・統計学者）は、《実記Ⅲ（一五九頁、三七五頁）》、《読む（二〇〇頁、三四八頁ほか）》に登場する。久米の投稿は、友人・西岡や松尾にも言及している。

立教学校の所在地は何度か変わったものの、この頃は一貫して東京・築地方面であり、久米も、米欧回覧を終えてからしばらく築地に居住したことがあるから、久米の起用は、ことによると築地という土地との縁で成立したのではないだろうか。

それはともかく、土地柄というか、働く〈場〉の違いが、久米のレパートリーに新たな色合いを添え始めたことがわかる。

別離・新居・再開

その前後、久米家にはいくつかの変化が到来した。邦武の職場のことのほかに、一八九六年（明治二九）の一月一八日に母・和嘉を失い《中川・久米伝、六五頁》、また五月一日には妻・淑を失い、早くも「世を捨てたような気分になって」、京橋の住まいを手放し、目黒の「山荘」に引きこもった（《研究、加瀬論文、四五九頁》。第一章4も参照されたい）。

前後して、継嗣・桂一郎のほうは、同一八九六年一月二一日に中野磯千代*と結婚、七月には、京橋の宅での父との同居をやめて麹町に移った。だが一八九九年（明治三二）九月一三日に妻を失い、一九一一年（明治四四）に三田《みた》へ転居、続く一九一二年（明治四五）一月一三日、小野朶《こと》と結婚し、一九一三年（大正二）四月二二日、邦武にとってただ一人の孫・晴子が誕生した。

＊後に《回顧録》編纂に携わる中野禮四郎の妹。

その間、桂一郎は、フランス留学仲間の黒田清輝らと共に画塾「天真道場」を開き、美術団体「白馬会」を発足させるなど、目覚しい活動を始めたが、京橋の家を離れた後は、父との別居を続けていた。邦武の友人・大隈重信が久米父子の間柄を案じて仲介の労をとり、一九一七年（大正六）にようやく目黒の家での同居が始められた。

東京専門学校では史学と古文書学

立教学校は、一九〇七年（明治四〇）に専門学校となり、一九一八年（大正七）に池袋へ移り、さらに一九二二年（大正一一）には私立大学となった。

それより早く、早稲田地区では、一八八二年（明治一五）、大隈重信らによって東京専門学校が設立され、一九〇二年（明治三五）に早稲田大学となった。久米は、旧友・大隈重信との深く長い友誼を介して、私学の雄と呼ばれるこの学校に奉職することとなり、一八九九年（明治三二）から一九二二年（大正一一）まで在籍した。その消息は、《研究、佐藤論文》に余す所なく記述されている。本書の立場で強調するべき事項は、左の諸点であろう。

(1) 久米の就任は、帝大で史学を専攻した同郷人・中野禮四郎《れいしろう》（第七章1）と同時期であった。
(2) 久米の肩書きは、基本的に講師、途中一年だけ離職、ある期間は教授。
(3) 一九〇九年（明治四二）、文学博士。
(4) 「公」の役職（学科長・学部長・評議員・理事など）とは無縁であった《研究、佐藤論文、四〇〇頁》。
(5) 「学」の人として共鳴する所が多かった同僚は、吉田東伍《とうご》《研究、佐藤論文、四〇六頁》、ついで柳

大隈重信（中列左から５番目）**と久米邦武**（大隈の右隣）（久米美術館蔵）

田國男《同、佐伯論文、二七頁、注60》および『日本歴史』（二〇〇二年、一一月、七二頁））であった。

(6)早大出版部による『講義録』刊行事業で「久米は、この校外教育に、正科の教場における講義より多くの時間と労力を費やし」、その結果、久米が担当した諸科目の『講義録』は彼が「早大在職中に著わした代表的な研究成果となっていった」と評価されている《研究、佐藤論文、四一七頁》。執筆分担表を見ると、久米が日本（通）史、日本古代史、奈良朝史、南北朝史、古文書学を担当したほか、もと帝大の重野安繹が奈良朝史その他を、岩倉使節団の福地源一郎が幕末史を担当するなど、人脈の反映が認められる。なお、人類学・地理学・人類学・暦学（天文学）などの理科系科目は、帝大では理科大学所管だったろうが、早大講義録では歴史・歴史地理の学課表に含められていた。久米とは直結しないが、講義録購読者推移（早大史料に準拠。竹内洋『立身出世主義』第六章、一六〇頁）は、当時の社会人教育における講義録の有用性の一例証として示唆的である。

多産な著作活動

早大で久米らが展開した講義録刊行と単行本出版との連動関係も、《研究、佐藤論文（四二七頁〜）》および《研究、佐藤・久米著作目録（四九四頁〜）》によって、つぶさに辿ることができる。「三部作」と呼ばれる大著セットの発刊（訂正増補）年次を、書誌的な細目にはこだわらず、左に列挙する。

『日本古代史』　明治三七、明治三八、大正四、大正一五
『奈良朝史』　明治三八、明治四〇、大正四、大正一五
『南北朝時代史』　明治三八、明治四〇、大正五、昭和二

この三部作は、「明治考証史学による日本全史を総括的にまとめた記念碑的作品」と評され《成立、大久保論文、九一頁》明治・大正・昭和の三代にわたるロングセラーでもあった。

その他、数多い著作のすべてを紹介することは断念しなければならないが、ロングセラーをもう一点だけ追記しておく。

『上宮太子実録』明治三八年。改定増補のうえ改題して、
『聖徳太子実録』大正八年。（佐伯有清・篠川賢の校訂で、『久米邦武著作集一』昭和六三年）

3 『太平記』の功罪

『太平記』への書き込み

「太平記は史学に益なし」《著作集、三、一四四頁〜》は、前述（第五章5）のとおり、一八九一年（明治二四）、すなわち久米の官学時代の論文であるが、「野人」の風格が濃厚に顕われた作品であり、しかも二〇年ほど後の一九一〇年（明治四三）、つまり彼の在野期に、再びにぎやかに取り上げられた因縁があるので、この章で扱うこととした。

さて、久米美術館の書庫に現存する『太平記』関連の文献は、目下、一点しか確認されていない。それは『頭書増補　絵本太平記』（東京同益出版社、一八八四年〈明治一七〉）であり、中村頼治という人物が社長、出版人、増補者を兼ねる形で出版された。開巻ただちに認められることだが、左のような記号と説明が随所に書き込まれている。

——虚妄、「…」虚構、〈…〉錯誤、傍点　採るべき者

例えば「主上御夢乃事」は、楠正成の登場を予告する意味で重要な節だが、その部分は全面的に

〈…〉つまり「錯誤」の扱いになっている。この種の書き込みは、全巻にわたっているけれども、前半とくに巻一と巻二に多く、後段では漸減する。話題性の高い「城内から熱湯を注下」して攻め手を悩ます正成の話の箇所には、書き込みは見られない。

久米の論文「太平記は史学に益なし」の素材がこの『絵本太平記』だけだったとは誰も考えないであろうが、論文の途中の「嘗《かつ》て其〔太平記〕の一、二の両巻に就《つい》て、誤りなき文句のみを標挙せしに、百余句もありしにや」という陳述の一つの根拠が、この書き込み作業にあったと推定することはできる。

拵《こしら》え話は益なし

ところで久米は、この陳述に続けて具体的な文献批判を進め、無批判な読書の通弊を次のように強調する。

そもそも太平記は平家物語の跡を追い、元弘以来の合戦を仮《マ》り《マ》て、狂言綺語《きょうげんきご》を綴りたる語りものにて〔中略〕謡本・浄瑠璃本同様の書なり。

足利時代より盛んに行われて、数百年を経たれば、後人は当時の実録と思ふも無理ならねど、夫《それ》も学問の心はなくて、ただ読書を好み、消閑の慰みとなし、軍談講釈師の代りに弄《もてあそ》ぶ人のことなり。史学といいえばあながち考証することも非ず。かく久しく行われたる書なれば少々事実の相違あるとも、また史学に益あるべしと思ふ人もあらんが、是も誤りなり。

続いて久米は、前記の強調点に続けて、正成の戦術をはじめ、新田義貞や児島高徳《こじまたかのり》の故事などを、正面から即物的に批評してゆく。今ことさらに「即物的」というのは、話題が、築城、熱、水利、暦、津波、地理などの理工学事項への言及が多々見られるからである。これらの問題についての久米の論評や解釈は、理学の法則あるいは工学の規範に準拠した客観的なものであるから、時と所を問わず成立する。典拠文献の選択とか真贋とか読解とかの、史家の力量あるいは選り好みにかかわるものではない。

久米は、客観的な論拠に重点を置きつつ、太平記が「史学の用に立たぬ」こと、「学者の研究には何の益もならぬ」ことを説いてゆく。論文全体の結論は次の一文に集約されていると見られる。

歴史は社会自然の現象を写すものなり。其の事は愚かなるとも、文は拙くとも〔、〕人の自然になしたる実事を実録したるは、理学にも合い、哲理・法理にも、研究せらるべし。拵《こしら》え話は史学に益なし。

児島高徳論とその後の研究

久米の時代に戻って、太平記の中のもう一つの人物譚をここで取り上げる。

久米の一八九一年（明治二四）の論文「太平記は史学に益なし」で否定された人物のなかに、児島高徳が含まれていた。とりわけ、桜の樹の幹に「天、勾践《こうせん》を空《むな》しゅうする莫《なか》れ」の詩を刻みつけて後醍醐天皇の天覧に供したという話は、後年、国定教科書に取り上げられるほど国民的な常識とされていた。しかし久米は、地理的・時間的な「食い違い」を考察し、高徳にかかわる話を「綺語《きご》、嘘談《きょだん》」と評し、史実ではないとした。

久米の先輩の史家・重野も、一八七五年（明治八）に国の事業として開始されていた『大日本編年史』（第五章3）の編修に当たり、児島高徳の実在を疑問視しており、『太平記』作者が架空したものとの意見を一八八八年（明治二一）に発表したため、「抹殺博士」と呼ばれることになった。

児島高徳再考

さて、以上は重野・久米の〈官学〉時代の出来事であるが、二五年ほど後、すなわち久米が在野の人となり、重野は晩年にさしかかった時期に、児島高徳の子孫の存在が話題になり、史実の再考察も現われて、この話題に新たな展開が見られた。

例えば一九一〇年（明治四三）、雑誌『歴史地理』第一五巻第二号は、前号所載の田中義成の論文「児島高徳」とも関連させつつ、新たに「五博士の児島高徳存否に関する高説」を並列掲載して、学界の議論を喚起した。五博士の見解は互いに微妙な差異を呈して示唆的だが、ここでは、諸家の学風の違いを味わうに足りる程度の抄録を試みる。

重野の談　かつて児島高徳について一度だけ講演し、反証があれば私見は撤回すると言明した。三上博士出張の際は、隈《くま》なく探訪されたのに、高徳に関する真文書は一つも発見されなかった。太平記の作者・小島法師は、妙筆に頼る余り架空の弊に陥ったのだ。

三上の談　重野先生の懇望で採訪したが、偽文書すら発見されなかった。しかし抹殺は軽率には出来ぬ。西洋の例で言えば、ジャンヌ・ダルクは抹殺もされ、顕彰もされた。

星野の論　高徳は実在したが、官位は低く朝廷の典故《てんこ》を知らなかったので、史家に疎《うと》んぜられたのだ。高徳だけ捜索しても要領は得られまい。児島の家系の研究が肝要。

久米の論　田中論文は備前史に光を当てるもの、敬意を表するが、「抹殺」の頃を顧みて言えば、太平記を実在文書に接近させようとする企ては、当時の僚友の努力にもかかわらず絶望的で、それ故に「抹殺」が行われたのだ。いま、多少の新証を得ても、物理数理の上の虚構などは復活の望みがないのだから、精神を消耗せぬ程度に考証を進められ、自愛されんことを。余も大学〔での史料考証〕を離れたら急に肥ったものだ。

三浦周行《ひろゆき》の論　太平記に誤謬が多いことは否認できないが、実録と合わないからとて一人物を否定し去るのは、当を得ない。最後の判断を下すまでは、史上の注意人物として存在を許す雅量を要するのではないか。田中氏と共に後日の発見を待ちたい。

久米は、右の文中でも「余は」先輩とは異なり「気楽な見地に脚を立」てて、「意中に太平記を劇本の如く」みなし、まず、「一笑に付すべき妄誕をさえ抹殺すれば」後は「後人の詮議《せんぎ》に任せ」ようという了見だった、と述懐している。

また、文中に「物理数理」とあるのは、私にとってことのほか印象的である。児島高徳について言えば、彼の移動の日取りや里程の支離滅裂を指しての発言であろう。

さて、久米の「益なし」の論争調は、幾たびか反証に曝された《研究、加瀬論文、四六二頁》。その後の反証例を断片的に挙げてみる。青砥藤綱《あおとふじつな》（川に落とした銭を拾うために灯火を消費したとされる人）も久米の否定に遭ったが、先年、司馬遼太郎『街道をゆく　三浦半島記』で反証された。稲村ヶ崎の潮件については、暦学のほうからコメントが出た（松尾剛次『太平記』四三頁）。大阪の楠木城址は、一九三四年（昭和九）、国の史跡に指定されて以来、最近、初の発掘調査の対象になって、新解釈が期待される、等々。

私は、一般論として、〈否定命題の確言〉には本質的な困難があると考える。それは、ドイツ系学術では〈nicht の証明の困難〉と言われてきた。物理の定説だった「中性微子（ニュートリノ）は質量を持たない」との命題は、「質量あり」を支持する実験一つで無効になるのだ。史上の人物や出来事の実在を否定（抹殺）するには、「存在の証明が見付からない」だけでは不充分である。「あらゆる史料を見た」との断言も不可能だ。誰かが、何処かから、史料を探し出してくれば、決着がついてしまう。重野・久米の旗揚げ期に「抹殺」の論調が要請された背景は推測可能であるにしても、彼らの主張がそのまま納得されるはずはなかった。

さらに、史上の文書のうち、語り物や詩歌のようなジャンルに対しては、それなりの理解をもって望まなければならない。久米は、立教学校の雑誌では文学を論じたし、能楽についても多数の論説を発表した《著作集、五》。彼のそのような志向や関心は、官学史家の時代、使命感に掩蔽《えんぺい》されてしまって、「益なし」の強弁ばかりが表に出たのではないか。

二〇世紀末から二一世紀にかけての頃より、「歴史という物語」の観点による「語り物」の新しい読み方が提起されるようになった（兵藤祐己『太平記の〈読み〉の可能性』）。「歴史は、過去の再認識をことばで紡ぐ物語」との主張も見られる。

また、「メディアとの交錯の中で学を考察する」姿勢に関連して、「学祖」久米が「在野」の不特定多数の聴衆と直面し始めた史学会〈講演会〉の社会的な意義を強調する論文（『新しい歴史学のために』（二〇〇二年度第一号、一頁〜。花森重行論文）は、社会ダーウィニズムにも言及しており、注目される。そこでは、「久米の〈益なし論〉は強烈な〈講談批判〉であった」、しかし、後年の久米は「道徳教育における英雄談・美談の利用を認容するに至った」とされている。*

＊久米「史学の独立」《著作集、三、一八頁》。「古き拵《こしら》え咄しのままでは不充分ならんと思わるれば、更に文学上の思想を発揮して、将来の徳育によき感情を与ふる小説を作りたらば、なおよろしかろう。詩歌となし節をつけ音曲にかけて語りたらば、世の感情を動かすことはなお強かろう」。

「私の史学」——その後の持ち味

思えば久米は、学修期に父や大隈から影響を受けて以来、藩・修史館・大学で歴史観を磨き、その途上、社会的に苛酷な仕打も蒙って省察を強いられた。では、その後の在野時代、彼の歴史観は、どのように表現されるに至ったか。いくつもの発言の中から、久米論文「史学考証の弊」（『史学雑誌』（明治三四年八月）《著作集、三、五八頁》を、現代文に改めて次に抄録してみる。

今あるだけの書で事実を確かめて、わが好むところの問題を立てて一見解を下せば宜《よろ》しい。考証ばかりでは史学にはならぬ、見解を定めた判断を下さなければならない。自分の説を立てて、嗜みに史学を研究する執心をもちたい。入手できる種々の歴史を読んで、事実を確かめ、わが学問をすれば宜しい。

いわゆる三部作を営々と著わし続けながら、誘われれば児島論争などにも参加していた時期、久米の歴史観も一つの「納得できる境地」に達していた、と言えるのではないか。

4 歴史地理という場

旅する人の歴史地理

私たちが話題にした『太平記』にしても、舞台は鎌倉あり吉野あり美作《みまさか》ありで、地理的な興味も尽きるところがない。「旅する」歴史家・久米は、幼少期から地理に関心を寄せていた。それに重ねて、学問としての「歴史地理」の意義を教えてくれたのは、帝大に来たドイツ人教師リースであっただろう。

官学歴史家時代の久米の地理学・地誌学・歴史地理学への関与の跡については第五章3で述べた。日本における歴史地理学の学会活動は、一八九九年（明治三二）、日本歴史地理研究会（後に日本歴史地理学会）に始まる。久米は、既に在野の身分に移っていたが、設立賛成員として参加し、終生、熱心な会員であり、一九二八年（昭和三）には祝辞の懇話会が開かれ、長逝《ちょうせい》に際しては、学会誌『歴史地理』（五七巻号）に訃報と回想文（大森金五郎）が掲載された。

同学会が各地で開いた夏季講習会にもしばしば参加し、講演をした（第一章4）（より具体的には、《中川・久米伝、七五頁～》）。

歴史地理は社会の索引——好個の栞

歴史地理という学問を、久米はどのように理解し評価していたか。学会誌論文「歴史地理の根本に就て」（『歴史地理』第三号、明治三四年、《著作集　三、八四頁～》）に、体験談と抱負が語られているが、もっと自由な所見を紹介しよう。すなわち吉田東伍『大日本地名辞書』（別冊、一九〇七年〔明治四〇〕、題字序評のうち一六～二一頁）の久米の評論は、次のように述べている。

名〔づ〕けて地名辞書といふは、言浅くして旨広し、此の単純なる標識は、普《あまね》く社会の索引に供して、歴史地理を繹《たず》ぬる意思を誘起し、而《しか》して学会の考究に端緒を挑み与ふる好個の栞《しおり》たるを示すものなり。

夫《そ》れ土地は頑然たる硬形物なれど、一たび人と接すれば即ち名を生じ次〔い〕で歴史を生じ、〔中略〕今古《きんこ》を俯仰《ふぎょう》する感興を起こさしめ、因て其の地名は永く其の人の脳に印象さるるなり

つまり、「無名の地には人もいないから、歴史もないが、便宜が開けて人々が住み着けば、名も定

まり、歴史地理が成立する」という意見である。「そうした地名を研究し総括したこの『地名辞書』は、〈社会の索引〉となり、歴史地理への意思を誘い出し、研究のために絶好な〈栞《しおり》〉となるのだ」と、程度の高い推薦文を寄稿したわけだ。併せて紹介すれば、久米のこの文の後段には、目黒・久米邸の周辺すなわち現在の久米美術館のあたりの古地名や旧跡が、辞書と見比べながら披露されている（第七章5）。

学会誌『歴史地理』への主な寄稿

以下、歴史地理学会の雑誌への久米の寄稿から主な論文を抽出する（ただし［…］は学会編の図書への寄稿を示し、また〈…〉は、後年の再録状況を示す）。

一九〇一年（明治三四）	歴史地理の根本について
一九〇二年（明治三五）	名所旧跡と歴史地理／高千穂二上峰／神籠石は全地球の問題
一九〇三年（明治三六）	神籠石、石輪及び秦の古俗
一九〇四年（明治三七）	露西亜は絵図面の大国
一九〇五年（明治三八）	満州の既往と将来／法隆寺再建非再建論を読む
一九〇六年（明治三九）	国史に於る港の関係／日本民族の故郷
一九一〇年（明治四三）	田中博士の備前児島一族発見について／鳥見山霊時と神籠石／韓国併合と近江に神籠石の発見
一九一一年（明治四四）	余が見たる重野博士／［学会編『日本海上史論』］
一九一二年（明治四五・大正元）	支那の歴史地理によりて革命乱を論ず／志賀の都と湖水との関係［学会編『歴史地理　近江号』］
一九一三年（大正二）	土地配分法は国史の源基なるを論ず／高木氏の弁妄に就て
一九一四年（大正三）	欧州戦乱につき余が実験歴史の回顧

一九一五年（大正四）	上古の両毛〈学会編『新田氏郷土史論』〉／元禄時代、〔学会編『江戸時代史論』〕
一九一六年（大正五）	駅舎と木賃、〔学会編『日本交通史論』〕
一九一八年（大正七）	日韓古史断と大学国史科との関係〈のち、吉田東伍追懐録に転載〉

郷土史とくに郡志

久米はまた、郷土史研究にも熱意を示し、とくに滋賀のいくつもの「郡」の歴史の研究に力を貸した。実際には、古文書のことで助言したり、報告書が出来上がると序文を寄せたり、といった間柄が多かったけれども、誘われれば現地へ足を運ぶことも厭わなかった。久米の直接の貢献は左のとおりである。

一九一三年（大正二）	『近江坂田郡志』　序文
一九二二年（大正一一）	『近江蒲生郡志』　序文
一九二六年（大正一五）	『近江栗田郡志』　序文
一九二九年（昭和四）	『近江愛智郡志』　題字

この一連の仕事の中心となって努力を続けたのは、中川泉三《せんぞう》である（第七章1）。その発端（久米『日本古代史』との縁）、久米への助力依頼、面談などの経過は、《中川・久米伝（六九頁）》に記されている。

歴史地理学という「場」

さて、この章の冒頭で私は、〈場〉ということにこだわった。在野の学者は、どんな〈場〉で仕事を進めることができるのか。

久米邦武肖像
1922年（大正11）（『近江蒲生郡志編纂関係者記念写真帖』より）

久米は、主に立教そして早稲田の学府を仕事の〈場〉とした。ただし、それらの場で彼が受けた処遇は、決して潤沢なものではなかった（早稲田の場合については《研究、佐藤論文、四一一頁〜》に詳説されている）。そして実際に筆を執って著述する〈場〉は、もっぱら目黒の自宅だったと考えられる。

ところで近年、より広義の〈場〉ということに着目して、日本での歴史地理学の、学説史的・研究体制論的な展開を考察した論文が公表されている。*

＊花森重行「歴史地理学という場の崩壊」——柳田国男・高木敏雄の久米邦武批判から見えるもの」『日本思想史研究会会報』二〇号、二〇〇三年一月、三五二頁。

そこには、柳田國男、高木敏雄のほか和辻哲郎、津田左右吉らの名が並び、さらに、前述の中川泉三も登場する。行論の着目点は、雑誌『歴史地理』―『郷土研究』、地方―中央といった対立関係に置かれているが、学説史的には、久米の神話解釈の基本的な論拠である「譬喩論」への批判、近代化された考古学的研究方法論への依拠など、いわゆるパラダイムの移行に通ずる議論が底流をなしている。

さて、同論文の論拠は明示されており、推論は系統的であるけれども、表題および結論の「歴史地理学という場の崩壊」という表現は納得しがたい。久米が、吉田『地名辞書』に寄せて語ったような

「歴史地理学」の素朴な効用と学問的な香気は、久米—吉田—中川の時代において有力かつ新鮮なものとして迎えられ、成果をもたらした。しかし、その後の諸学の進展は、歴史地理研究の方法への省察を要請した。そして、方法の転換・拡大が必須となった。だが、それをただちに「歴史地理学という場の崩壊」と呼んでよいのだろうか。

物理学での「古典論の崩壊」は今や常識となった。しかしながら「物理学という〈研究の〉場の崩壊」を主張する人は現われない。そして、古典論には、ニュートン力学・マクスウェル電磁気学などの名を与えて、その限界内での効用と香気を尊重する。新理論に対してはハイゼンベルクらの量子力学、アインシュタインの相対論などの名を与えて、それも尊重する。こうして物理研究の〈場〉は、歴史的に保存されるのである。「久米（ら）の歴史地理学」は、なぜ「抹殺」されなければならないのだろうか。

5　久米の宗教体験

宗教に対面する久米のスタンス

話は全く飛躍するが、久米の宗教観や宗教体験についてここで一考しておきたい。この問いに対しては多くの論及があり、特に山崎渾子は、詳細な考察を次々と展開しており〈《研究、一五九頁》および《学際、一九九頁〜》〉、また、最近では『岩倉使節団における宗教問題』も著わした。他方、それらとは独立に、思想史の分野でも、「神道は祭天の古俗」事件を考察した研究が発表された（兵頭晶子「久米事件という分水嶺――明治期における神道非宗教論の交錯とその行方」『日本思想史研究会会報』二〇号、二〇〇三年一月）。

本書は、その種の問題について、他の章でもいくらか触れるが、ここではまず、「学」の人としての彼の宗教への姿勢を、同時代の人物たちと比較しつつ、問うてみることにしたい。

内村鑑三の宗教体験

まず内村鑑三（一八六一～一九三〇）である。彼は久米より二〇歳ほど若いが、著書『余は如何にして基督信徒となりし乎』（一八九五）で率直に書き連ねているとおり、彼も幼少期には久米と同様に士族の家の儒教的な環境で育った。しかし青年期以後、強烈な宗教体験を重ね、伝道者・教育者・社会運動家として個性的な活動を続けた。

少年期について言えば、内村は、読書手習いの神を、あるいは災難除けの神を、さらには歯痛を癒す神を、尊崇し敬慕した。あまりにも多数の神を、互いに矛盾しないよう満足させることに腐心した彼は、自然に癇癖臆病《かんぺきおくびょう》な子供となった。

さて、札幌農学校に入ってからの彼は、上級生によるキリスト教への強い誘いを受けたにもかかわらず、鎮守の社に詣でて、「校内の新宗教〔キリスト教〕熱を鎮静せしめ」んことを祈願した。しかし、ここに書くまでもないが、内村は遠からず入信し、やがて回心する。

産土の神への敬慕

内村が閲歴したような年少期あるいは学修期における宗教的な体験は、久米には事実上、無縁であったようだ。久米の生家の近くには今も八幡社がある。久米は、「神の有無」を問われたとき「私には、産土《うぶすな》と呼ばれる神、つまり、私が生を受けた土地の神があって、遠国に行くときも、其の神の守護を受ける。私は龍造寺《りゅうぞうじ》八幡宮の氏子《うじこ》であって、そこに私の産土神がおわすのだ」と答えたそうである《回顧録、上、小伝、一九頁》。現代人の読書経歴に寄せて言えば、この「遠国に行くとき云々」は『実記』例言の一節を想起させるに足りよう。

沍寒《ごかん》ヲ仏、白、蘭ニ冒《おか》シ、氷雪ヲ日《ゼルマン》、露、瑞《スウエーデン》ニ衝キ、遽《にわか》ニ以、墺、瑞西ノ暑ニアヒ、阿刺伯《アラビヤ》、印度ノ炎熱ヲ経タルモ、天ノ霊《いつくしみ》ニヨリ、一行ミナ健康ヲ全《まっと》フシ〔後略〕

土地の守護神に対する誠実な敬慕がよく現われている。とはいえ、幼かった久米がこの八幡社で敬虔な祈願を捧げたといった事実は、彼の回顧録では語られていない。また、内村の場合の災難除けや歯痛鎮めといった、各論的な願望への言及もない。久米の宗教感情は、ヒトをはぐくむ大地という土俗的な、しかし普遍性のあるものへの敬慕に支えられていると言えよう。

この普遍的感情は、別の場所で段階的に理論武装され、「産霊（むすび）の神」の「産霊の徳」の顕現と解釈されたり、「自然界の摂理、不思議さの根源」と説かれたり、「産霊の神より賜りたる天然の理学」への導きの旗印の役を与えられたりする《文書、二、科学技術史関係、手稿「物理学」および解説》。

そうした説示は、久米がしばしば併置して論ずるモラル・フィロソフィーとナチュラル・フィロソフィーの両者にかかわり、彼の宗教観・自然観の一特徴をなしている。

以上、内村との対比において久米の宗教観の一面を示した。無教会主義の創始者として旗幟鮮明な活動を展開した内村に比べ、久米の宗教界への発言ぶりは、大地のように茫漠とし、海のように流動的だったというべきか。この差異は、二人の幼少期体験、家風、教育歴などの違いに由来するものと言うしかないであろう。

少年・邦武とキリスト教

ここで、キリスト教をめぐる幼少期体験について、もう一人の人物との対比を示せば、森鷗外（一八六二〜一九二二）が少年期に津和野《つわの》で見聞したはずの非情な迫害のたぐいは、若年の久米の身辺では深刻な話題にはされなかったようだ。安政年間、浦上《うらがみ》の篤信者たちの存在を奉行が隠蔽《いんぺい》していた折、久米の父が長崎聞役《ききやく》として穏便な処置を提示しても受け入れられなかったことは、久米の記憶に留まったものの、一八六九年（明治二）、浦上から多数のキリシタンが追放されたとき、大隈重信は英国公使との談判に力を注いだが、久米は藩の教職や政務に携わっていたにもかかわらず、表立った行動はしなかった（第四章3）。

幕末から明治四年頃までの日本におけるキリシタン迫害事件は、岩倉使節団出発時点での重要課題であり、政府の意向を伝える「覚書」その他が、使節団の携行書類の中に含まれていたと言われる。ただし、使節団へのガイダンスの意味を持った文書、いわゆるフルベッキの「ブリーフ・スケッチ」に盛り込まれていた「教法の制より起る所の結果の良否」の項目は、使節団出発当初の調査・研究の必要項目からは除外されたのであった《学際、山崎論文、二九九頁》。

さて、総括して、久米にとっての宗教とは何であったのか。在野期の久米は「余は如何なる宗教に信依するか」と自問して、次のように言う。

神意を観察する

余は只管《ひたすら》歴史に就いて神意を観察*せんとするもののみ。

（久米「神道と君道」『開国五十年史』、《研究、山崎論文、一八九頁》に引用）

これは、「学」の人・邦武に、この上もなく、ふさわしい発言であると、私は考えている。

＊「観察」の語意については、彼の他の論文、例えば「古文書の観察」《著作集、四、八三頁》も参照されたい。

第七章　気質・言動・交際

1　久米家の人々・学友・邦武伝の編著者たち

久米の、長い生涯にわたる交際は、学・公・野を含む広い範囲にわたっていた。

本章では、久米自身の観察・発言を主な素材として、彼の周辺を飾った、もしくは彼のあけすけな評言の対象となった人物の姿を追跡する。話題は、前章までに使い切れなかった「無所属」の素材だから、固く束ねるのは難しい。この章の進行は、連句まがいの折れ曲がりのきついものになるだろう。文献記載は、極力、軽快にする。

この章の登場人物

トンボ逃がして泣かされた大隈少年——未来の久米夫人の幼い姿

大隈重信と久米邦武との縁は深く長い。まず、二人の幼年期の間柄。幸いに、久米の思い出の記が伝えられているので、早速、取り上げる。そこには、後に邦武夫人となる人物の像も重なるのだ。邦武本人が朋友・大隈の生い立ちを語った際に触れた、未来の久米夫人の幼い姿は、紹介に値するだろう《時勢、二五四頁》。文中、「妻が五歳、伯が八歳」とは一八四六年（弘化三）の頃である。大隈の生家は佐賀城のすぐ西（現在の水ケ江《みずがえ》二）にあった。

大隈伯の幼年は別に他と変ったところもなかった。〔中略〕伯の字《あざな》は八太郎といい、幼時は「泣きびす」（泣癖児《なきむし》）であったとの噂があるが、是は噂の聞違である。多分、私の妻の話を聞違へたものと思ふ。私の妻は私より二歳少ないから伯よりは三歳劣って居る。妻が五歳の時は伯は八歳であるが、共に実家は佐賀城下の会所小路であった。伯の家より百間計《ばか》り隔てた同じ側に妻の家があった。其の隣宅を空閑《くが》といって伯の従兄助八の家であった。〔中略〕幼時は、大隈の母の実家・杉本の長子・行蔵と伯と共に空閑の家に来り、三人一所になって遊ばれたのを、私の妻は隣の低い籬《まがき》を隔てた所にあって、其の遊ばるるのを眺めて居った。〔中略〕夏の炎天に三人、蟬や蜻蛉を捉えて遊ぶ際に、伯は一番の年下であるから、何時も其の捉えたのを入れた籠《かご》か袋を持たせられ、往々《おうおう》過って中のセミやトンボを遁《にが》される事があると、〔中略〕杉本は一番腕白《わんぱく》であったから、伯を苛《いじ》めて泣かせることが毎々あった。夫《それ》を隣から見て泣され役といっていたと人に話してゐた。

《回顧録、上、六三九頁も参照》

大隈と久米父子

佐賀藩主が鍋島直正から直大に変わった年の翌年すなわち一八六二年（文久二）に、久米の父子（邦郷《くにさと》と邦武）も江戸から佐賀に帰り、襲封《しゅうほう》（新藩主が領土を受け継ぐこと）の行事を終えた。その際、久米父子は家中の侍と共に神埼《かんざき》郡・目達原《めたばる》で出迎え、某家に滞留した。邦武（当時、弘道館に在学）は、父が外出し夜更けに泥酔して帰ったのを認めた。

時は移って明治末、大隈が久米に向かって言う「君の父は、ひどい人だ、俺に腰を揉《も》ませた。人の腰を揉んだのは生涯に一度だけだ」と。久米が「それはいつか」と訊ねると、「直大侯の襲封を迎え滞留した日」との返事。久米が思い返すと、それは父が泥酔して帰った日で、酒宴は代官の家と知れたが、大隈との繋がりが判らぬ。考えめぐらすと、当時の大隈は蘭学寮の学職にあり、英語も学び採鉱実務まで関わっており、銅鉱を採掘し、代品《かわりじな》（軍艦輸入の代価に充てる物産品）の一部に充てる運動に携わって、私貿易の世界で重きをなしていた。

有為の青年・大隈が代官屋敷で財務家らと同席していた場面に、久米の父も居合わせ、酒の勢いで傍らの若い者に腰を揉ませた。それが大隈だったのだ。久米は説明する――「それが、日本に海軍の起る最初の製艦費を払う代品を捜索する連中の集会席での事といえば、なおさら興味が多い」と。つまり佐賀藩が三重津《みえつ》に海軍を創設するにあたって、代品を工面した、その話が関わっているのだ。大隈の脳裏に刻み込まれた酒席の出来事は、実は国事に深く通じていたのである。

久米は、この代品のことも詳しく語っている《回顧録、上、三三二頁》。幕府が発注した汽船・帆船に対する代品は、タバコ・苧《お》・白蠟《はくろう》・石炭などであったが、佐賀藩は石炭・白蠟・小麦・陶器を受け持った。久米は産地・製法・統計に触れているが、「不完全な統計であり、当時密貿易や他国へ売りだした数量は多額であろうが、これを精密に知る事は出来ぬ」と結んで、不満気である。気質から見て無理からぬ不満であろう。

ところで後代の私たちは、別の事柄に関心を抱く。この種の密貿易は、諸藩とりわけ佐賀と薩摩に利益をもたらし、両藩の産業・軍備に貢献した。例の佐賀藩反射炉による鉄製大砲の鋳造にしても、多量の銑鉄《せんてつ》の「輸入」あってこそ可能だった、そのための代品は主に石炭、ついで陶磁器だったのではないか。

統計の不備のゆえに却って推測しやすいこれらの事跡は、おのずから、ある人物に光を当てることになる。久米邦武の父、邦郷である。

久米家の父子

久米の父・邦郷は辛口の教育パパであり、士族の家の家長であり、地域の消息通であり、物産実務のプロであって、息子の人格形成への影響も多大であった。この節では、邦武の誕生以後の父の働きぶりを抽出してみる。

邦武出生の一八三九年（天保一〇）、斉正公の入部の後に父・邦郷は御側侍の籍に入り、山方・里山方（年貢米以外の物産を管理し、殖産興業を勧める役）に任ぜられ（所管は西目三郷すなわち有田・伊万里・山代）、畦走役《あぜはしり》と呼ばれた。この呼び方は、常日ごろ、半纏股引に草鞋《わらじ》を着け、山村林叢を馳せ回って労働の小民と親しむ職務の綽名《あだな》だったという。後の邦武編述《実記》の用語を借りれば、父は「プラチーク」（実務尊重）の人材だったのだ（第三章4）。

その前年には中国にアヘン戦争が起こって石炭の需要が高まり、佐賀の石炭もよく売れた（ピークは一八四二〜四三年〔天保一三〜一四〕）。父は、農事への悪影響を警戒しつつ採炭を進め、藩侯の裁可のもと、上海方面へ輸出する手立てを講じた。「巨富を得た炭業者も多かった」という。

やがて父は組頭となり鉄砲足軽を率いたが、のち諸職人組頭すなわち「禄養された職工」の組のまとめ役に転じた。各組には、代表人として鉄砲師、石工棟梁らがいた。幼かった邦武は、その人々が久米家へ出入りしていたことを常々意識していた。思えば彼らは、鉄砲師あるいは石造建築棟梁として当時の技術革新に直面し、新式の燧《ひうち》銃の試用や沿岸要塞の建設といった緊急課題に携わっていたのである。

一八四九年（嘉永二）、邦武が満九歳の時、父は大坂の蔵屋敷*に移る。既に佐賀藩は、反射炉建造を企てており、翌年に築造を開始する。その基盤を支えるための殖産の拡大と財政の健全化は藩の最重要政策であり、父は、その最前線に出て、大都市の豪商らとの接触も持ったのであった。

＊藩が、物産を集積・販売し貨幣にに換えるために江戸や大坂に設けた屋敷。

一八五三年（嘉永六）、父は佐賀に戻り、目安方つまり会計担当に任ぜられる。『回顧録』によれば、目安とは年度の会計予算、その費目は、藩の本費・江戸費・長崎費の三項に大別されるが、その年、長崎に新台場が完成し百門の大砲が配置され、それに充てるため他の費目とくに江戸費の大節約が必要とされ、父は御側《おそば》の元締役としてそれを担当することとなり、江戸行きが予定されていた。一五歳になった邦武は江戸随行を楽しみにしていたが、あたかも江戸にはペリーの黒船、長崎にはロシア艦隊が来航して政情は緊迫する。父は、長崎で「長崎費」の管理にあたることとなった。邦武は長崎に随行し、ロシア艦隊の側を通った際には、投げ捨てられたビードロ（ガラス）瓶を見て不思議に感じたりした。

父・邦郷は一八五七年（安政四）に長崎聞役《ききやく》、ついで一八六〇年（万延元）、有田皿山代官の要職に就き、一八七一年（明治四）に死去する。

母と夫人

久米が母・和嘉《わか》を語ることは稀だったが、社会の出来事に寄せてさり気なく触れている例がある。

長崎海門の離島の防備談だが、一八〇七年（文化四）の英国軍艦フェートン号闖入《ちんにゅう》事件以後、島に砲台を建設することが建議された。しかし幕府の反応は鈍く、一八四八年（嘉永四）にようやく形を成し始めた。久米はその工事の困難さを細かく記録している《回顧録、上、二四二頁》。この遅滞ぶりを語る際に母と自分の年齢（数え年）を引きあいに出しているところが面白い《同、二三五頁》。砲台建設提案の文化五年に二歳だった母が三四歳になったとき末子・邦武が誕生し、その邦武が一一歳になったとき、佐賀藩が幕府の内意を汲んで独自の着工に踏み切ったと、対応づけているのだ。公私と取り混ぜたこの記述は、回顧録だから構わないけれども、一方では、高齢出産の末っ子という私事の公開を、他方では幕府の因循という公事への批判を、数値に乗せてひとまとめに達成したのは、なかなかのセンスと言える。

この母は、貞順よく家を治め、一八九六年（明治二九）、九旬（九〇歳）の高齢を以て東京に卒した

《回顧録、上、小伝、四頁》。継嗣の洋画家・久米桂一郎は油彩画「祖母像（遺影）」を遺した（一八九三年（明治二六））。

夫人に関しては、幼年期、大隈重信と近所付き合いの間柄にあったことは既述のとおりである。佐賀藩士・田中作左衛門泰堅の長女よし子《中川・久米伝、六五頁》、田中熊太郎の姉・淑《研究、年譜》との結婚の時期は、一八六四年（元治元）と推定されている《研究、四四六頁、加瀬論文。名は「ヨシ」としている》が、長女・寿賀《すが》の誕生を一八六三年（文久三）とする記録（《回顧録》素稿・久米美術館蔵）に信を置けば、結婚は一八六二年（文久二）かそれ以前と判断される。

ここで夫人の言が活字に残っている稀有な例を一つ挙げる。

「神道は祭天の古俗」事件が暴発し壮士風の男たちが久米邸に押しかけたことに触れて、久米いわく、「妻は大いに気遣ひて議論せぬがよいとて止めたが、余はいふやう、自分は議論は上手なれば壮士等が五人十人来ても負けはせぬゆゑ心配するなと」。それから五時間の長談議になったのだ。

久米桂一郎作「祖母像」
1893年, 油彩（久米美術館蔵）

ところで、「妻は…」というこの貴重な発言が、なぜ私たちに伝わったのか。元来は、大森金五郎（事件当時、帝大文科生、のち歴史学者）が、久米の逝去後に書いた追悼文（『歴史地理』五七巻四号、一九三一年四月、二六二頁～）の一節なのである。夫人―久米―大森から私を経て読者の眼に触れるという伝

家族写真　1893年（明治26）頃（久米美術館蔵）
後列左より，石井八萬次郎，邦武，桂一郎。
前列左より，佐枝，和嘉，淑，寿賀。

言ゲームのようなこの経路は、何段目の間接話法と呼べばよいのだろうか。その数字はともかく、夫人の気遣いといい、久米の自負といい、願わくは、さらに後代、多くの方々に伝わってほしい話だと思っている。

　夫人は、佐賀・築地・目黒と移り住んだ間に、寿賀《すが》・男子（夭折）・桂一郎（継嗣）・茂登の二男二女を設け、一八九五年（明治二八）五月一日、五九歳で他界した《中川・久米伝、六五頁》。墓は、久米邦武と同じく東京麻布の賢崇寺《けんそうじ》《研究、加瀬論文、四七〇頁》にあり、名は「淑子」と刻まれている。

継嗣・久米桂一郎

　邦武の長男、フランスで学んだ洋画家・久米桂一郎については、父との独特な間柄《研究、芳賀論文》、母への深い想いなど、語るべきことは多いのだが、論集（1）（2）、日記（3）、作品リスト（4）、ブレア島での活動に関する研究報告（5）も発表されているる*ので、ここでの詳論は見送る。

絵画作品として「母の像」、「祖母像（遺影）」、「姉の像」がある。しかし、父・邦武の肖像は手がけなかったので、それを嘆く意見《同、芳賀論文》には共鳴者が多い。

＊（1）久米桂一郎『方眼美術論』久米美術館、一九八四年。（2）神吉貞一『美の人・学の人　久米桂一郎』久米美術館、一九九二年。（3）『久米桂一郎日記』久米美術館、一九九一年。（4）『久米桂一郎作品目録』久米美術館、二〇〇二年。（5）伊藤史湖『久米桂一郎が描いた島・ブレア島』久米美術館、二〇〇五年。

邦武伝記資料の編著者たち

次に、久米邦武の伝記資料の編著者たちの略歴を紹介しておきたい。いずれも、久米像を後世に伝えるための貴重な貢献をなしとげた。

○中野禮四郎《れいしろう》　帝大文科大学を明治二九年七月に卒業の文学士。国史科一〇名中、内田銀蔵、黒板勝美と同期。妹・磯千代は、一八九六年（明治二九）、久米桂一郎と結婚する。久米邦武と同時期に早稲田大学へ奉職、日本史を担当した。『久米博士　九十年回顧録』の主編集者。

○石井八萬次郎《やまじろう》　邦武の甥。邦武の妹・佐江の婚家・石井家の男子。東京大学予備門に入り、久米家で起居、「神道は…」事件の際、久米家やその周辺での擾乱《じょうらん》を目撃した。理科大学で地理学を専攻し、明治末、東京地学協会（会長・鍋島直大）に委嘱で中国各地の学術調査を展開、『揚子江流域』（東京地学協会）を編著して一九一三年（大正二）に刊行。巻末の旅行記は、伯父・久米邦武の紀行作品を連想させる好編である。昭和に入って『久米博士九十年回顧録』編修が開始された際、その中核となり、中野、川副と共に精励したが、その途上、一九三二年（昭和七）九月に病没した。

○川副博（一八九〇～一九九三） 佐賀出身の歴史学者。東京帝大の農科大学と文科大学史学科を卒業、史料編纂官勤務ののち東京教育大、駒沢大の講師、山口大ほかの教授を歴任。『葉隠』研究の縁で久米の知遇を得る。のち『久米博士九十年回顧録』編修に携わり、石井〔前掲〕の没後、それを完成する。『佐賀史談』（一九六九年三月）創刊号に「久米邦武先生小伝」を発表。
○中川泉三（一八六九～一九三九） 滋賀出身の郷土史家。号は章斎。『近江坂田郡志』編集に当たり久米の助言を乞い、以後、指導を受け、「久米邦武先生伝」を著わした。『中川泉三著作集』（川瀬泰山堂、一九七八年）がある。

2 明治日本の指導者層

佐賀藩侯・鍋島閑叟とその周辺

久米邦武を世に送り出してくれた恩人たちの中の筆頭は、佐賀藩主・鍋島直正（引退後は閑叟《かんそう》）である。この人物についての多数の文献の中の、詳細なものの筆頭は、久米熟年の大作《公伝》全七巻であり、明快なものの筆頭は、杉本昭『鍋島閑叟』である。やや専門的だが、技術（産業・軍事）の面での動きについては、長野暹『佐賀藩と反射炉』が有用である。

直正は、幼い時から世界地図を眺めたりして外国消息に通じていたそうだが、外人が見たこの殿様の印象は独特なものだったようだ。オランダから来た海軍士官・カッテンディーケは、佐賀・鮑《あわび》ノ浦の工場で謁見を賜った時の印象を次のように語る。「侯はまことに奇妙な仁で、初対面のとき至って無愛想で、いかにもむっつりした顔をしていた」と（カッテンディーケ著・水田信利訳『長崎海軍伝習所の日々』一〇四頁）。

しかし藩侯の別邸での宴席では「うって変わった別人の感」があり、しきりに酒を勧め「西洋の芸術、科学に非常な関心をもち、自分の領内では、極力その保護の方法を講じている」と述べた。

さて私たちは、直正の子・直大の外遊計画に久米が深く関わったことを前に見た（第一章3）。その前後の激動時代、王政復古の大号令・五箇条の御誓文が発表された頃の回想に移る。

一八六七年（慶応三）一二月、新政府が京都に成立したが、具体的な官制はまだ成り立っていない。有力な諸藩が集まって制度寮を設け、官制その他を議定し、翌年三月一三日、天皇が祖宗の祭典を挙行、五箇条の御誓文が発表され、政体が定まった。その時の制度総裁が鍋島閑叟公で、当時、その作に成る狂詩があった。

大官奉じ来たって日々窮す　制度寮狭くして薫風《くんぷう》に苦しむ
語を寄す　会計の諸君子　八百の給金　一文紅

以下、久米の軽妙な解釈を要約して紹介する《時勢、二二九頁》。

薫風といえば四月の風だが、ここでは便所の臭気のこと。八百の給金とは八百両の給金つまり当時の一等官か二等官の俸給の意。それで詩意は——大官に就いたものの日々困り果てている。役所は狭いしトイレの臭気には閉口だ。それだのに一体どうしたことか、会計の人たちは、八百両の給金を一文も「呉れない」。

当時の会計事務官は満岡《みつおか》八郎、後の由利公正《ゆりきんまさ》であったが、用度に窮して俸給を渡さなかった。そこで閑叟公がこういう狂詩を集会の席に作って戯れられたのであった。「以て当時の光景を偲《しの》ぶ学の料と為し得る」と、久米は感想を挿入し、そのあと、岩倉、木戸の人物論に筆を進めてゆく。

この詩については、《公伝、六（二二四頁）》に多少の補訂が見られる。

一等官の月給は千両、二等官のは八百円と、差等が設けられていた。いずれにしても政費は窮乏し、とりわけ（その当時の太陰暦による）閏月の俸給支弁は困難で、官吏の月俸を渡さずに月を越すことさえあったが、そんな時、閑叟公は、佐賀人・某の、

歳暮　牛蒡　一本紅（歳暮の時期なのに、牛蒡《ごぼう》一本さえ呉《く》れない）

という戯作を思い出し、「八百給金一文紅」の詩を作って満岡に見せた。満岡は苦笑して謝した。

さて、この戯作は、明治新政府における閑叟の（短期間の）働きの一側面を表わしていて興味深いが、実務能力はどうだったか。それについては、「岩倉卿の閑叟公批評」《回顧録、下、一九頁》に見る

ように、「畢竟《ひっきょう》大名育ちで、迂闊《うかつ》な事も多かったのでは」との久米発言を岩倉は直ちに打ち消し、「閑叟公は意外な傑物だった、談話は懇到明白、寛容で、婦人までも馴れ親しみしかも敬意を失わぬ」と激賞した。

久米、岩倉具視を語る

さて、岩倉についての資料も多いが、久米自身が新聞記者に語った岩倉像を紹介しよう（『やまと新聞』明治四三年一二月一二日～一七日、五回連載「岩倉具視公」文学博士　久米邦武談）。この種の記事には、本書のいう「史学の眼鏡で」見た「浮世の景」が表われていると信ずる（現代表記、句読点を補って抄録。…は中略。振り仮名はおおむね省くが、「岩公」に「がんこう」と振られているのは面白い）。

私〔久米〕は鍋島の家臣で明治四年…今の直大侯が上京されるので…随伴して上京しましたが、それまで私は朝廷のことは知らなかった。従って岩倉公をも識《し》らなかったのである。尤《もっと》も…明治二年に今の具綱《ともつな》君が…佐賀へ遊歴に来られ、私は閑叟公の内意で同君の学問のお相手などしておった事があるので、岩公もかねがね私の名を知っておられ、また閑叟公からも私の事を聞いておられたので、私は岩倉家とは縁故が深い。

然《しか》るに四年の十一月、岩公《がんこう》は全権大使として出発されることになり、就いては、学問もあり多少欧米の事情に通じている者を連れて往きたいというので、…岩公がかねて私の名を聴いておられ、久米を連れて往こうと、直接、直大侯へ仰せがあった。スルト侯も其のとき公と欧米へご同行中そうという心組であったから、私も其の一行の中へ加わることになった。…

…出発する前に、同藩の江藤新平を訪うて、大使の一行に加わって海外へ往くことになった…大使とお話もしなくてはならないが、どういう気質のお方であろうかと問うた。江藤の言うには、ナニお前は長く閑叟公の側《そば》にいたから、岩公の機嫌を取ることは何でもない、閑叟公の気質ソックリ、アノ通りと思えばよい。ただ、岩公は学者でない代わりに豪放な処がある。語弊があるかも知れぬが、博徒侠客といったような肌合がある。そこが違うと思えば大丈夫。…

さて、桑港《サンフランシスコ》で差し向かいで話したが、これが、私のそもそも岩公に接した甫《はじめ》であった。…

閑叟は容儀端正、話も初めは順序があるが談が佳境に入ると言語も激しくなり卓励風発の趣…岩公は始めから、胡坐《あぐら》は搔《か》かぬまでも、膝組みで隔意なく話され、豪放の所があった。

公は、自分でも言っておられたが、全く学者ではなかった。歌も少しは作られたが、上手ではない。然《しか》し学者でない所がすなわち公の公たる所で、学者風を少しもされなかった。…

勤王の志士が雲の如く起こった中で誰が傑出した人物であるかと言えば、公卿から出た人では岩公、大名では閑叟、藩士からは木戸、大久保。この四人がまず動かぬ所だろうと思う。

四人の中で学問から言えば閑叟公が第一、次に木戸は存外、学問があった。大久保はそれ程ではなかった。岩公が一番、劣っている。が、局面に当たって事をしようという人物と、書物にのみ親しんでいる学究とは別種なもの…天稟の気宇《きう》は学問の有無に関係はない。…

…公が賊に傷つけられたことは、私はよく知らない。明治六年に帰朝して米欧回覧日記《ママ》を編輯して私は帰省中の出来事だったからだ。早々上京し直ちに公の邸へ往ったら、公は刺された傷がまだ癒えず、白綸子《りんず》の寝衣《ねまき》のまま床の上へ起き上がって、ピカピカ光る眼《まなこ》を据え、賊に刺された時の光景、佐賀の乱を鎮定する方略など滔々と弁ぜられた。かの賊奴《め》がと力を籠めて言われる時など意気衝天の勢い。到底どんな千両役者でも真似は出来まいと思った。

以上、連載の前半と最終回から抜書きした。途中「久米は岩公の腰巾着とまで言われ、何処でも何時でも御伴した」とか「芝の能楽堂を作ったのも公の尽力」など、久米ならではの述懐が見られる。ところで、この談話連載は「日本禁酒会長　安藤太郎」に引き継がれているのだが、米欧回覧中の岩倉の「服装」に触れる部分は、一つの傍証として抄録に値するかと思われる。

大使の一行は…およそ百五十人…木戸大久保をはじめ…散髪《ざんぎり》で洋服…然《しか》るに公ひとりは烏帽子直《えぼしひた》垂《たれ》で天神様ソックリ…衣冠束帯で笏《しやく》を持って悠々と上陸されたので、実に非常な異彩を放った。所が、ちょうど其の頃、ご子息の具定《ともさだ》公が…留学されていた…お父上が来られたと聴いて…面会された…例の衣冠束帯を見て、お父上、そんな姿で外国をお歩きなすっては大変、笑い草になるばかりですから、どうか洋装にお改め下さい…と言われた…公も、そうかな、其れじゃアと、急に散髪になり洋服を急に拵えた。散髪にはなったが、いかにも惜しいというように長く後《うしろ》へ総髪に下げた具合は…由井正雪よろしくと言うようになった。

岩倉使節団首脳（大久保利泰氏提供）
1872年（明治４）旧暦12月16日，サンフランシスコにて。
左から木戸孝允，山口尚芳，岩倉具視，伊藤博文，大久保利通。

使節らの服装に関しては、訪問先の報道陣もしばしば困惑したらしく、裃をワンピースのように、大小をサーベルのように、履物をシューズのように描いた例も残っている。

木戸孝允との親交

使節団副使だった木《き》戸《ど》孝《たか》允《よし》は『実記』や『回顧録』に度々登場する。他に『日記』もあるから、本書ではあまり触れないが、久米自身の木戸観を伝える文が残されているので、以下、その特徴を抄録しておく（『新日本』第三巻第四号、一九一三年（大正二）四月、一九七～二〇四頁）。

記事は、『連邦志略』、福沢『西洋事情』の紹介に始まり、維新の思想的背景や新政府での岩倉具視・鍋島閑叟の動向に触れ、人材面で木戸の名が注目されたことを強調して本論に入る。使節団の米国滞在期のことだが、大久保・伊藤の一時帰国の間、久米が杉浦弘蔵と共に米国憲法を翻訳し始め、仕上がりに近づいた頃、久米は初めて木戸に会い、打ち解けて談論するようになる。この辺りは《回顧録、下（二五八頁）》と重複もするが、憲法問題に関しては、この『新日本』および後の《時勢》のほうが詳しい。

ある日、木戸は久米に向かって、「日本の新政府の政令は朝令暮変、定態がない」と憤慨した。そこで久米は、「大改革の際、朝令暮改も止むを得まいが、天皇みずから神明に誓った事柄は変わるまい」と答えた。木戸「それは何を指すのか」、久米「五箇条の御誓文だ」。木戸「なるほど、その文はどうだったか」。

それで久米は、探し出し示したところ、木戸はその晩に熟読し、翌日いわく、「読み返せば実によく出来ており、今後これを掲げてわが国の根本法たるべき憲法を創定し、国会を設けて輿論政治を行うことが理想だ」。久米の観察によれば、木戸は、このとき初めて立憲政体の必要性を確信したのであった。

以後、木戸、久米、杉浦の米国憲法研究が続けられ、元老院、弾劾（イムーピチメント、正しくはイムピーチメント＝impeachment）、大審院などの問題に及んだ。

『新日本』記事の終段は、木戸のロシア訪問、使節団の帰国とその後の政府の動揺、民権議院の建白の流れを略述している。例の米国憲法邦訳の原稿は、出版の案も出たが、政治的な配慮で沙汰止みとなり、久米の手稿に木戸のペン書き修正を加えたままの形で、木戸家の文庫に保存されていることと思う、とある。以上、史料情報の一つとして気になるので、やや詳しく紹介した次第である。

私的な面の話だが、木戸は久米に対し、「帰朝の後は御誓文実現に尽力するから、出仕し協力せよ」と勧めた。もちろんそれは実現せず、やがて木戸は健康を害し京都で客死する。長命だった久米の脳裏で、木戸の名は憲法問題と重ね合わされながら、大正期まで永く留められていたのであった。なお、伊藤博文については、次節に引用する『報知新聞』記事から察せられるように、久米との接触は乏しかったようなので、本書ではこれ以上の言及は見合わせることにしたい。

久米、大久保利通を語る

さて、使節団員のうちのもう一人の大物・大久保利通については研究書も多々ある〔佐々木克監修『大久保利通』など〕が、ここではやはり「久米の眼鏡を通して見た」大久保像を再現したいので、新聞記事を利用する。『報知新聞』明治四三年の一〇月三〇日号と三一日号に掲載された記事である。私はそれを、久米美術館所蔵の新聞から複写しておいたので、なるべく多くの部分を本書に引用したいと考えていたが、その後、閲読しやすい形に整理され公刊された〔前掲書〕ことを知り、引用量を少なくすることに改めた。

○「旅行中の公」〔一〇月三〇日号〕から

大久保さんとは、あの〔米欧回覧〕旅行中は、始終、一緒であった。私〔久米〕は、其の時分、〔大久保と同郷の〕鹿児島人、杉浦弘蔵〔畠山義成〕という男と同じ役目で、何事も二人は一緒にしていた。畠山は大久保さんに愛された人だが、〔中略〕ごく素直な人であった。その後、長らく彼地《あちら》に遊学していたが、随行中はいつも私と一緒だった。その時分の彼地の滊車〔汽車〕は、一つの車輛が六人ずつ這入《はい》るようになっていて、私どもの乗っていた車の中には岩倉大使に大久保さん木戸さん、それに、やはり副使の山口尚芳さん。この四人と私と畠山の二人、合わせて六人であったが、洋行中はこの六人はいつも一緒であった。

ナニ、伊藤〔博文〕副使？　ウム、あの人は同じ車ではなかった。いつでも伊藤さん一人《いちにん》は別だった。〔中略〕

洋行中に〔大久保〕公の口を開いたのは数えるほどしかない。それほど公は無口であった。〔中略〕大久保さんに口を利かせようとして種々《いろいろ》な悪戯をたくらんだ者もあったが、いよいよ大久保さんの前へ出ると威厳に打たれてなんともできなかった。〔中略〕エジンボロで薩摩の何とか言う人が、大久保さんにダンスを行《や》らそうと〔中略〕計企《たくら》んで宴会に引っ張り出したことがあるそうだ。〔中略〕娘か何かにどうかあの大久保という人と踊ってくれないかと懇々頼んだので、娘が引きずり出すと、大久保もとうとう立ち上がって踊ったそうだ。〔中略〕大久保公生涯の珍事であろう。

○「大久保公雑話」（一〇月三一日号）から

大久保さんと言う人の印象で私〔久米〕の頭脳に残っているのは、ただその親しげなニコニコした顔、それも狃《な》れがたいところはあったが、なんとなくうちとけられた。〔中略〕

趣味は碁であった。岩倉も木戸も三人とも好きであった。〔中略〕好きなことは大久保が第一等で、強さは、岩倉、大久保の相違は知らぬが、木戸が一番弱かった。

部下に対して？　ウム、それは無論親切な人であった。洋行から帰っては來たが、我々は家がなかったさ、長い間一緒に居た畠山とも横浜で分かれたが、畠山も家がなかったので大久保公の家に居た。私も畠山のところへよく遊びに行った。書生部屋で二人が話をしたりすると、傍らへ来て大久保さんはよく黙って聞いておられた。別に嘴《くちばし》を容れるでもなく、シガーを吹かして聞いていた。なんでもこの畠山には後に家を建てて遣《や》ったことがある。親切に世話をしたらしい。

審問筆録のこよなきパートナー、畠山義成

岩倉使節に同行し久米と提携して「審問筆録」を担当した畠山義成（幼名・丈之助）は、日向の名族・畠山氏の出、家老職に就くべき人であった。天保一一年の生まれ、つまり久米の一年後輩に当たる。

彼ら二人の青年期に、薩摩藩では、英国への留学生派遣という、国禁を犯しての企てが具体化されつつあった。薩摩人・大久保利通の若き日の努力もあずかって、藩に開成所が設けられ、蘭学（後に英学）を基本とする近代的な軍事科学教育が開始されていたので、そこから留学生を選ぶことになった（大塚孝明『薩摩藩英国留学生』一六頁）。

元治二年、薩摩からの留学生一五名が出発した（暦は、その四月から慶応元年となる）。畠山二五歳。幕府の命に背く渡航なので、全員が変名を用いることになり、畠山は杉浦弘蔵と名乗った（本書では原則として畠山と呼ぶ）。以後、彼らは数年後に帰国するまで互いに変名を呼び合い、書信にもそれを用いた。それどころか、生涯にわたり変名で通した者も二人いたという。出航の朝、歌を詠んだ者もいた。畠山、変じて杉浦の作品は次のとおりである。

かかる世に　かかる旅路の　幾度か　あらんも国の　為とこそ知れ

異例の旅に出ることになった青年の想いが込められている。畠山を含む二名は門閥出の保守的な攘夷派で、洋行を恥と感じ、藩命を受けた後にも拒絶を申し出た。藩主の父、島津久光の説得で畠山は翻意したが、他の二名は固辞し、補充で数を整えたという。容易ならぬ人選だったのだ。

その中にいた若者、のち外交・教育行政に活躍する森有礼《もりありのり》は、変名を沢井鉄馬《さわいてつま》としていた。話は使節団の在米期に飛ぶが、森は駐米公使としてワシントンに勤務、条約改正にかかわった。その頃、畠山も合流し久米と共に米国憲法資料の翻訳を進めていた。分担は「畠山が口訳」、「久米が書記」であった《回顧録、下、二五六頁》。

真摯な学者・畠山

ワシントンでは、条約改正をめぐって大久保・伊藤の両副使がいったん日本へ戻るという事態が発生し、一行の間で条約改正論が絶えなかったが、畠山はそれを軽挙とし、不同意であった。久米は『回顧録』のそのくだりで畠山を「真摯純粋な学者」と評している。また、使節団の渡英後、グラスゴーで、久米は親戚筋の丹羽雄九郎と会い、ローマ字反対論など聞かされたが、久米は森有礼のローマ字論に言及し、「薩摩を脱走して英国留学した連中は年少で漢学の素養薄く」と決め付け、「その中の森は熱心なローマ字論者だが、畠山は穏当な篤学の士で、森の論を突飛として非難していた」と、畠山を再び高く評価した。

さて、《実記》を敬愛する私たちは、久米―畠山というこのコンビの絶妙さに改めて感謝しなければばなるまい。その「例言」は言う。

諸場館ニ於テ記述スル所ハ、其《その》行走ノ際ニ、親《したし》ク審問セルヲ録ス、此ニ当テ、畠山氏実ニ其ノ慇懃《いんぎん》ヲ竭《つく》シタリ

この文の前後で、久米は審問筆録の苦心を並べ立てている（現代語で抄録する）。

ホイールが回り蒸気が吼《ほ》えるさ中で、鉄の臭いや煤煙の中を走る、業主は秘密を洩らさない、現場は分業だから細部は詳述するが全貌は知らない、ホイールの響きやハンマーの音が会話を乱す、すぐ時間切れになる、説明は、前置きが長くて、要約を好まない、素人には難解なことでも無用とは限らないから、耳目に触れた事項は書きとめる

こうした状況での畠山の貢献に対しては、久米と共に私たちも深い敬意を表さねばならない。それなくしては、欧州産業革命の活況がこれほど臨場的に《実記》に書き込まれることはあり得なかったのだ。

畠山の学習の厚み

では、畠山の力量は、何処でどのようにして、はぐくまれたのか。彼を含む留学生たちもまた、離日後しばらくはガス燈に驚き、接吻にたまげ、氷菓子や製氷機に感嘆したのだが、まもなく「当分は言葉の稽古いたし候」と志を固め、鉄工場なども参観し、専攻を定めてロンドン大学に入った。そののち一行は次第に分散し、ベルギー・仏・米・露・プロイセンを訪れる者も現われた。畠山は、一八六六年（慶応二）の夏をパリで過ごし、翌年、米国へ移る。一八六八年（明治元）、畠山は米国ラトガース・カレッジに入学、法律、政治を修め、明治四年に修士号を得、同年四月、太政官からの指示で帰国、使節団随行を命ぜられ、五年一月から三等書記官として勤務、米国憲法翻訳に携わったほか、森や木戸とも行動を共にした。

帰国後は文教に心を寄せ、東京開成学校（後の東京大学）の初代校長を務め、教育行政に精励した。フィラデルフィア博覧会の機会に米国教育事情を調査、その帰路、太平洋上で客死。享年三七歳。

経歴が証明するとおり、畠山は英語に熟達し、フランス語にも親しんでおり、法政を修め、工場視察も経験していたのだから、使節団員とくに記録者としてうってつけの人材であった。

畠山は、ロンドン滞在中、大久保・木戸の両副使のために特別な役目を受け持った。警視庁《ポリスコート》を参観した日の夜、二人は、現地人一名と畠山とを伴って貧民窟に向かい、百鬼夜行の有様に接した。帰った後、木戸は久米に向かって「言語に絶する」と語った。《実記》のその日の条は、ポリスコート回覧と記したあと〈記事欠〉で終わっているが、田中注に記されているとおり、《回顧録、下》および『木戸日記』は、その夜の出来事の詳しい記録を残した。『回顧録』は、畠山を「木戸の最も信用せる人」とし、また、畠山と大久保とが同藩の出であることも書き添えている。両副使のこの夜の異常ともいうべき体験は、畠山の同行によって成立し、彼から久米を経て後世に伝えられたのであった。

なお、森が書いた畠山評文に、「人に向かって『左様ではありませぬ』と言い切ることが出来ぬのが唯一の欠点」とあるそうだ。「ノーと言えない日本人」の一人だったのだろうか。畠山の旧蔵書は国立国会図書館に収められている。また、彼の洋行日記は鹿児島県立図書館に蔵されているという。

学の人との交わり

今度は、学問研究の上で久米と強い絆《きずな》をもち続けた人物に着目しよう。研究分野は日本史、民俗学、歴史地理などにわたる。

○重野《しげの》成斎《せいさい》（一八二七〔文政一〇〕～一九一一〔明治四四〕）

官学時代の久米の周辺で、彼の至近の場にいた史家・重野安繹《やすつぐ》については、既にたびたび触れた（第一章2、第四章、第五章）。ここでは、補足すべき事項だけを述べる。重野については『重野博士史学論文集』（雄山閣、一九三八～三九）が刊行されているが、伝記の単行本はない。参照しやすい文献は次の二編である。久米「余が見たる重野博士」《著作集、三、九五頁》、大久保「重野博士の史学説について」《成立、二三三頁》。

重野安繹、字は士徳、通称は厚乃丞、号は成斎。生まれは久米と同じ亥年、ただし、一回り前ということになる。薩摩藩の士族、江戸昌平黌で学んだが、故あって流刑にされ、赦免後は御庭方となり、薩英戦争後の談判にかかわって江戸に旅し、昌平黌に寄った。そのとき久米も入寮していたが、重野との面会の機を得ず、既に盛名あったこの先輩の来訪は後日に知った。

重野は、一八六四年（元治元）に薩摩の藩校・造士館の助教となり、藩校の史局で国史編纂に携わる。成果の刊行は一八六八年（明治元）ごろ企てられたが、実現しなかった。大坂で私塾・成達書院を開き、後進を指導した。その頃、岩倉使節らの外遊が計画され、随行として重野が候補に挙げられた。しかし重野は熟考の上、断った。結果は周知のとおりで、この役は久米に回った。

久米の文に「余は重野博士の替人であった事を始めて知った」とあるのは、ずっと後、重野が八〇歳で洋行して帰った折の言「明治の初め岩倉公洋行の時に随行すべかりしに、その頃は大阪に帷《とばり》を下し故ありて応ぜざりしことを遺憾とせしに、是で本望を遂げた」による。文中の《帷を下し》は塾を開くこと。また、「故ありて」の真相は処遇や官等の問題であったようだ《回顧録、下、一七七頁》。

一八七五年（明治八）、重野は修史館編集官となり史料編纂に従事する。久米は外史に奉職し、重野と同じく太政官に勤務したが、修史館は官庁の外に別設されたから、面会する機会はなかった。

一八七八年（明治一一）一〇月、久米は修史館で重野の乙局に入り修史に貢献、親密に交わる。二五年三月、久米が帝大を去るまで一四年間、親交を続けた。

○柳田國男（一八七五〜一九六二）

日本民俗学の創始者・柳田國男は、官界・学界・ジャーナリズムなどの場で農政・国際関係などに関わった後、民俗学を創始した。久米とは、日本古代史の面で接近する所があった。《研究、佐伯論文》その他によれば、柳田と久米との関係は、次のように整理される。

柳田は、久米の論説〔古代史に関する「譬喩」説〕を繰り返し穏やかに批判していた／二人は、ある期間、共に早稲田大学で教職にあり、言葉を交わしたことがあったかもしれない／報徳会例会〔明治四一年〕で、久米は柳田の紹介の言葉に続いて「町村の発達」につき講演した／講演会の後、柳田は目黒に出向き久米と面談した／柳田の日記〔未公開〕のうち提供を受けた部分コピーによれば、柳田は例会前に久米を訪ね講演を依頼した。

（佐伯「久米邦武と柳田国男の日記」『日本歴史』二〇〇二年一一月号、七二～七八頁）

それとは別に、柳田と久米との学問的関心や研究環境条件の差異を一考してみたい。まず、柳田は山国の農家に生まれ、ある時期「山人《さんじん》論」を主張し後に放棄した。いずれにしても久米の多人種（南種・北種）説とは対立する。久米は城下町生まれで、山人概念を実感する機会を持たなかったであろう。

もう一つ、柳田は一九二二年（大正一一）から国際連盟の委員としてジュネーブで二年ほど過ごし、余暇にリベラルな大学で読書に耽り民話研究への志を誘発された（「日本文化の伝統について」『民俗学について』一八七頁）が、この種の経験は久米にはない。両者の学問的志向の差異の一要素と言えよう。なお役所時代、二人とも「記録」部門に在籍したのは、経歴の共通項と言える。

この機会に触れておくが、哲学・倫理学の和辻哲郎（一八八九～一九六〇）は、ニーチェ研究、新劇運動などを経た後、久米『日本古代史』を通じて日本古代文化への関心を深めた（小熊英二『単一民族神話の起源』三〇一頁。他に八九頁、二〇七頁）。

○吉田東伍《とうご》（一八六四〜一九一八）

吉田東伍は新潟出身、号は落後生《らくごせい》ほか。華やかな学歴・職歴はないが、歴史の（特に地理、経済、能楽との関連での）研究に没頭、『日韓古史断』『大日本地名辞書』『倒叙日本史』その他、重厚かつ個性的な著作を発表した。

久米は、吉田との邂逅、「神道…」事件の際の俗論に対する吉田の強烈な批判的主張、早大での両者の長い友誼などについて、誠意と愛情のこもる文を遺した（《研究、鹿野・今井論文、二三九〜二四一頁、三〇四頁》。《研究、佐藤論文、四〇七頁》。佐藤能丸『志立の明治人』一〇二頁〜「在野史学　吉田東伍」芙蓉書房、二〇〇五。追悼は『歴史地理』三一巻四号、久米「日韓古代史と大学国史科との関係」。久米撰「文学博士吉田君墓表」《回顧録、下、撰文集、五〇頁》）。

起業家たちとの交わり

久米は、親交ある実業家、松尾儀助、丹羽雄九郎、手塚亀之助、長尾景弼を四天王と呼んでいた（《研究、加瀬論文、四五五頁》）。彼らは、久米家をたえず訪問していたので、その名は、《回顧録、下》や『桂一郎日記』にたびたび登場する。ここでは、松尾・長尾について略述し、その後、有田の陶磁関係の窯業家の深川栄左衛門に関する碑文（久米の撰、《回顧録　下、附録一四頁》）を抄録する。

○松尾儀助（一八三六〜一九〇二）（主として《回顧録、下、五三六頁〜》による）

佐賀藩の足軽で、材木町の某家の手代だったが、長崎に赴き中国貿易に従事した。大隈重信の知遇を得、大隈が大蔵卿だった時期、松尾は内務卿・大久保利通に、日本の工芸品をアメリカに輸出することの利を説き、大蔵省から四〇万円を借り、フィラデルフィア博覧会に出品、ニューヨーク市内に月三千ドルの家賃で店を借りた。大久保も大隈も無謀と難じたが、相談に与《あずか》った久米は手腕を賞揚し、親交を続けた。久米家を松尾が親しく訪問していたことは、息・桂一郎の日記でわかる（例えば明治一四年一月二日、二月一六日、三月一二日、一〇月一日。『久米桂一郎日記』）。

松尾は、木挽町に起立《きりゅう》商工会社を設立し、工芸品の輸出で利を得た。一八七八年パリ万博にも出向いた。後のスペイン・バルセロナ博覧会（一八八八年）では、パリで美術修行二年目だった桂一郎が、父・邦武の斡旋もあって、松尾の紹介のもとに、嘱託の身分で日本からの出品の事務を処理した。出品物については「大した品物はなかった。陶磁器の如きも余りに平凡であったので、私がフランスの知人へ土産用に取寄せた有田焼の人形及動物の赤絵置物数個を陳列に加へたのが金牌《きんぱい》を授与された」ということもあった。桂一郎は、その後も何回か万博の仕事に携わる。邦武は、松尾の事業ぶりを批判もしたが、美術家養成と工芸品輸出の功を評価し、松尾の逝去の時まで交友を絶やさず、好んで快談した。

○**長尾景弼《かげすけ》**（一八三九〔天保一〇〕～一八九五〔明治二八〕）

長尾景弼は、東京・愛宕下に出版社・博聞社《はくぶんしゃ》を創立し、支社・分社を設けるなどして次第に事業を拡張し、一八七六年（明治九）、銀座四丁目に本社を移し、以後、《実記》初版本のほか『日本六法全書』『月世界一周』など、特徴ある図書を数多く刊行した。

久米との縁、特に《実記》の刊行と銅版画制作挿入については、《回顧録、下（五三二頁～）》に詳述があるが、ここでは、久米が撰した碑文《同・巻末、撰文集、三一頁》から現代文で抜書きする。

明治の初め、長尾君は博聞社を創業した。余は外史となり、用あって彼が修史局に出頭したとき面談したが、眉目温秀、言語洒脱、以後、親しく交際した。酒席での自己紹介によれば播磨龍野《たつの》藩士、もと俣野《またの》氏、力を尽くして働いたが廃藩となり上京、懐中に三百金しかなかった。愛宕下に仮寓し、官庁法令の抜書きを定期的に発売したところ掃くように売れた。〔中略〕銀座に移り規模を拡大し、主に法令を頒布して官民に重宝がられ、事業は駸駸《しんしん》と盛んになり、巨万の富を得た。鋳版・エッチング・彩色・印刷など、便利なものがあれば試み、熱心に研究し開発につとめた。性格は寛厚沈毅、何事も公正に処理し、精粗どちらも長《た》けていた。都下の書店が組合を結成、君をその長に推した。君は精励して誤りを正し弊害を除いたので、万事が整った。四期も留任したが病を得て退任。一同、銀瓶を贈り功績を讃えた。不帰の人となる。享年五十六。

この碑は、東京都墨田区の木母寺《もくぼじ》に今も残っている。

歴史関係の出版に関して付記すれば、長尾は久米に「西洋の歴史の大部のものを刊行したい、起稿ねがえまいか」と請うた。久米は答えて「余は修史館での日本史編修に没頭、世界史編修の余裕はない、洋学者が原稿を作り、綴り合わせて完本にすれば早道であろう」と。この企画には重野も賛成し久米に助勢を勧めたが、洋学者の原稿が揃わなかったため計画は空しくなり、その故か他の原因によ

長尾景弼の墓碑（墨田区・木母寺境内）

ってか、博聞社の営業は苦境に陥り、銀座の社屋は人手に渡った。「気の毒であった」と久米は回顧している。

久米美術館では、二〇〇四年（平成一六）の「銅鐫にみる文明のフォルム――『米欧回覧実記』挿絵銅版画とその時代」展で、博聞社および長尾を採り上げ、諸資料を展示した（『「銅鐫にみる文明のフォルム――『米欧回覧実記』挿絵銅版画とその時代」展　資料集』久米美術館、二〇〇六年九月）。また、この展示に協力した都留文科大学・稲岡勝教授は、その後の研究成果も含め、内容の濃い論文を公開された（稲岡勝「長尾景弼と博聞社」『都留文科大学研究紀要』六三集、二〇〇六年三月二〇日一六六頁）。

なお、『実記』挿絵の制作を担当した銅版師に関しては、従来やや疑義があったが、同展示に際し調査の結果、中川昇、中川耕山のほか、おそらく大沼春山を含む三名と解されている。

○深川栄左衛門（一八三二～一八八九）　碑文　深川君墓碑（抄）《回顧録、下、附録一四頁～》

深川氏。通称　栄左衛門。肥前有田の人。有田は山秀で水清く、白泥を蔵す。渓谷に沿う千戸余り、白泥を捏《こ》ね摶《まろ》め瓷器《しき》〔磁器〕を作る。明瑩《めいえい》にして玉《ぎょく》の如し。しかして天下の瓷を説く者は、みな栄佐衛門を称す。〔中略〕余　岩倉大使に随《したが》い欧米を巡る。還って有田に到り告げていわく、貿易の道は信を布《し》くを先となす。米国まさに大博覧会を開かんとす。これ瓷器のために名を取り信を立つるの時なり。君　大いに之を然りとなす。余〔西岡〕子学と謀り、一社を結ぶことを勧め、君を推して長となし、香蘭社という。泰西の人　瓷泥を高陵〔カオリン〕というは、香蘭と音近し。君　社員とともに謀り、欧米と巧技を競わんと欲す。〔中略〕

明治二十二年十月二十三日、遂に立たず。年五十八。ああ君は布衣〔無位無官の人〕にして朝野に重んぜらる。身は山中に処し、名は寰宇《かんう》〔天下〕に聞こゆ。人あるいは謂う、これ瓷器の力を藉《か》る者なりと。それ瓷器あに能く君を著わすや。そもそも瓷器の君を得て著わるるのみ。〔後略〕久米邦武撰。

深川栄左衛門は、有田焼の名工として知られ、その作品は万国博覧会などを通じて海外の好評を得た。同志と共に設立した香蘭社はながく名声を保っている。墓碣《ぼけつ》〔碣はいしぶみ〕は有田の法元寺に建立されたが、現在は陶山神社内にある。

久米も起業家か

ここで、久米自身が成功を信じ、気炎を上げた事業のことを書いておく。米欧回覧の途次、ドイツで感銘を受けた醋酸《さくさん》工業の話である（第三章2）。樹を焚き乾溜して醋酸を作ることは日本にも必要だと信じ、東京郊外に入手した土地に茂る楢《なら》の樹を活用することも考えた。が、困難らしいと悟り、見送った。

ところが、明治も四〇年代に近づいた頃、久米は、息・桂一郎との面談の際、醋酸会社は成功すると再び気炎をあげ、「十年の後には七、八万の資産ができる」と豪語した〔『久米桂一郎日記』一八六頁。明治三七年一〇月三日の条〕。皮算用の数字まで挙げているのは、身内相手だからであろう。

日露戦の終結後、本職の某実業家〔ビール会社の役員、化学に詳しい人〕が苦心を重ね醋酸会社を起したとき、久米は発起人として力を貸した《中川・久米伝、七頁》。そして、ゴム工業の興隆に伴い一時は大いに利益を見た。ところが、後にアメリカ産の醋酸が市場に殺到し業務は困難に陥った。久米が得た教訓は「およそ西洋の産業なる者、一喜一憂、容易に安心し難きこと、是に類するものが多い」であった《回顧録、下、四九三頁》。学者の商法の典型例に帰したのである。

なお、右のビール会社は、恵比寿で起業し、久米所有の土地の一部を事業に充てたのだが、その縁で久米は株を取得し、ながく顧問をつとめていた《研究、加瀬論文、四五七頁》。この事業は順調で「新株を発行すること再三に及び、〔久米〕先生の金庫も又累加増進の好運」を迎えた《中川・久米伝、八〇頁》。

3　久米邦武の八面像

義祭同盟に参加する

一八五〇年〔嘉永三〕五月二五日、江藤又之助〔後の新平〕、枝吉《えだよし》二郎〔後の副島種臣〕らを含む佐賀藩士十余人が、梅林庵という寺に集った。そこには楠公父子の像があり、父子を敬愛する人士が祭典を修め神酒をわかって義祭と称した。

その四年後（一八五四年）の同日、久米（一六歳）は、学友・大隈（一七歳）の誘いを受け、共に義祭同盟に参加した。久米は、楠公に対する幼時以来の親しみと、龍造寺八幡宮の近くに住んでいたという縁故で列したが、楠公の忠義を敬慕する気はなかった。同盟思想の本は尊王であって倒幕の意味はなかったのだが、いつしか危険思想と見られるようになり、久米も危険分子と思われたらしく、後に藩侯の近侍の候補に挙げられたときに問題になった。

久米は、幼少期には楠公に親しみを覚えていた。藩侯に随従して湊川に詣でたこともある。しかし、ずっと後の官学歴史家時代、『太平記』を痛烈に批判し、楠公へも冷評を浴びせた。長い人生におけるパトス的な遍歴の一端がここに見られる。

『葉隠』との縁

これまた少々意外な話題というべきか、佐賀人士の思想の一つの面を代表するかに見える『葉隠《はがくれ》』についても、佐賀県立図書館蔵の手稿『葉隠巻首評注』は、無記名ではあるが、久米によるものと推定されている。推定の根拠は、注記の中に「御国とは佐賀藩をいふ」とあり、佐賀方言への言及があり、大隈伯（重信）の名が引かれている点など、いくつかが挙げられている（池田史郎、雑誌『葉隠研究』第七号、一二七頁および第八号、七一頁、一九八八年）。

ポンドと墜した久米の仙人

岩倉使節団の米国滞在期、英国の某銀行に所属する日本人が一行の所へ来て預金を勧めた。何人かの団員がヘソクリを預けたが、銀行の破産で被害続出、久米も一五〇ポンドを失い、次の狂歌が生まれた。

白脛《しらはぎ》を見とれもせぬに百五十　磅《ポンド》と墜《おと》した　久米の仙人

そもそも久米仙人とは、大和の龍門寺で修行し仙人となった男が、吉野川で洗濯する若い女性の白い脛に見とれて神通力を失い墜落したのだが、後に久米寺を建立したことから、このように呼ばれるようになった。右の狂歌は、久米邦武を久米仙人に見立て、一五〇ポンドをフイにした様を「ポンドと墜《おと》し」と描き、それにしても「白い脛に見とれたわけじゃなし」と茶化したわけだ。調子のよい狂歌だから、久米も苦笑するしかなかっただろう。同類の狂歌がいくつも作られ、岩倉大使にフォーカスしたのもあった。

「私」的事件だから《実記》には記載がないが、「公」金無駄使いだから証拠は残る（間接的な埋めの証文が国立公文書館にある）。「私」的な行為でも記録は「公」文書館に残る。「公の人」とは窮屈なものだ（元の史料は、本書の共通文献《使節団文書・別冊、二四〇頁》。要旨は、田中彰『岩倉使節団『米欧回覧実記』』岩波現代文庫、一二一頁）。

女性を観る眼

久米が幼少期にオランダ・カピタンを見た話は既に紹介した（第一章2）。その後の彼は長崎で紅毛人の風俗を知ったが、それは男子に限られ、西洋の婦女に接する機会はなかった《回顧録、下、二五二頁》。

さて、渡米して初めて「夫妻子女の家常風俗に親接するを得て…驚き入った」わけだが、それを語る久米の文《回顧録、同頁、サンフランシスコ記》には、次のような語句が並んでいる。

コーセットとかいう異様な衣装を着た婦人〔中略〕夫が裾を擧《あ》げる〔中略〕習俗が嫌に目につき〔中略〕主婦が正席、主人は末席〔中略〕乾坤《けんこん》を反復した嬶《かかあ》天下〔中略〕興が醒めた。

こういった調子は、米国を離れるまで続く《同、二七七頁》。英国に着いてかなり好転し、「女の態度も米国ほど驕慢でなく、粛清〔後略〕」となる《同、三九二頁》。「英国女の真相を発露した小話」も書き残している（第一章3）。

では、ドイツ圏ではどうか。総説では「婦人ヲ尊フ儀甚タ簡ナリ」《実記Ⅲ、二八五頁》と、風向きは大いに変わる。とはいえ、《実記、ドイツ語訳》で扱われたドイツ・オーストリア・スイス三国の叙述で、女性がテーマとして採り上げられているのは、他に一件しかない（パンツァー論文。《再発見》三四頁）。

当世気骨漢大番付の前頭

話は変わるけれども、明治の末の名士たちの中で久米はどんな評価を得ていたのだろうか。

雑誌『新公論』（明治四四年〔一九一一〕二月一日発行号）に掲載された『当世気骨漢大番付』に、久米邦武は前頭として登場した。途中まで紹介しておく（横綱の欄は見当たらない）。

	東の方	西の方
大関	犬養　木堂	松田　正久
関脇	乃木　希典	川村　清雄

小結	長谷川 泰	大槻 如電
前頭	南方 熊楠	荒井 鬼邃
	山川 健次郎	久米 邦武
	東條 英教	大木 遠吉
	和田垣 謙三	田中館 愛橘
	内村 鑑三	村上 専精

この番付によれば、久米は、山川健次郎と同列に格付けされたわけだ。その山川とは、物理学を専攻した人だが、当時は九州帝国大学総長であり、すぐ後には東京および京都の帝国大学の総長もつとめることになる人物、すなわち「学」「公」の世界のトップの座を占めていた名士であった。

片や久米は、論文事件で東京大学教授を免ぜられてから二〇年近くを私学の講師として過ごしてきており、早稲田大学の制度更新に伴って教授に列せられる直前の状況にあった。まさに「野」の人材と呼べよう。それでいて前頭二枚目に選ばれたのは、ほかならぬ「気骨漢」ぶりを認められてのことであったに相違ない。

4　気質あれこれ

議論する人

近侍時代に藩侯らと熱心に議論したこと（第二章2）、米欧回覧の大西洋航路で神器論を闘わせたこと《回顧録、下、二七七頁》をはじめ、久米の議論好きは、並大抵ではなかったらしい。

米欧回覧途上、ロンドンの久米の下宿に、工部省派出の宇都宮三郎が到着し隣室に泊まった《回顧録、下、四一七頁》。ある日、二人は朝食後すぐ議論を始めた。談は学校制度に及び、宇都宮は体験を語り出す（久米『史海』第一三号、一八九二年（明治二五）、五四頁）。

「少女向け教材に百人一首を使ったことがあるが、意味を問われると返事に窮することがあった」。

久米は答える「恋の歌は除外して、第一首に素戔嗚命《すさのおのみこと》の八雲立《やくもたつ》の歌はどうだ」。

宇都宮「出雲八重垣妻籠《いづもやえがきつまごめ》に、か。これも淫だよ」。

久米「では、日本武尊《やまとたけるのみこと》の歌でも採るか」。

宇都宮「あれも淫だ。日本は淫国だな」と嘆く。

久米「社会は男女交際で成り立っているのだから、地球上すべて淫国になってしまう」。

話なかばで昼食を終え、また晩餐も終えて、十二時になっても論は片付かなかった。

翌朝、食卓で顔を合わせるとまた懇々と談じ始める。その日も夜半に及び、翌々日も同様だった。その間、三日目に再訪した某氏いわく「まだ論じているのか、仲むつまじいことだな」と。

郷土史家・中川泉三は、久米『日本古代史』を読んで感動し、折しも『近江坂田郡志』編集に着手していたので、久米に書簡を送り、やがて親しく目黒邸で指導を受けることになる。晩年、次のように述懐した。

先生の談論は、あたかも急水が岩間を奔飛するかのようで、郷里では幼年期から「久米丈の才弁」として有名だった。先生の論法は、まずその結論を断言して、然る後に諄々とその理由や論拠を述べらる。その述ぶるや、全く無関係なるが如き方面から説き起こさるるを以て、初めは脱線とのみ思わせしめ、聴者往々迷路に入って〔後略〕

《中川・久米伝、七頁》

陽性の人

久米は二〇歳の頃、流行病に侵され、一時は危ぶまれ家人が山伏を呼んで祈禱させるという事態にもなった。山伏は、病人の足元に机を置き祈禱を始めた。久米は「病中にも悪戯心を起し、突然　机を蹴倒した〔中略〕家人は〔中略〕神仏にも見放されたと嘆いた」が、蘭法医・大石良英の適切な処置で回《ママ》復した《回顧録、上、三七二頁》。

また、友人・大隈の母の葬儀の際、場所柄もわきまえずに戯言を放ったので、参列者は失笑を禁じ得なかったという《研究、加瀬論文、四六一頁》。この話は、《回顧録、上、易堂先生小伝（一六頁）》では「以て愁雲《しゅううん》を一掃す」（お蔭で、湿っぽい気分は吹き飛んだ）と、功徳に数えられている。

同類の「陽性」人間は、久米の友人の中にも見られた。佐賀の細工師の息子・山村良哲は、志を立てて蘭学を学び、藩の医学教導にまでなったが、久米の祖母の臨終に立会った際、周囲の人々の悲嘆に頓着せず、理学の談に興じ、「冷えた死体を綿に包めば熱を引き〔後略〕」など深夜まで話していたという《文書、二、三二五頁、『伊東玄朴伝』に久米が寄せた談話》。

久米の演説は、名人芸とは程遠いものだったらしいが、公開研究会などで聞き手を楽しませることには長《た》けていた。講演筆記の途中に「笑声」の語が挿入されている例は多々見られる（日本歴史地理学会編『江戸時代史論』〔大正四年〕の「元禄時代」など）。

博覧強記の人

博覧（多読力）と強記（暗記力）は、必ずしも両立しないようだ。久米の場合、《実記》への古典引用に疑義が伴う例のあることは、文庫版への校注、英語訳・ドイツ語訳・現代語訳への注記で知られるが、その多くの場合、「原典を暗誦していることへの自負」の故に「原典と逐語的に照合することの煩瑣」が回避されたものと解される。

それにしても、久米の「博覧かつ強記」は、並々ではない。分かり易い例は「五箇条の御誓文」の話に見られる。滞米中の憲法談義で、久米が御誓文に言及したとき、木戸は、それを忘れていたことに気づいた《回顧録、下、二五八頁》。

修史館時代（第五章2）の久米は、九州での古文書採訪の途上、いわゆる髻《もとどり》文書の写しを見せられて、元来この「文書は方三四寸の切に書いたもの」、「か様か様な訳の物」と話し、秘蔵を開けて調べてもらったら、案の如くで、庫の中まで見通した識者のように感心されたという《著作集　四、八九頁》。まさに、博覧と強記との効果的な連動の例と呼べよう。

明治から大正へ「即座に」元号が変わったとき、久米は感想を発表し、史上ではもっと慎重だったと論じた（雑誌『太陽』一八巻一三号、「先帝崩御に際しての余の感想」）*。こういう場合、「強記」だけでなく、メモリーを引き出す（retrieve）能力、つまり学識者としてよりは時評家としての即応性が問われる。

*ドナルド・キーン『明治天皇』上巻、二〇〇五年。なお同書の下巻に「久米《実記》には失意のあとが見えない」とある。前述の「陽性」の顕われの一例であろうか。

久米が、若手の友人・吉田東伍（第七章2）の「博覧強記」を高く評価していたことは、初対面の印象記から知られる《研究、佐藤論文、四〇八頁》。吉田『大日本地名辞書』への久米評（別冊、二二頁）の一節を引用する。

目黒川の下流を品川と称えしこと久しきは、紀氏系図に大井、品川、潮田氏も分れたるにて知らる、辞書にこれを注記して頗る詳かなり／往年　余　筑後の久留米藩より田代文書を発見せり　醍醐源氏にして和泉の大島荘を領し、源平の乱に田代冠者　通綱　其の名あり／此の家も品川に領地あること文書に見ゆれば、品川は早く分れて此家の領もありたるなりこの場合には、博覧から得た知識の断片が寄木細工のように固く組み立てられている。久米―吉田に共通する貴重な研究能力だったと言える。それあってこそ、二人は永く親交を続け得たのであろう。話題が飛躍するけれども、囲碁に関し久米は「定石《じょうせき》は知らねばならぬが、定石ばかり打ってはいけぬ」と説いた《著作集、三、七二頁》。「強記プラス創案」の勧めである。彼の旧蔵書には囲碁の本も多い。

数える人　《実記》に統計や計量（度量衡）関係の数字が多いことは、前に強調した《維新、二〇三頁、二一九頁》。その傾向は、本職の歴史学分野でも目立っていたようだ。以下は、共著『国史眼』編修途上の話である。

書記の紀年が歴史の分度を誤るには困った。〔中略〕西洋世紀の如く百年を一紀となし　何とか名を与えて実を収めんと工夫した末に、時代の盛衰にて進化の順序廿一世紀を分ッた。〔重野〕先生はかかる数理的なことは余に一任された。

重野先生の欠点は「数理の注意乏し」いことだと、手きびしい評も見える（「余の見たる重野博士」《著作集、三、一〇二頁》）。

聴く人　久米が西洋音楽を語った例は、オランダ軍艦上の楽隊《回顧録、上、一七八頁》、軍楽隊の導入《著作集、五、二二頁》のほか、米欧回覧期にはかなりの数にのぼる。使節団が訪ねた最初の大都市サンフランシスコでさっそく砲兵隊の軍楽、船上の鼓吹《こすい》、女学校の唱歌、大宴会の奏楽に接した。初めて見た指揮者の働きについての感想《回顧録、下、二七二頁》は、今日の洋楽ファンを驚かすに足りるだろう。

最大規模の例は、ボストンでの太平楽会《実記Ⅰ、二九五頁～》。久米は、のべ四頁にわたって、難しい漢語を駆使しつつ会場・奏者・楽器・曲想・聴衆を詳述した。が、作曲者・曲名には一字も与えなかった。*

最も本格的な例はベルリンのオペラ観賞《同Ⅲ、三二四頁》。久米の記述はわずか四〇字ほど。現地調査によれば演目は「ローエングリン」。私の調査によれば本邦初演は昭和一七年、帝国劇場である。

*中村洪介『西洋の音　日本の耳』は、現地新聞によってプログラムを知り、議論を展開した。後に、プログラム変更の事実が明らかにされて、久米らが現実に聴いた曲が確かめられ、《実記》所載の鑑賞文の水準の高さが追認された（奥平康人『唱歌と規律』大阪大学大学院文学研究科・学位論文（二〇〇五年））。

謡本を読む人

ベルリン・オペラを報じた久米の四〇字の短文の中に「諸種ノ芝居中ニテ最上等ナルモノ猶我猿楽ノ如シ」とある。岩倉も「欧州諸国に於て、最高の演劇は国家の補助を受けて存立し、国賓を迎えては、之を接待の用に供する」こと、また「能楽は日本で最も高尚な演芸である」ことを熟知していた《回顧録、下、五四六頁》。当時の英照《えいしょう》皇太后が能楽を愛好され、青山御所の能舞台で演能を希望されたが、堪能な楽師を集めるのが難しく、実現に至らなかった《同前》。*

*明治九年、岩倉邸への行幸に際し、能・狂言が演じられたとの記録がある。明治一一年、青山御所に能舞

台ができた。明治一四年、岩倉を筆頭とする能楽社が結成された。歴史家・重野、久米らも社員となる（二人は、猿楽でなく能楽と呼ぶことを提唱した）。以上、横浜能楽堂編『能楽史事件簿』二三八〜二六二頁。

さて、久米は、明治の末から、雑誌『能楽』にたびたび寄稿し、謡曲関係の作品論、史論（起源、変遷など）を次々と発表した。その多くは《著作集、五、「日本文化史の研究」大隈和雄担当》に収録された。吉田東伍（本章2）も能楽論文を数多く残した。もっとも、久米にせよ吉田にせよ、着眼は、いわばブッキッシュであって、実技に深入りすることは多くない。対照的に、久米桂一郎は自演もした（能会番組などが残っている）。

この節の結びに、久米邦武の総論的意見の一端を紹介しておく。

この謡曲を二部分に分って技芸部分と文学部分となし、〔中略〕この際、文学のほうから謡曲の発達の道を図る〔中略〕アカデミーを置いて国語を磨いた仏蘭西劇の様に、宮中で貴人の前に出しても優美な演劇を遺り通すといふ能力は英国独逸でさえ苦しいのに、日本では無理な考ではあるまいかと思ふ。

以下、「それにはまず言葉を瑩《みが》く研究が必要」、つまり謡曲の詞《ことば》とくに科白《せりふ》を改良する必要があると主張し、「候《そうろう》」という語を抜くことを研究してみたらどうかと提案する。謡曲に関する久米の関心の一傾向がよく顕われていると言えよう。やはり彼は、謡を演ずる人ではなく、謡本のテキストを読んで研究する人だったようだ（『能楽』五巻四号、明治四〇年四月、七〜一四頁。「文学者諸君に望む」）。

文芸を味わう人　久米は漢学出身だが、日本文化史の研究を進める過程で、日本文学の諸作品にも親しんだ。

和歌のほうでは、「我歴史思想の三大流」という一九一一年（明治四四）の論文（『中央公論』二六年第七号。《著作集、三》に収録）に次の引用がある。

いとどしく　過ぎ行く方の　恋しきに　羨ましくも　返る波かな　（伊勢物語）

この和歌に対して久米は「むかし東国へ行きける男」の旅情…と解釈して、歴史思想に説き及んでいるが、

時知らぬ　山は富士の嶺　いつとてか　鹿《か》の子斑《こまだ》らに　雪の降るらん　（伊勢物語）

については、万葉集の「田子の浦ゆ…」の焼き直しで、ただ、その時が夏の初の景色だという経験を語るだけだ、と冷淡である。また、

道の辺に　清水流るる　柳蔭　暫《しば》し立ち寄り　涼み取りけり（西行法師）

は、「いかにも旅の実況」だが、気楽な詩的思想に過ぎず、歴史の眼で見ても「来し方行く末の鏡となる効力は乏しい」と、これまた軽くあしらわれている。

さらに、「史学思想の鍛錬」という一九一二年（明治四五）の論文（『地文』一巻二号と四号、《著作集、三》に収録）では、

風吹けば　沖つ白波　たつた山　夜半にや君が　ひとり越ゆらむ（伊勢物語）

を「上出来である」としながらも、これまた、

和田の原　おきつ白波　たつた山　いつか越えなむ　いもがあたり見む（万葉集）

の焼き直しだとの説に賛成して、史実や地理をあれこれ論評している。同じ論文の後段では、漢詩を素材とする考察が進められ、「詩の興感」と「歴史事実の判断」とを区別すべきことが強調されている。

俳句は、江戸遊学の帰路の紀行文（第一章2）に芭蕉の引用があるが、他の例は見当たらないようだ。

詩作する人

詩の諸ジャンルのうち久米が最も深く心を寄せたのは、当然ながら「漢詩」であった。

彼の少年期の友人某は、武術や実務に秀でていたが詩文の趣味に欠け、先輩から詩作のことを教えられ、梅雨の題で四句で五言絶句を成すと教えられても、「梅雨が降り続くに、何も二十字を綴る考えはない」と、詩会には加わらず、爾後も、詩作は無用の暇潰しと罵る没文漢だった。別の友人・福地文安（第二章1）は、詩作はしたが理屈の詩で、先生の批評を乞うと福地の作はいつも乙。朝顔の題で「一衰一益は天の常道　早く朝昏を運《めぐ》らすは実に凄惨」と作り、例のとおり乙であった。

そういう連中の中で、久米は、秋夜の題で「梧桐に対して深夜　坐するなかれ　風前の落葉　悲しみに堪えず」と作り、甲であった。しかし福地は「それも理屈だ、分からぬ」と呟《つぶや》いた（《回顧録、上、二三二頁》）。

江戸で在学した昌平黌では、入寮後ふた月ほど経た文久三年四月に、選ばれて詩文係りをつとめた。月に二回、詩の課題が出て添削を受ける。佳作は『抜優集』に掲載された《中川・久米伝、一六頁》。

詩を楽しむ人

佐賀に戻って藩侯の近侍をつとめた時期、久米習作の漢詩が藩侯の目にとまり、「久米の詩は調高し」と評価された。当時の作品八篇が伝えられている《中川・久米伝、二一～二五頁》。

晩年の事情については、「詩作・書道・囲碁の如きも、老来　旧友と詩会を催し、また囲碁を楽しみ、〔旅先に〕逗留の際も揮毫を請う者あれば、之に書して与えらる。されば後年　先生の行李《こうり》には必ず文房の具を蔵《おさ》めらる」とあって、作品の多さが暗示されている《回顧録、上、小伝、一四頁》。また、《研究、鹿野・今井論文（二七八頁）》は、久米研究の着眼点のひとつに「漢詩」を挙げ、文献『桜水遺稿』を記載している。

久米美術館では、久米の漢詩稿は断片的にしか発見されていない。ここでは、特記して文献《中川・久米伝》*に注意を喚起し、久米が関わった事項を抜書きしておく。

明治九・一〇年頃〔太政官時代〕　精華吟社を創始、月刊『新文詩』を発行

明治三〇年〔在野時代〕　煖老会と称し星岡茶寮で会合

＊久米の漢詩の掲載頁は、二一～二五、六六、七〇、七八、八一～八五、八七～九九、一〇一～一〇七、一一五～一五二。

5　晩年の詩情と思索

驪村の夕陽岡の草庵

久米が郊外に農地や山荘を所有したことは第一章4で述べた。邦武の手帳や桂一郎の日記を見ると、当時の読書備忘、来訪者、雇い人、金銭出納など、暮らしの細部を窺い知ることができる。

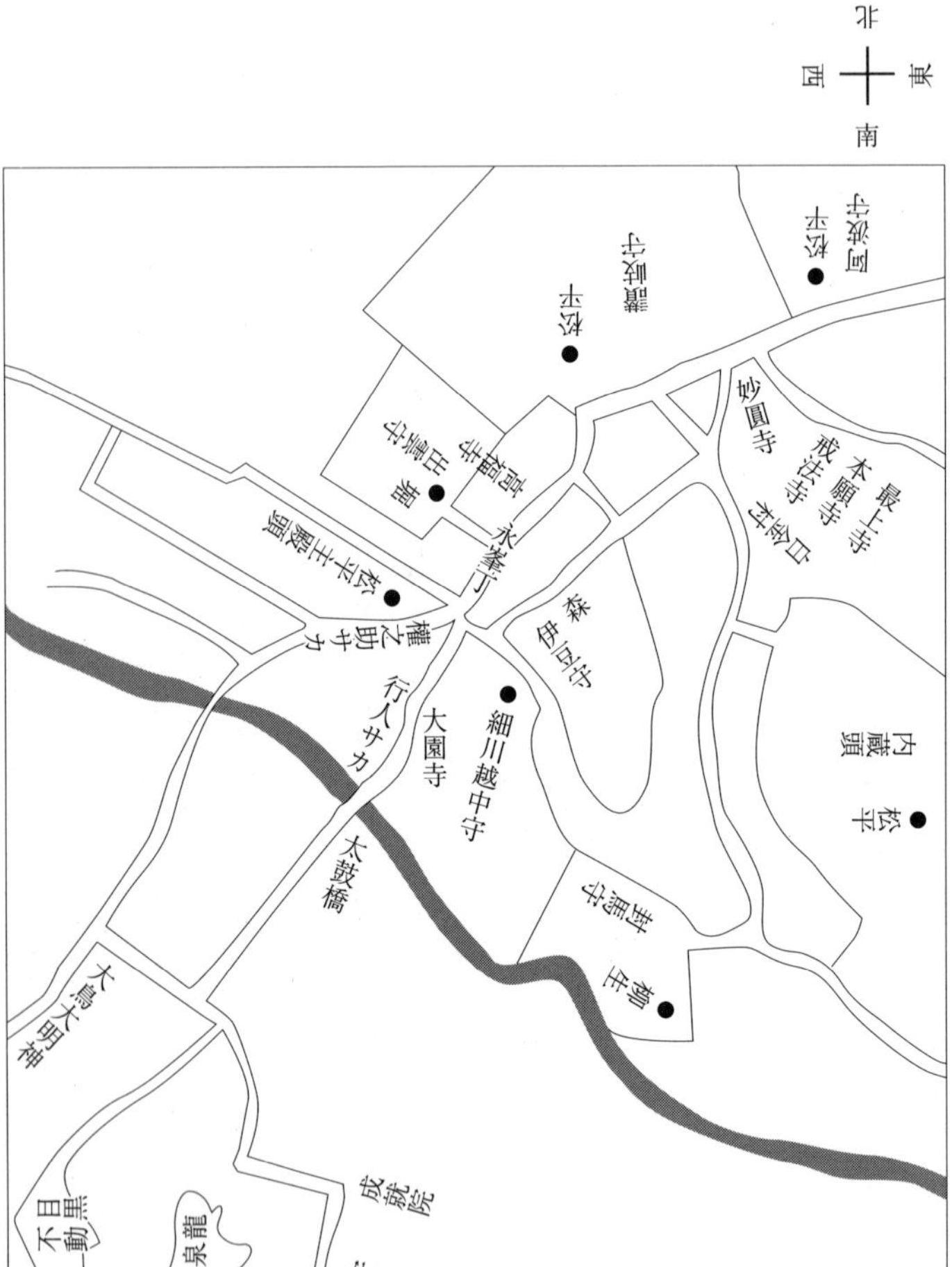

幕末の目黒地区　目黒白金図（嘉永７年）（●は下屋敷）

ここでは再び、吉田東伍（第七章2）『大日本地名辞書』（別巻〔題辞序評〕、二〇頁）に久米が添えた「評論」から引用する。

駅は目黒と標すれど、大崎村の小字長者丸に属し、通路を長峯町といふ、余が門は大崎に開いて、家は目黒の交にあり〔中略〕大崎長者は、駅北の丘に宅を構え、余の門庭を園林に抱いて、目黒川の平地に富士連巒の風景を眺めたりしか、余が宅の北は、江戸府の初めより島原侯松平主殿頭《とのものかみ》の別邸となり、夕日岡の別荘と称へ、富士の眺め紅葉の景色は有名の地なりき。今この辞書を検すれば、武蔵国荏原《えばら》郡御田郷に属し〔今は大崎村字上大崎小字長峯〕夕日岡の紅葉、及び行人坂《ぎょうにんざか》、長峰町を注記し比較的に詳なり〔中略〕大崎は御田郷なるを知れば、今の目黒の字三田あるにて、此地の古を稽ふるを得ん、大崎の永峯はつづいて海岸に到る〔中略〕其南の海岸に品川、大井連なれり

邦武が書斎に与えた愛称は次のとおりである（〔…〕は出典）。

夕陽ケ丘　〔論文「自由の苦痛」明治三一年《著作集、三、二一六頁》〕

独草庵　〔論文「神籠石は全地球の問題」『歴史地理』四‐一〇、明治三五年〕

驪《れい》村の夕陽岡の草庵　〔《時勢》序、大正四年。「驪」は黒、黒馬の意、ここでは地名「目黒」〕

久米の郊外生活は、一年十二月に当てはめた連詩で見事に表現された。以下、読み下し文を示す。詩の題の「田畯」とは「農作を司る人」つまり久米自身をさす。

田畯十二か月の詩

序

余ひさしく京城《みやこ》に住み　雅頌の音を聞く　愉悦せざるに非ず
されど疎野　性をなし　郊に出て太平に過ごせば　則ち浩然《こうぜん》　興を発す
先ごろ地を目黒に買い　耕を督すること年あり　頗《すこぶ》る東国の月例を知る（月例とは年中行事）
よって十二絶句を賦し　野老と共に之を詠う
題して曰く田畯十二か月の詩　傖文俚調また資するに風を採って足る（傖文とは粗野な文の意）
則ち君子　幸いに之を正せ

〔一月〕　酴醾《どぶろく》の新酒は寒に潑して醅《わ》く　赤脚《すあし》の耕奴は麦を培して回る
　一勝す自家生計の倹　また醃《しおづけ》の菜根いく樽か来る
　　菜根はすなわち蘿蔔《すずしろ》、目黒の美〔特産〕なり。

〔二月〕　霜ほころび款冬花《ふきのとう》　数根　人いう明日これ正元〔元日〕
　郊南二月　閑にして無事　旧に依って春風　野村に到る
　　明治改暦の後、東京なお旧暦を用いて正を賀す。

〔三月〕余寒しばらく尽き　耕耘を促す　麦畝の霜晞《かわ》き緑雲流る
耕奴を分付して瓜圃を治む　霏々たる細雨　春分を過ぐ
驪《めぐろ》村、春分に至って霜はじめて微《かすか》なり。

〔四月〕黄の独活《うど》苗は肥え　筍《たけのこ》は芽吹く　一犁　細雨　瓜疇《はたけ》を浥《うるお》す
まさに菽《まめ》を播くの好時節に逢う　芳草　洇のごとく勃鳩　啼く
独活、筍みな　目黒の美なり。

〔五月〕村南村北　摘茶の歌　一半は秔《うるち》を蒔き　一半は禾《きび》
門《いえいえ》も巷《ちまた》も人なく忙《せわ》しきは燕燕　紫の藤棚の下　落花多し
東国の乾田、近年　盛んなり。早稲および黍を種《う》う。

〔六月〕禾黍　苗は長く　麦はすでに黄なり　一年両獲　商量を費やす
秋雲　帰り来ること晩《おそ》し　漁野　薫風　夕陽に絲す
絲の字の出典は王安石。

〔七月〕黄梅雨足　牢に入れば晴る　禾黍　欣々としてことごとく栄に向う
藨蕪を分かたず　驕《さかん》に長養す　露濃く　また自《みずか》ら根を断って生ず
方言注　藨蕪草とは穢蕪なり。

〔八月〕午《ひる》いたり景《かげ》なく日　蒸すが如し　道《い》うを休《や》めよ吾が廬《いおり》　小なること甑《こしき》に似たるを
巨落　蘇餐　岩嶺の雪　白西瓜に燕氷を伐る

米国の大茄子、北京の白西瓜、並びに本年移種せり。岩嶺とは即ち落機《ロッキー》山なり。

〔九月〕 黍は老い　粱は華やぎ　麦は未だ蒔かれず　南軒の午気　蜂児を酔わしむ
秋園の月例　君すべからく記せ　正にこれ葡萄の熟さんと欲する時
葡萄　特《こと》に熟さば　必ず蜂児　集り来る。
〔十月〕 萄の籬《まがき》は黄に綻び　芥薹肥ゆ　楓葉は霜に着き　蕎雪飛ぶ
もはや秋郊　画まがきに堪える処　夕陽に稲を馱し　一牛帰る
〔十一月〕 米を売り税に充つれば未だ貧を作《な》さず　衣を典し麦を培えば春を支うるに足る
一炊の烟火　黄粱　熟す　吾はこれ　邯鄲《かんたん》夢裏の人
〔十二月〕 霜気は花と成り麦田凍る　窮陰の日月　晴天すくなし
城南の泥路　車は輻《や》を埋む　蘿蔔　山の如くして　銭抵《いた》らず

この連詩は、雑誌に二度、発表されたほか*、《中川・久米伝、六六〜六八頁》にも掲載された（ただし、明治十年と記載があるのは意味不明である）。

*『八紘』四号、明治二八年7月一五日発行。『佐賀』七号、同年一〇月三一日発行。

大隈も頭を悩ませた佐賀俚謡

話は大隈の他界（一九二二年）以後のことに移る。大正から昭和に変わった一九二六年、八八歳の久米は、過ぎし日の大隈との歓談を回顧して一文を雑誌に寄せた。左に要旨を紹介しておく（「古い米搗き唄」『佐賀人』第一巻第二号、一九二六年（大正一五）、一二一〜一三頁)。

大隈侯存命中の出来事だが、早稲田の老侯邸に、武富時敏君らと落ち合って雑談していたとき、上佐賀で流行していた俚謡「米搗き唄」に話が及んだ。

都々城とうとう　とうぼし飯／川
上　上白あへなまず
惣座　いで餅　出羽まんじゅう／
久池井　北原　ひざこきわい
尼寺　国分寺　うずらのはんまや
／……／
玉林寺の鐘はゴーン

さて、終わりから二行目がどういう文句だったか、考えて見たが、誰

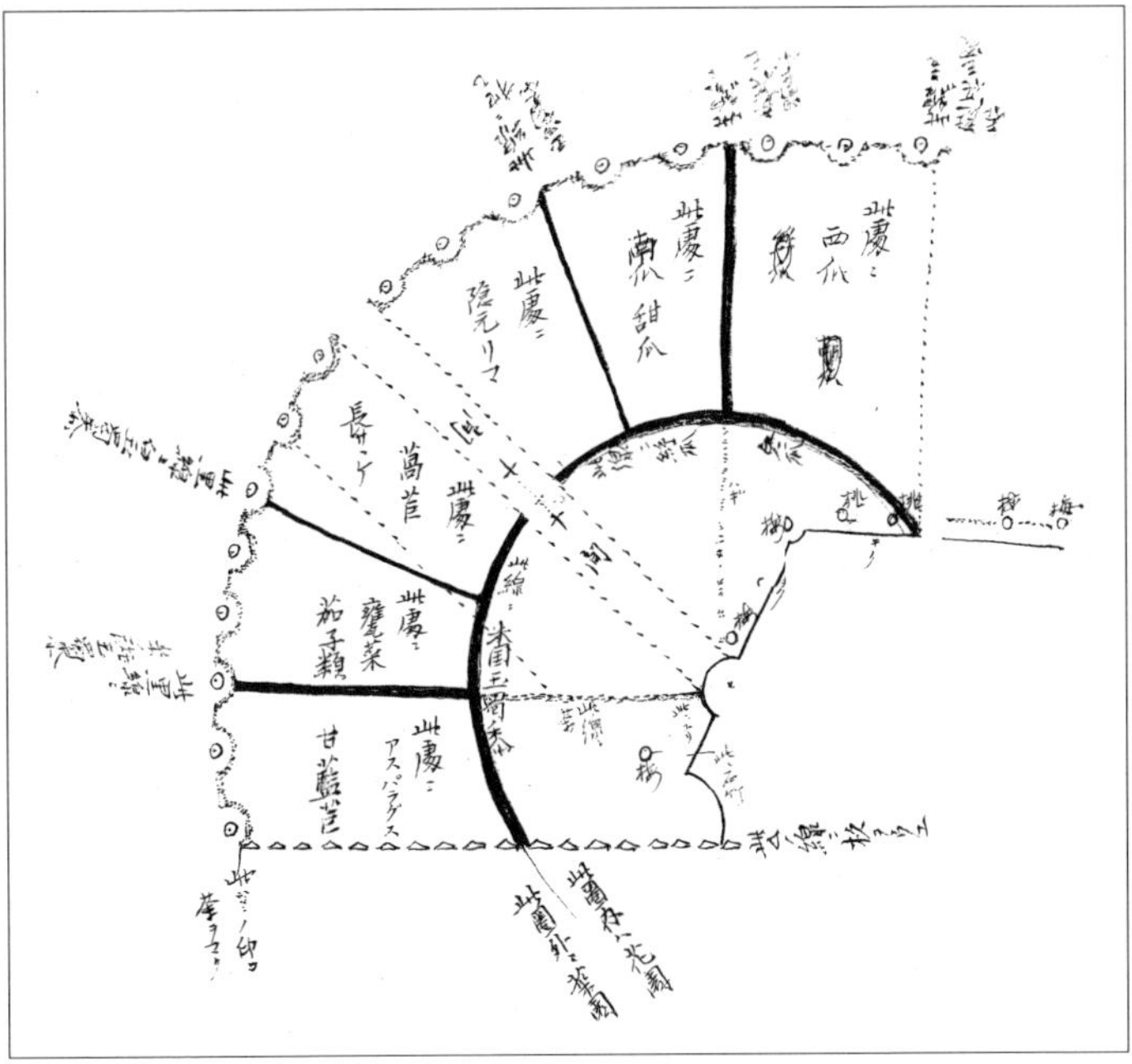

久米家の実験農場（当時，平塚村鎗ヶ先）の作付図（久米美術館蔵）

も判らぬ。では、何時ごろ流行したのか。玉林寺の鐘の鋳造は元禄時代だから、唄はそれ以後だ。

問題は、この唄にどういう社会相が現われているかだ。地理的には、川上地方、それも今の春日、尼寺を中心としている。それで、都々城の者は「とうぼし飯」を食うというのだが、これは赤米飯で、まずい。他方、川上の上白飯はやや贅沢に聞こえる。副食の「あへなまず」が「鮎と鯰」なら上等だが、大隈候によれば「ひば」のなます、これも美味でない。「いで餅」は麦粉の餅、「うずらのはんまやァ」は栗飯と判ったが、「ひざこきわい」は、さすがの老候も不可解とされ、そのまま冥途へ行かれた。

以上、地方誌の小記事「銷夏《しょうか》漫談」だが、副題に「大隈候の頭を悩ます」とあり、後記に「久米博士は…古代史の権威で、佐賀の郷土史のごときは…博士の右に出る者はない。…上目黒にて風月を友とし八十八の高齢…かくしゃく壮者をしのぐ」とある。この同郷人歓談は、当然ながら佐賀弁で展開されたであろう。この方言は、特に久米のそれは聞き取りにくく、早大の受講者も難儀したという。

右の記事を載せた雑誌『佐賀人』の発行は「東京　佐賀人社」となっているが、この歓談の筆記を「東京育ちの記者」が担当することにでもなったら、さぞ苦労しただろう。幸いに久米が、標準語ベースの「佐賀譚」を書いてくれたので、話題の面白みと佐賀弁の独特さが後世に伝わり、大隈への供養にもなった。今後「ひざこきわい」など研究して下さる方が現われれば、故人たちも喜びを新たにするのではないか。

文明を語る人

久米の手稿『文明手引草』は、《文書、二》、《同、三》に分割収録されたのであるが、その後新たに断片が発見され、局所ごとに研究されてきている（福川知子、日本科学史学会、二〇〇〇年・年会、以降）。手稿の全貌はなお把握しきれないが、福沢諭吉の文明観との対比など興味深いものと思われる。

進化論を敬遠した人

私は、本書のこのあたりの節で「進化論を信奉または批判する人　久米邦武」を取り上げることができるだろうと期待し、証拠集めに腐心してきた。この期待の背景を手短に述べておく。

自然科学史を専攻する私は、ダーウィン進化論の提示が一八五〇年代末になされたことを知っていたので、その延長として「一八七〇年代初頭の岩倉使節団は進化論とどこかで接点を持ったであろう」との期待をもち続けてきた。しかし《実記》は、この期待を満たしてくれなかった。ただし、久米の他の著作に親しむにつれて、進化論への言及も稀には見られることを知った。そのスタンスは、次のようなものであった。

地球の表皮に壌土を造りて、生物の繁息する地層を成したるより、今に幾万年の星霜を経たるにや、其の中に人類の生れたる順序は如何なるにや、元は猿の進化なりといひ、或は海獣の進化なりといひ、或は極星の差にて発元の地は氷海の北にあるなどと、方に理学の研究中にあり。ただし物は因ありて果あるの理によれば、人類も元始の一種より繁息したるべし。人種一元多元の説は是非を決せざれど、いずれに従うも、日本聯島の原人は必ず大陸より徒遷したるものならざるべからず、世人の漫言する如く、時運の或る時期に到達せしとき、大陸中にも海中の島嶼にも、人類は自然に湧出たりとの思想は成立せず。（『日本古代史』早稲田大学出版部、一九〇五年〈明治三八〉、一〇頁）

以上、古典物理学的な決定論を表に出した所論であって、その限りでは首尾一貫している。また、続く節には、洪積層とか貝塚とか銅鏃《どうぞく》とか石砮《せきど》とか、当時の地質学・人類学・考古学の用語もちりばめられていて、久米の学習対象の広さには、いつもながら驚かされたのである。

ところで、岩倉使節団と進化論との関係については、「国際シンポジウム『岩倉使節団の再発見とその今日的意義』」（東京、二〇〇一年）において英国の研究者からも発言があり《再発見、九一頁、二四三頁》、私も、進化論の日本での受容に関しひとこと発言をしておいた（記録はされなかったが）。

科学史年表から知られるように、西洋の動物学を本格的に日本へ伝えたのは米国出身の御雇い教師E・S・モース（一八三九〜一九二三）で、彼は東京大学で教えて大森貝塚を発見し、一八七七年（明治一〇）に東京市民対象の初の進化論講演を担当した。だが、仮にそれを久米が聴いたとしても、その翌年に刊行される《実記》へ進化を反映させることは不可能だったに違いない。

なお久米の盟友・畠山の旧蔵書（国立国会図書館、もと「畠山文庫」）には、旅行案内等と共にダーウィン『人間の由来』（米国、一八七一年）と『種の起源』（米国、一八七二年）も含まれていた。さて、官学歴史家時代の久米は、より詳しく進化論を「学ぶ」ことができたはずだし、続いて日本思想界を揺るがせた社会進化論に関しては、身近な問題意識をもって接したに相違ない。そのような経験を持った久米が、前出の『日本古代史』では、進化論に対して「冷淡」としか言いようのないスタンスを見せている。なぜなのか。推測すれば、久米は、社会進化論を含むダーウィニズムを「知悉《ちしつ》」していながら、それを「敬遠」したのではないか。そのメンタリティは、次に引用するメイヨの見解によって充分に説明されるであろう《使節の研究、三〇四頁、三一六頁》。

彼ら〔岩倉使節団員〕は急激な改革を行って前進しながらも、過去を大切にした。〔中略〕一八七〇年代に『実記』を書いた久米の任務は、改革の多様性を受け入れる国民の気分を醸成するのを助け、保守であろうと革新であろうと、極端に走るのを断つことであった。

たしかに、明治初年の日本では、進化論に対する科学的な批判論者（アメリカでのL・アガシーのような）は育っておらず、その反面、性急な社会ダーウィニズム受容が目立っていた（渡辺正雄『文化としての近代科学』二九三頁）。

久米は、動物進化の現象を一般論として肯定しつつも、人間集団に強烈なインパクトを与え動乱を誘起しかねないような社会ダーウィニズムの思想や運動に対しては、きわめて敏感だったのだ。

長命を楽しむ人

一九二六年（大正一五）、『長寿』という雑誌が創刊され、高齢の著名人の作品が並んだ。漫画家・岡本一平《いっぺい》が表紙画と随想を受け持ち、巻頭言は漢文学の簡野道明、以下、子爵・渋沢栄一、海軍大将・山本権兵衛、東京女学校長・棚橋絢子《たなはしあやこ》らが寄稿している。久米もそこへ一文を投じた。

生命の長短によって人生の幸不幸をはかり、長からんことを求めて、あらゆる手段を講ずることが人情の常であるが、一度目を見はって、生命の長短は偶然のものでないことを暁《さと》り、更に生命の長短がいわゆる天命ではなく、寧《むし》ろ後天的の摂生《せっせい》によるものであることを知る者は、よろしく深く省みるところがあって、生命の神秘を理解し、それに応じ、身のためをはかり、外界との交渉を律《ただ》して行くなら、長命を楽しむことが出来ると考うべきである。

世の長命を得たるものの言う所の多くは、いわゆる健康長寿法たるもの〔な〕を説いて、極めて規則的な生活を送るとか、常にしかじかの物を食用するとか或いは、特殊な運動を行うとか言う。真の長寿の道は、我が観るところはこれと異なる。

そのあと久米は、「海藻、ことに褐色のものをそのまま摂取するのがよい」と説き、「生命〔の〕保険」に最も良いことは、自然のままにすること、無為にして化してゆくこと」だとし、植物を「食用として摂るときは、その時期のものを取るのが要を得ている。はしりと称して好んで食べるごときは、私は決してしない」と主張する。それに続けて、「自然の神秘を物語る一つの挿話」の紹介に進む。

…あるとき温室に百合《ゆり》を育てたことがあった。一枝を切って壺に刺して毎日　水を換えているうちに、ちょっぽりと出た花芽《かが》が自《おの》ずから萌えのびて、白い蕾《つぼみ》となり、やがて蕾は綻《ほころ》びて、しぼりの花は香り高く開いた。〔中略〕水と空気との中から、いくばくの糧《かて》をとったか、それは分からぬ。しかし、こうした壺の中の天地に、ソロモンの栄華にも及ばぬ華やかな天然の色は、鮮やかに作り出されたのである。私はここに、生物の生命がいかにして栄枯するかの一つの暗示を得たと思ったのである。この花びらの一つも人力《じんりょく》にて作り出すことは出来ぬ。科学の力に限りをつけるわけではないが、人々が、もっと自然に帰り、そして長閑《のどか》な静寂をたのしみ、世俗の忙《せわ》しさにまきこまれぬことを心掛けるのは、生を培《つちか》う唯一の路である。

（『長寿』第一年七月号、一七〜一九頁、一九二六年〔大正一五〕七月）

久米の生きざまは、天命論に流されることや長寿法にとらわれることを斥《しりぞ》け、自然のままにすることを勧める。その時期のもの、つまり「旬」の食品を尊重し、「はしり」愛好には走らない。科学は、花びら一つ作り出せない、そこに限界は感じられる。しかし科学は、生命の栄枯につての暗示を与えてくれる。科学へのこうした期待を抱きながら、ひと枝の百合をいつくしみ育て、その色や香りを観察し楽しむ。そこには、人文系の学者には稀な、実験理学者に似た姿を読み取ることができる。

終章　一等席から見た一幕

久米邦武の終焉

久米が編み出した健康法は独特なものだった。幼い時から多病で、山伏の祈禱（第七章4）なども含む諸療法を経験したが、晩年はビタミン剤服用、マッサージ、吸入療法を励行した。若年期は美食家で洋食や佐賀料理を好んだのに、後には菜食を重視し自家農園の野菜を愛用した。「消化の悪い食品をわざと食べよ」「下痢のときは水分をしぼり出せ」など、風変わりな主張を持ち、周りの人に講釈した。

こうした自己流健康管理で長命を保ってきた久米も、最晩年には「吾人の寿命は、糸を切られた風船玉のようなもの、どこに落ち着くかわからん」と語り、自宅でも旅先でも孤独を愛するようになる。

かつての主家・鍋島家の直大《なおひろ》は、一九二一年（大正一〇）、大患に冒され、久米が見舞った折に「久米君、負けた負けた」と告げ、その日に世を去った。また一九二三年（大正一二）新春、大隈重信は病篤く、久米が年賀を告げたとき「久米君おめでとう」と細い声で応じたのが最後の挨拶となり、一月一〇日に他界した。三者は長寿を競い合う約束をした間柄だったが、それに「勝った」久米が孤独

園遊会記念写真（久米美術館蔵）
1919年（大正８），邦武81歳の祝賀のために目黒の久米邸で開かれた。後方は仮設の能舞台。

を味わうことになった。

一九二六年（昭和元）一一月一三日には、名士・碩学《せきがく》ら二百余名が目黒の邸に集って久米の米寿を祝った。模擬店あり余興あり饗宴あり、大倉喜八郎男爵が袖無し羽織を贈って久米に着せた《中川・久米伝、一〇八頁》。

一九三一年（昭和六）正月も三津と湯河原で過ごしたが、流感の予後、食欲の減退が目立ち、服薬も困難となる。継嗣・桂一郎が手配した自動車・寝台車で東京に戻ったものの、二月二四日正午頃、絶脈した。享年九三。戒名は宏文院天秀易堂居士。

忘れられた史家とその作品

ところで、久米は「忘れられた史家」であったということが、しばしば話題にされる。

そこで私はこの終章において、なぜ彼が、また、その代表作《実記》が「忘れられた」のか、その背景を論じたいと思っていたのだが、ほどなく、数学でいうような唯一解はあり得ないと悟り、結局は断念した。

それで今は、「忘れられる前」と「よみがえり始めた時」とを、断片的に考察しておくこととする。

岩倉使節団が海外で歓迎され、その際の久米の働き振りが評価されたことは、いくつかの記録で証拠付けられる。他方、あまり知られていない模様だが、左のように冷淡な例もあったのだ。

当時の受容一例

フランスでは、《実記》五巻本が一八七八年（明治一一）のパリ万博に展示された。その事実は、フォンペルテュイ（F. de Fontpertuis）という人の著書 *Chine, Japon, Siam et Cambodge*（中国、日本、シャムおよびカンボジア）、一八八二年に紹介され、《実記》の題名は ***Récit d'un Voyage en Europe et Amérique,*** dû à M. Daijo — Kuan となっていた。著者フォンペルテュイは、この書物を評価して「日本研究者が翻訳すべきもの」と称したそうであるが、当時の万博会場では、この書物によって日本人のヨーロッパ文明観をさぐろうとするものは誰もいなかった（林屋辰三郎編『文明開化の研究』岩波書店、一九七九年。松田清「フランスからみた文明開化」一九一頁〜。文中、岩倉使節団や《実記》への言及もいくつか見られる）。

右の万博は、同年五月一日に開会した。《実記》はその会期進行中に、発刊されたばかりの形で展示されたことになる。日付の上でのこの際どさは、細かい検討に値するであろう。ともあれ《実記》は、フランスでは、「忘れられる」以前に「無視される」憂き目を見たわけだ。

母国の制度・文物の改良に貢献

翻って、故国日本ではどのように受け取られたのか。大正初年、久米の盟友・大隈重信が与えた総括を見直そう（大隈重信『開国大勢史』早稲田大学出版部・実業之日本社、大正二年、第四二（最終）章、一二二七頁～）。

明治政府が幕府より継承したる、外交事務中の最大難件たる条約改正に関しては、明治四年十月、既に岩倉大使の一行が欧米十三国に派遣せられたるあり、〔中略〕一行の条約改正に於ける事跡は、既に世人の知悉《ちしつ》する所なるも、其の内地の制度・文物を改良する上に、間接の功多かりし一点は、之に思い到る人少なし。けだし、一行七十余人が、欧米各国に於いてみずから目撃したるところを以て、帰朝の後、我が国を稗益《ひえき》したる所多きは言うを須《もち》いず。其の尚《なお》海外に在るに当たり、日本に留まれる者は、他日　彼らの為に指笑せられざらんことを欲し、之と競争して、すでに各般の進歩改良を実行せり。是、明治五、六年の間に於いて、文明開化、旧弊廃止の声盛んに起こり、我が国の民情・風俗　全然一変したる所以なり。例えば義務教育の制、全国募兵の制、行政・司法の分離、京浜間鉄道の敷設、横浜瓦斯《ガス》灯の創設、娼妓《しょうぎ》解放の令、郵便・電信および警察の創設、太陽暦の採用、穢多《えた》・非人の称の廃止、僧侶の肉食妻帯自由、男女混浴・裸体外出禁止、断髪の勧誘等は、みな此の当時の事なり。

ここに列挙された「改良」のすべてが明治五、六年の間に実行されたわけではないけれども、その前後しばらくにわたる時期のことだったのは疑いない。使節団の「旅行中」に故国へ影響を及ぼしたという指摘は、従来あまり見られなかったようであるから、「旅する人」久米邦武を含む使節団の「間接の功」をここで採り上げてみた次第である。

また、《使節の研究、大久保論文〈八三～八四頁〉》は、この「旅」の記録である『実記』の内容とその後の日本国是の展開とが区別されるべきであることを、注意している。

その内容は記述克明であり、立派であって、たしかに読んで面白い。明治国家建設の側面を記録するすぐれた大作であることにはまちがいない。しかし、この書は国民啓蒙を目的とした記録官久米邦武の西洋文明印象記であるので、そういう点で、この書物だけで岩倉使節の意義、成果を判定し評価することには、疑問を投げざるを得ない。〔中略〕これを実際にみれば、「岩倉使節」の成果は、政治的には征韓論の阻止にまずあらわれ、「内治優先」という国策の線によって大使帰朝とともにはやくも動き出している。大久保・木戸の薩長内閣の成立、大久保による内務省の新設と、これを軸とする富国強兵内政の展開は、まぎれもなく「岩倉使節」が推進力となった。教育では田中〔不二磨〕文部省理事官が文部大輔となって「学制」実施に力を入れたいわゆる田中文政もこの使節の成果に他ならない。岩倉使節の総合的研究は、明治維新史全体のうえからなされなければならない。

忘却のプロセス

久米や《実記》が忘れられた理由のうちで最も解りやすいのは、専門家による専門的報告の出現であろう。文教政策を例にとれば、田中理事官の完璧な報告が受容され歓迎されて、新しい学制の策定へのストレートな寄与となった。さて、それが陽の目を見れば、文教専門家でない久米の報告は、「斯界」のプロフェッショナルからは顧みられなくなり、遂にはアマチュア作文として軽んぜられ、結局、あの貴重な歴史的総合性のみずみずしさは見失われる。他の分野、例えば殖産興業の面でも、推移は同様であっただろう。創始（者）の宿命が痛感される。

よみがえりのプロセス

では近年の「よみがえり」をもたらしたのは何か。文庫版の普及といった事情も決して無視できないが、もう一歩、奥に眼を注げば、史学「史」への深い洞察と、そして学際性とくに地域・時代・言語の差を越えた広い考察とが、久米および《実記》への関心を復帰させたのではないか。

史学史の面で言えば、明治初期、清朝考証学・バックルらの文明史・ゼルフィーの歴史科学・リースの近代史方法論と古文書学などが奔流のようにぶつかり合っていた史学の世界で、信頼できる歴史を、また広く市民に読まれる歴史を追及しつつ、史料を収集し論著を多作した久米への、新たな共感が湧き上がってきたのではないか。

特等席から世界見物

最後に、もう一つ、久米の言をお伝えしたい。本書の副題に頂戴した「史学の眼鏡」で久米が見たものの中の最上等品を知ることができる。

余の一生は古今の歴史中　最も面白い時代であって、是《これ》を一続きの芝居とするなら、余は其の一番　面白い幕を見たと言ひ得る。しかも観席には席の等級が多いに拘らず、余は幸いにも一等席から見ることを得たのは、亦《また》生涯の幸福と信じている。

《回顧録、上、四頁》

この幸福感は、その後の我々日本人には二度と到来しなかったのかもしれない。しかし、そうした幸福感を味わった日本人がかつて実在した、そして、その著作が大量に遺されていることは、日本社会の一隅で（時たまでもよいから）想い起こされてほしい。

「さまざまに品かわりたる旅」をし、「芝居の最も面白い幕を特等席から見た」久米邦武という人物を、千鳥足ながらにせよ、ご紹介してきたこの私もまた、幸福な日本人の一人だったようだ。

米寿を迎えた邦武（久米美術館蔵）

参考文献

本書の「共通文献」略号の索引（略号の五十音順）

ア行

《維新》　高田誠二『維新の科学精神』朝日選書、一九九五年（平成三）。（章立ては後掲）

《欧米》　イアン・ニッシュ編／麻田貞雄ほか訳『欧米から見た岩倉使節団』ミネルヴァ書房、二〇〇二年（平成一六）。

カ行

《回顧録》　『久米博士　九十年回顧録』早稲田大学出版部、上下二巻、上－一九三四年（昭和九）七月、下－同年一〇月。〈復刻〉宗高書房、上下とも一九八五年（昭和六〇）。（解題は後掲）

《学際》　田中彰・高田誠二編『『米欧回覧実記』の学際的研究』北海道大学図書刊行会、一九九三年（平成五）。（内容詳細は後掲）。

《研究》　大久保利謙編『久米邦武の研究』吉川弘文館、一九九一年（平成三）。（これは、別掲《著作集》の別巻である。内容詳細は後掲）。

《公伝》　『鍋島直正公伝』侯爵鍋島家編纂所、全七巻、一九二〇年（大正九）。（解題は後掲）

サ行

《再発見》　米欧回覧の会編『岩倉使節団の再発見』思文閣出版、二〇〇三年（平成一五）。

《佐賀・教育史》　佐賀県教育史編さん委員会編『佐賀県教育史、第四巻　通史編（一）』佐賀県教育委員会、一九九一年（平成三）。

《佐賀・教育五拾年》 佐賀県教育会編纂『佐賀県教育五拾年史 上編』佐賀県教育会、一九二七年(昭和二)。
《時勢》 久米邦武『時勢と英雄』広文堂、一九一五年(大正四)。
《使節の研究》 大久保利謙編『岩倉使節の研究』吉川弘文館、一九七六年(昭和五一)。(目次は後掲)
《使節団の研究》 田中彰『岩倉使節団の歴史的研究』岩波書店、二〇〇二年(平成一四)。(章立ての詳細は後掲)
《実記》 久米邦武編、田中彰・校注『特命全権大使 米欧回覧実記』岩波文庫、一九七七年(昭和五二)~一九八二年(昭和五七)。(なお、同書の初版、復刻版、現代語訳および欧語訳については後掲を参照)
《諸辞令》 『諸辞令 写』、久米美術館蔵。
《成立》 『日本近代史学の成立』大久保利謙歴史著作集7、吉川弘文館、一九八八年(昭和六三)。
タ行
《著作集》 久米美術館編『久米邦武歴史著作集』全五巻+別巻(前掲の《研究》)吉川弘文館、一九八八年(昭和六三)~一九九一年(平成三)。(詳細の目次は後掲)
《東大年報》 東京大学史史料研究会編『東京大学年報』全六巻、東京大学出版会、一九九三年(平成五)~一九九四年(平成六)。
ナ行
《中川・久米伝》 『中川泉三著作集』六、川瀬泰山堂、二八五~四四〇頁(本書では一~一五二頁として引用)、「久米邦武先生伝」、一九七八年(昭和五三)。(詳細は後掲)
《鍋島閑叟》 杉谷昭『鍋島閑叟』中公新書、一九九一年(平成三)。
ハ行
《幕末佐賀》 A・コビング『幕末佐賀藩の対外関係の研究』鍋島報効会、一九九四年(平成六)。

マ行

《文書》　久米美術館編『久米邦武文書、一』〜『同、四』吉川弘文館、一九九九年（平成一一）〜二〇〇一年（平成一三）。（詳細は後掲）

ヤ行

《読む》　西川長夫・松宮秀治編『『米欧回覧実記』を読む』法律文化社、一九九五年（平成七）。（全体の構成は後掲）

久米邦武研究・主な先行文献の主題別リストと解題（刊行年順。共通文献略号《…》は右掲）

久米邦武著作の集成

《著作集》『久米邦武著作集』全五巻＋別巻、吉川弘文館。

第一巻　聖徳太子の研究、佐伯有清・篠川賢校訂、一九八八年（昭和六三）。

第二巻　日本古代中世史の研究、佐伯有清・篠川賢校訂、一九八九年（平成元）。

第三巻　史学・史学方法論、佐伯有清・篠川賢校訂、一九九〇年（平成二）。

第四巻　古文書の研究、荻野三七彦・佐藤能丸校訂、一九八九年（平成元）。

第五巻　日本文化史の研究、大隈和雄・小原仁・佐伯有清校訂、一九九一年（平成三）。

別巻　久米邦武の研究、大久保利謙編、一九九一年（平成三）。

《文書》　久米美術館編『久米邦武文書』全四巻、吉川弘文館。

第一巻　巡幸日記・文書採訪記録、佐藤能丸・今井修担当、一九九九年（平成一一）。〔後掲の田中彰「歴史家久米邦武」と佐藤能丸「久米邦武年譜」を補筆して付載〕

第二巻　科学技術史関係、高田誠二担当、二〇〇〇年（平成一二）。

第三巻　岩倉使節団関係、田中彰・山崎渾子担当、二〇〇一年（平成一三）。
第四巻　中国古代・近代史論、佐伯有清・篠原賢担当、二〇〇一年（平成一三）。

久米邦武研究「文献リスト・展望」総表

《研究》　四七三～四八二頁「久米邦武年譜」および四八三～五二〇頁「久米邦武著作目録」、佐藤能丸担当。
今井修・佐藤能丸「久米邦武研究文献」、久米美術館『新訂版　歴史家久米邦武展』一九九七年（平成九）、一〇二～一〇八頁。〔全体の構成は後掲〕
今井修「久米邦武研究の課題――研究文献と展望」『早稲田大学史記要』二四号、一九九二年（平成四）三月、一三三～一六九頁。
『久米美術館　館報』（各年刊）、「関係文献　久米邦武関係」。

久米邦武の生涯と業績（発表年代順）

《公伝》『鍋島直正公伝』一九二〇年（大正九）。佐賀藩第十代藩侯の伝。久米邦武編修／中野禮四郎〔本書第七章1〕・校補の作品であり、史料出典の記載はないが「どの項目についても確実な史料が存在する」と評価されている《鍋島閑叟、二〇〇頁》。久米の名は随所に現われるが、それは当事者としてであって、第一人称による登場ではない。

《佐賀・教育五拾年》　一九二七年（昭和二）年。冒頭五～一四頁に、久米邦武談話「弘道館の話」所収。

《回顧録》　一九三四年（昭和九）。晩年の久米の談話を石井八萬次郎・川副博〔本書第七章1〕を筆記編修し、中野禮四郎〔第七章3〕が序文を寄せた作品。冒頭に「文学博士易堂先生小伝」がある。口述は、久米の長逝で中絶し、下巻後段およそ三分の一は追補形式となり、明治二五年で結ばれた。「自由な放談」として《使節の研究、大久保、一五三頁》、また、「情感豊かな人柄」の発露した作品として〔同、メイヨ、二七五頁〕、評価されている。

〔訃報一〕　藤木邦彦『史学雑誌』、四二巻四号、一九三一年（昭和六）四月、四九一〜四九八頁（著作年表イ。成書、ロ。論文）

〔訃報二〕　橋村博『歴史地理』、五七巻四号、一九三一年（昭和六）四月、五五三〜五六一頁（著作年表、論文年表）。

〔追悼〕　大森金五郎「故久米邦武先生を憶ふ」『歴史地理』同右、五六一〜五六五頁。

《中川・久米伝》　一九七八年（昭和五三）。郷土史家として久米に師事した著者（本書第七章3参照）が、面談や旅行の際に久米から聴き取った話題も紹介された異色の文献だが、典拠が全く示されていないので裏書は難しい。久米「神道は…」全文のほか、創作漢詩も数多く引用されている。

嘉治隆一「独創的実証史家　久米邦武」、『伝記』、一巻七号、一九四七年（昭和二二）一〇月、二六〜二九頁。著者は朝日新聞の論説委員・出版局長。民主主義者列伝の一篇。「疑わしきは削る」、「伝統への挑戦」、「独創的解釈」などの着眼のもとに、久米史学の志向と達成を的確にとらえている。

《佐賀・教育史》　一九九一年（平成三）。杉谷昭・担当の章は時代・環境に眼を配った質の高い伝記である。

第二部「主題による教育課題の分析と考察」。

第一章　第二節、一〇五三〜一〇九五頁、「幕末佐賀藩における久米邦武」。

第二章　第三節、一一二五〜一一五〇頁、「久米邦武と歴史学」。

川副博「久米邦武先生小伝」『佐賀史談』一九六九年（昭和四四）三月、創刊号。著者（本書第七章3参照）が久米から聴取した話題（葉隠研究の縁、邦武晩年の電気・ガス嫌いなど）も採り上げられている。

《使節の研究》　一九七六年（昭和五一）のうち

一五一〜一五四頁、第四章三、大久保利謙「編著者〔久米〕の経歴」

二六五〜三二六頁、メイヨ「岩倉使節の西洋研究」

《研究》一九九一年（平成三）。別掲《著作集》の別巻として刊行された。

目次　はじめに　大久保利謙

久米美術館『新訂版　歴史家　久米邦武』一九九七年（平成九）。

久米邦武とキリスト教　山崎渾子
久米邦武と科学技術　高田誠二
久米邦武と早大時代　佐藤能丸
久米邦武とその周辺　加瀬正一
久米邦武年譜　佐藤能丸
久米邦武研究文献　今井修・佐藤能丸

《学際》一九九三年（平成五）年〔全体の構成は後掲〕のうち
五四～六四頁、総論（田中彰）第三章4「『米欧回覧実記』の編修者、そして歴史家としての久米邦武」。

《読む》一九九五年（平成七）〔全体の構成は後掲〕のうち
四二九～四五三頁、Ⅱ諸論二。福井純子『米欧回覧実記の成立』。
四五五～四九一頁、Ⅱ諸論三。佐々木康之　久米邦武小伝。

《使節団の研究》二〇〇二年（平成一四）〔全体の構成は後掲〕のうち
九七～一一〇頁、第Ⅰ部　第四章　久米邦武――「編修」者から歴史家へ。

その他、人名辞典・百科事典などでの記述は採り上げないが、以下二篇は、久米ともう一人の重要な関連人物を扱った新しい文献として挙げておく。

〈久米邦武と鍋島閑叟〉、佐賀県青少年育成県民会議・発行『郷土史に輝く人びと』一九七九年（昭和五四）。杉本昭・執筆の七～五〇頁「鍋島閑叟」および一七八～二一四頁「久米邦武」。

〈久米邦武と吉田東伍〉、佐藤得丸『志立の明治人　下』、六九～一三七頁、二〇〇五年（平成一七）、芙蓉書房出版。

米欧回覧実記・関係

〈関係文献リスト〉

《学際》第3編、一三五～一四七頁、「関係文献」山崎渾子担当。

〈『米欧回覧実記』〈原典と翻訳〉

初期の版本の概要・正誤表、《実記V、解説　三八三～三八七頁》。

成立過程、《研究、一〇一頁～》、《学際、四二頁～》、《読む、四二九頁～》、《使節団の研究、六九頁～》。

文庫版　前掲《実記》。

復刻版　一九七五年、宗高書房。

現代日本語訳『現代語訳　特命全権大使米欧回覧実記』、編著・久米邦武、訳注・水澤周、企画・米欧亜回覧の会。全五巻、慶應義塾大学出版会、二〇〇五年。

英語訳　*The Iwakura Embassy 1871–73. A True Account of the Ambassador Extraordinary & Plenipotentiary's Journey through the United States of America and Europe* / compiled by Kume Kunitake / Editor–in–Chief of the Translation: Graham Healey Chishichi Tsuzuki / 5 Vols. / 2002 / The Japan Documents.

Vol. I. The United States of America tr. Martin Collcutt.

Vol. II. Britain, tr. G. Healey. XX + 456pp.

Vol. III. Continental Europe, 1. tr. Andrew Cobbing.

Vol. IV. Continental Europe, 2. tr. P. F. Kornicki. XXII + 440pp.

Vol. V. Continental Europe, 3; and the Voyage Home, tr. G. Healey, Eugene Soviak, C. Tsuzuki.

[科学技術史文献としての批評的紹介：福川知子『科学史研究』、No. 233、2005年春。p. 54–58.]

ドイツ語訳　Die Iwakura Mission Das Logobuch des Kume Kunitake über den Besuch der japanischen Sondergesandtschaft in Deutschland Õsterreich und der chweiz im Jahre 1873 ũbersetzt und herausgegeben von Peter Hans Pantzer Indicium München 2002.

〈《実記》に関する研究書〉〔本書第三章1も参照〕

《学際》一九九三年（平成五）
第一編　実録の書としての『米欧回覧実記』（論文一〜一一）
第二編　洞察の書としての『米欧回覧実記』（論文一二〜一九）
第三編　『米欧回覧実記』索引（1〜5）
関係文献／収録図版出典一覧

《維新》一九九五年（平成三）
章立てキーワード／光と色・省力・水学・蒸気・化学・鉄・陶磁・電信・病院・農業・数学・度量衡・統計・暦と天文／科学観

《読む》一九九五年（平成七）
目次：はじめに　西川長夫
Ⅰ　諸国〔アメリカ以下各国、ヨーロッパ、帰航日程〕
Ⅱ　諸論〔文明論・政治論、『実記』の成立、久米小伝〕

岩倉使節団・関係

《使節の研究》一九七六年（昭和五一）
目次　一、岩倉使節派遣の研究　大久保利謙
二、岩倉使節派遣並に復命関係資料　大久保利謙
三、岩倉使節の西洋研究　マリーン・メイヨ／芳賀徹・斉藤恵子　訳
四、『特命全権大使米欧回覧実記』年譜

五、人名索引

六、岩倉使節関係研究文献目録

《使節団の研究》二〇〇二年（平成一四）

目次　序章―岩倉使節団（『米欧回覧実記』）の研究史と本書の課題

第Ⅰ部―岩倉使節団と『米欧回覧実記』〔成稿過程・久米邦武（「編修」者から歴史家へ）ほか〕

第Ⅱ部―岩倉使節団の世界と日本〔「西洋」と「東洋」ほか〕

第Ⅲ部―岩倉使節団とその歴史的意義

《岩倉使節団の再発見》二〇〇三年（平成一五）

目次　えがき　泉三郎／第一部　セミナー（一二題）／第二部　公開フォーラム（一一題）

『岩倉使節団の比較文化史的研究』、芳賀徹編著、思文閣出版、二〇〇三年（平成一五）。

『岩倉使節団における宗教問題』、山崎渾子、思文閣出版、二〇〇六年（平成一八）。

米欧亜回覧の会編、DVD「岩倉使節団の米欧回覧」慶應義塾大学出版会、二〇〇六年（平成一八）。

○附録A　久米家の系図《研究、加瀬論文、四四一頁》。

久米義広—義家—家広（弘）┬良寛
　　　　　　　　　　　　└以英—以全—真豊┬保宣
　　　　　　　　　　　　　　　　　　　　└利宣—叙昌—清盈—清邦—邦彦—邦郷—邦武

以下、「久米家 家系略図」（久米美術館蔵。古い文書を原稿用紙に筆写したもの）によって補訂。

[訂正] 二代目「義家」は誤植。正しくは「良家」（加瀬論文の本文は正しい）。

[補足] ①久米氏は菅原姓 又 本 卜部姓
②義広　先祖以来　周防　久米村　住人。此　以前　家系　正徳四年　類焼の砌　紛失
③義広　幼年より兵術　心懸け　就中　弓術の達人
④良家　妻　鍋島清久公　姫。良家〔鍋島〕直茂公　御国　御安堵之上　所領の地　百二十町余　奉　献上
候。其後　扶持　被下

○附録B　「諸辞令　写」（久米美術館蔵。古い文書を原稿用紙に筆写したもの）。〔　〕内は本書で補記。

以下、「日付／受命者／[令文]／発令者」の順で示す。

官歴辞令

巳〔一八六九（明治二）年〕九月一五日／久米丈一郎／大史兼神事局大弁務被命候事／政府
午〔一八七〇（明治三）年〕三月一一日／久米丈一郎／以本官当分雑務局大弁務兼被命候事／政府
庚午〔一八七〇（明治三）年〕一〇月八日／久米丈一郎／任佐嘉藩権大属／佐嘉藩庁
〔一八七〇〕明治三年午　一二月／久米丈一郎／御洋行御供被仰付候事／家事職
附箋　印章未ダ賜ラス　闕印〔一八七一〕明治四年辛未　八月二日／／依願免
〔一八七一〕明治四年辛未　七月五日／久米邦武／任佐賀藩大属／佐賀藩知事〔氏名略〕佐賀藩大参事〔氏名略〕
〔一八七一（明治四）年〕辛未　九月晦日／久米丈一郎／家扶被命候事／家事職
〔一八七一〕明治四年辛未　久米邦武／任権少外史／太政大臣　従三位　三條実美　宣　大内史　従五位　土方久元
〔一八七一〕明治四年辛未　一一月五日／権小外史　久米丈市／今般　特命全権大使欧米視察各国へ被差遣候ニ付
随行被仰付候事／太政官
〔一八七一（明治四）年一一月五日／久米丈市／任権少外史　右宣下候事／太政官
〔一八七一（明治四）年〕辛未一二月／久米邦武／大使附属枢密記録等可上取調候事／特命全権大使
〔一八七一（明治四）年〕辛未一二月八日／叙正七位／太政大臣　従一位　三條実身　宣　大内史　正五位　土方久光
奉
〔一八七二（明治五）年〕壬申八月三日／久米邦武／使節紀行纂輯之儀専務ニ相心得　杉浦弘蔵申談可取調候事／
特命全権大使
〔一八七五〕明治八年二月二三日／権少外史　久米邦武／大使事務局書類年調御用被仰付候事／太政官
〔一八七五〕明治八年五月二五日／権少外史　従七位　久米邦武／任少外史／太政大臣　従一位　三條実　美　宣　大内
史　正五位　土方久元　奉
〔一八七五〕明治八年六月二七日／少外史　久米邦武／故　広沢参議暗殺一件　取調参座被仰付候事／太政官

〔一八七五〕明治八年七月七日／少外史　久米邦武／故　広沢参議暗殺一件　取調参座被免候事／太政官

〔一八七五〕明治八年九月二〇日／正七位　久米邦武／叙従六位／太政大臣　従一位　三條実美　宣　大内史　正五位
土方久元　奉

〔一八七五〕明治八年九月二二日／従六位　久米邦武／任権少史／太政大臣　従一位　三條実美　宣　大内史　正五位
土方久元／奉

〔一八七七〕明治一〇年一月一八日／従六位　久米邦武／任少書記官／太政大臣　従一位　三條実美　宣　大書記官
従五位　中村弘毅　奉

〔一八七八〕明治一一年一二月二五日／少書記官　久米邦武／米欧回覧実記編修成功ニ付　為其賞金五百円下賜候事

〔一八七九〕明治一二年三月一三日／太政官少書記官　従六位　久米邦武／任三等編修官／太政大臣　従一位　勲一
等　三條実美　宣　内閣書記官長　従五位　中村弘毅

〔一八八〇〕明治一三年六月六日／久米邦武殿／家事向相談致依頼候事

〔一八八〇〕明治一三年六月一一日／三等編修官　久米邦武／御巡幸供奉被仰付候事／太政官

〔一八八一〕明治一四年一二月二二日／三等編修官　従六位　久米邦武／任二等編修官／太政大臣　従一位　勲一等
三條実美　宣　内閣大書記官　従五位　作間一介　奉

〔一八八二〕明治一五年二月一七日／従六位　久米邦武／叙正六位／太政大臣　従一位　勲一等　三條実美　宣　内閣
大書記官　従五位　作間一介　奉

〔一八八六〕明治一九年一月九日／正六位　勲六等　久米邦武／修史局編修仰付　内閣

〔一八八六〕明治一九年四月一〇日／修史局編修　正六位　勲六等　久米邦武／叙奏任官二等　賜下級俸／内閣総理
大臣　従三位　勲一等　伯爵　伊藤博文　宣

〔一八八七〕明治二〇年七月七日／修史材料古文書為捜索福岡大分佐賀熊本宮崎鹿児島六縣ヘ出張ヲ命ス／内閣

〔一八八七〕明治二〇年八月二〇日／修史局編修　久米邦武／修史材料古文書捜索トシテ長崎県ヘモ出張ヲ命ス／内閣

〔一八八八〕明治二一年一〇月二九日／修史局編修　正六位　勲六等　久米邦武／任文化大学教授／内閣総理大臣　従二位　勲一等　伯爵　黒田清隆　宣

〔一八八八〕明治二一年一〇月二九日／文科大学教授　正六位　勲六等　久米邦武／叙奏任官二等／内閣総理大臣　従二位　勲一等　伯爵　黒田清隆

〔一八八八〕明治二一年一〇月三〇日／文科大学教授　久米邦武／臨時編年史編修委員ヲ命ス／帝国大学

〔一八八八〕明治二一年一〇月三一日／文科大学教授　久米邦武／中級俸下賜／文部省

〔一八九〇〕明治二三年一二月二三日／文科大学教授　正六位　勲五等　久米邦武／陞叙奏任官一等／文部大臣　従二位　勲二等　芳川顕正　宣

〔一八九〇〕明治二三年一二月二三日／文科大学教授　久米邦武／年俸金弐千弐百円下賜／文部省

〔一八九一〕明治二四年三月三一日／文科大学教授　久米邦武／年俸金弐千円下賜／文部省

〔一八九一〕明治二四年月二六日／文科大学教授　久米邦武／史誌編纂委員ヲ命ス／帝国大学

〔一八九二〕明治二五年二月二七日／正六位　久米邦武殿／御用有之候之条　明後廿九日　午前十時　通常礼服着用出頭可有之候也／爵位局

〔一八九二〕明治二五年二月二九日／正六位　勲五等　久米邦武／叙従五位／宮内大臣　従二位　勲一等　子爵　土方久元

〔一八九二〕明治二五年三月四日／文科大学教授　久米邦武／非職ヲ命ス／文部省

〔一八九二〕明治二五年三月三〇日／非職文科大学教授　久米邦武／依願免本官／文部省

○附録C　久米邦武自筆の履歴書　（早稲田大学　大学史資料センター蔵）

早大が文部大臣に教員認可申請を行った際、各教員に提出せしめたもの。
一九〇五（明治三八）年三～四月に執筆。
改行は原文どおり　句読点は佐藤能丸氏が新たに付けた。
《研究、佐藤論文、三九一頁》。《学際、田中論文、五四頁に引用》。

佐賀藩士族。天保十年己亥七月十一日生。安政元年、藩ノ弘道館ニ入学。同六年、卒業。文久二年、江戸へ遊学、昌平坂学問所寮ニ入学。元治元年、舎長助勤命セラレ、退学帰藩ノ後、鍋島大納言ノ近習トナリ、明治元年、弘道館教諭トナル。二年、府藩県制トナリ佐賀県権大属トナリ、四年、大属ニ進ミ、廃藩ノ後、鍋島家ニ扶トナリ東京ニ上ル。

同年十一月五日、権少外史に任シ特命全権大使欧米各国へ被差遣ニ付随行仰付ラレ米国へ渡航シ、十二月八日、正七位ニ叙ス。桑港ニ於テ大使付属枢密記録等取調へ兼テ各国宗教視察命セラル。五年八月三日、英国倫敦府ニ於テ使節紀行纂輯専務ニ心得、杉浦弘蔵（後に畠山義成）申談シ取調へヲ命セラレ、六年九月、大使ト共ニ帰朝復命ス。七年、記録課長トナリ法例彙纂編輯を担当ス。八年二月廿三日、大使事務局書類取調御用仰付ラル。五月廿五日、少外史ニ陞任シ、九月廿日、従六位ニ陞叙ス。廿二日、権小史ニ改マリ、十一年一月廿八日ヨリ少書記官ニ改マル。十一年十二月廿九日、米欧回覧実記編修成功ニ付、其賞トシテ金五百円下賜セラル。

十二年三月、修史館三等編修官ニ転任シ、十三年六月、御巡幸供奉仰付ラレ、東山（ママ）東海巡幸日記ヲ編述ス。十四年十二月廿二日、二等編修官ニ陞任シ、十五年二月十七日、正六位ニ陞叙シ、十七年十一月十三日、勲六等ニ叙シ単光旭日章ヲ授与サル。十九年一月九日、修史局ニ改マリ編修ニ任シ奏任官二等ニ叙ス。廿年六月、修史材料古文書捜索トシテ福岡大分佐賀長崎熊本宮崎鹿児島七県へ出張ヲ命セラル。廿一年十月九日、修史局ヲ帝国大学ニ寄ラレ文科大学教授ニ任シ奏任官二等ニ叙シ、臨時編年史編修ヲ命セラレ、始メテ国史科ヲ設ケ講座ヲ担当ス。廿二年 廿三日、奏任官一等ニ陞叙シ瑞宝章ヲ授与サレ、廿五年二月廿九日、従五位ニ叙シ、三月四日、非職ヲ命セラレ、三十日、願ニ依テ免官。

問題点と解釈

右の附録C「自筆履歴書」の内容を、《読む、福井論文》および《諸辞令》と照合してみると、左のような大小さまざまな問題点が明らかになる。事実の関連を整理し、本書での解釈を記す。

①初段の三行目「佐賀県権大属」の「二年」は誤り。正しくは「三年」。これは単純な誤記と解される。

②第二段の2行目「大使付属」、正しくは「附属」。「兼テ各国宗教視察」の経緯は、本書の第四章3を参照。

③同、4行目「記録課長」は、《福井論文》、《諸辞令》のいずれにおいても「追認できない」。重野・久米の一時期の筆法を以てすれば、久米記録課長は「抹殺」されなければなるまい。

ところが本人は、《回顧録 下、五三三頁》で「外史局記録課長であった余は」と書いている。本件を単純な誤記（ないし創作）と解するのはやはり無理である。この問題の解明には、福井論文も本書も未着手の、別種の官庁記録の調査が必要であろう。久米美術館蔵の断片的な文書「正院分課一覧表（明治七年〔一八七四〕三月）」には、「外史所管」部門の分掌表に「外史本課」と「記録課」とを兼轄する「課長・中村弘毅」と「副課長・佐久間一介」を挙げ、「外史本課」の六等官に谷森真男・野口常共、七等官に久米邦武・横田香苗・牟田口元学・を挙げているが、「記録課」は六等官を欠き、七等官に山田時章・藤田健を挙げている。過渡期の断片資料なので、決定的な裏付けには役立たないが、紹介してみた。

④第三段の四行目「二十一年十月九日、修史局を」の日付は「廿九日」である。「廿」の字体の誤認か。

——感想を一つ。久米の一論文に「太平記は史学に益なし」とあるが、「自筆履歴書は伝記研究に益なし」だろうか。私は、そうは思わない。自筆の履歴書には、それなりの「偏り」があるだろうが、そうした偏りもまた自己表出であり、従って個人史の素材としての益をもつはずだと信ずる。

あとがき

物理学とその歴史の研究に携わってきたので、量子論のM・プランクほか物理学者の伝記を書く経験はもったが、日本の文科系学者の評伝を手がけるのは、これが初めてである。執筆初期の半年ほどは、先行研究者の仕事と張り合う気持が強くて、書きたいことをせっせとパソコンに打ち込む日が続いた。久米美術館所蔵の久米邦武の著作・旧蔵書・雑誌記事などからの引き写しは、かなりの分量に達した。

ところが、後半の一年ほど、本書の構成に関する編集担当者の基本的な了解が得られた後、中身をきちんと書き始めてからは、他の資料館の文献への気がかりが強まって、他館へ出向き筆写やコピーをする日が増し、そして間もなく、この作業のターゲットは限りなく拡散するらしいと気づいた。こうした気づき方は実は何回目かであって、もっと早く見極めるべきだったのだが、そこはやはり、「日本史学者の評伝」という、私にとって未知の分野への挑戦が引き起こした気負い過ぎの誤算であったようだ。

さて、見極めがついてからは、先行研究者と張り合う気持は薄れ、自己流の執筆方針が定まった。

つまり、久米美術館で「久米邦武」関連の展示を企画し準備する機会が今後も到来するであろうことを想定しながら、「学芸員・研究員の担当する予備作業が今後はよりスムーズに進む」ようになることを念じつつ、「その面で多少とも寄与できるような本を書こう」という心組みが成立したのである。

従来、そうした準備段階で最も頻繁に参照されたのは《回顧録》であったが、この大作は、かけがえのない文献であるにせよ、談話調でしかも中断された作品であったし、索引もないので、準備担当者は、しばしば苛立ちを覚えたものだった。本書が、そのような苛立ちを緩和し準備の労を他に転ずることに役立てば、展示内容もおのずから充実の途を辿るであろう。ひいては、久米邦武の実像を、より広く世にお伝えすることにも貢献できるであろう。以上が、本書担当者の最終的な本音である。

ただし、「はしがき」以来、喩《たと》え話に採り上げてきたCT計測という着眼に戻って考えると、どんな計測にも「不確かさ」は伴うのであるから、本書も不測の誤認・誤記を含むであろうことは覚悟しなければならない。お気づきの点をご教示いただきたいと切に願っている。

この仕事と並行して私は、副題に頂戴した「史学の眼鏡で浮世の景を」眺めることの喜びを、多角的に（久米流に言えば、八面的に）味わうことができた。本書執筆をお勧めくださった方々に深謝する。

また、私を北海道大学での《実記》研究会に呼び入れていただいた後、久米美術館での仕事とも結び合わせて下さった田中彰教授の学恩に対しては、最高の謝意をお伝えしなければならない。

久米美術館では、三代にわたる館長・副館長の配慮を賜り、学芸員・伊藤史湖氏、同・斉藤里佳氏、研究員・福川知子氏の、いつも変わらぬ助力を受けた。資料整理の初段階を担当された元研究員・

小森恭子氏をはじめ、協力者諸君の寄与も忘れがたい。その他、美術館への参観者、資料交換・討論の相手あるいは旅する仲間といった形で、私を励まして下さった国内外の有志各位に、心から敬意を表する。出版実務は、ミネルヴァ書房の田引勝二氏が律儀に処理して下さった。厚く感謝する。

最後に、今後とも関連情報を久米美術館（〒一四一―〇〇二一　東京都品川区上大崎二―二五―五）にご提供いただくよう願ってやまない。

二〇〇六年初秋

高田誠二

久米邦武年譜

和暦	西暦	齢	関係事項	一般事項
天保一〇	一八三九	1	7・11佐賀（当時、佐嘉とも書いた）の八幡小路で生まれる。父は佐賀藩士、御側侍で山方・里山方をつとめていた久米邦郷、母は和嘉。幼名は泰次郎のち丈一郎、丈市。号は易堂、樸斎。	蛮社の獄。
弘化　三	一八四六	7	2・11佐賀の蒙養舎に入学。論語の素読など。	5佐賀藩に火術方。
嘉永　二	一八四九	10	1月父が大阪蔵方に転勤、邦武は武富圯南の天燭社にも通う。典籍に親しむ。	6月佐賀で初の種痘。
三	一八五〇	11	5月義祭同盟の結成。久米は安政五年に参加。	佐賀・築地の反射炉で大砲を鋳造。
六	一八五三	14	2月元服。算術を学びはじめる。8月長崎に赴きロシア軍艦を見る。	6・9ペリー浦賀に来航。
安政　元	一八五四	15	1月佐賀藩校弘道館の内生寮に入り先輩・大隈重信・副島種臣を識る。3月再び長崎へ赴く。	
文久　元	一八六一	22	藩侯と継嗣・直大とを交えた『唐鑑』研究に参加。	11・20藩侯直正が隠居し閑叟と

	二	一八六二	23	この年を含む両三年の間に結婚。5月薩摩へ旅。11・11江戸へ出立。紀行記録「跋渉備考」執筆。京都で父と合流。	号した。
	三	一八六三	24	1月江戸で儒学者・古賀謹堂に師事。江戸の昌平坂学問所（昌平黌）の書生寮に入る。4月詩文掛に選ばれる。『大英国志』に接する。	
元治	元	一八六四	25	4・1退寮し江戸を離れ、中山道を経て佐賀に向かう。5・25郷里に着。藩校の補欠指南役を勤める。6・20藩侯と対談し天皇親政に言及。6・21藩侯と西洋政体談義。楠公の墓に詣でる。9月藩侯近侍・秀島藤之助の事故で、その後任の近侍となる。	ジュネーブで赤十字社結成。第一次長州征伐。
慶応	元	一八六五	26	8月佐賀を訪ねたフルベッキと面談。	清国で洋務運動。
	二	一八六六	27	8・8長子・桂一郎誕生。	
	三	一八六七	28	家督を嗣ぐ。	大政奉還。
明治	元	一八六八	29	藩校・弘道館の教諭となり、教科内容を改定。岩倉家の子弟の九州遊学に協力。	明治維新。
	二	一八六九	33	2月江藤新平の勧めで佐賀藩治規約案を作成。その途上、生徒の意見で教諭を辞す。3月『藩治規約』を公布、藩の精錬所の活版印刷に付して配る。9・	版籍奉還。

三	一八七〇	31	15藩の大史　兼　神事局大弁務を命ぜられる。10・8藩の権大属に任ぜられる。	
四	一八七一	32	1・18前藩主・閑叟没。葬議の委員をつとめた。4・26父が死去、享年74。7・5藩の大属に任ぜられる。9・30鍋島家の家扶を命ぜられる。鍋島直大の外遊計画に参画（中止）。11・5太政大臣発令で権少外史に任ぜられる。同日、特命全権大使・岩倉具視の欧米一二国視察に随行を命ぜられる。11・12横浜を出航。12・6米国サンフランシスコ着。12・8正院の発令で「文部省理事官随行ノ心得ヲ以テ教門ニ係ル政律取調ノ兼務」を命ぜらる（後日、米国ワシントンで受理）。従七位に叙せられる。12月特命全権大使発令で「大使附属枢密記録等ノ取調」を命ぜられる。	7月廃藩置県。9月使節方別局設置。
五	一八七二	33	2月特命全権大使発令で「文部省随行を免除し大使随行」を申し付けられる。2・18文部省理事官心得を免ぜられる。畠山義成と共に米国憲法を研究。7・3ボストンを出航。7・13英国（現）コープ着。ロンドンほか主要八都市とハイランドを回覧。8・3ロンドンで特命全権大使発令により「使節紀行纂	福沢諭吉『学問のすすめ』。

			輯之儀専務ニ相心得、杉浦弘蔵ト申談 取調」を命ぜられる。11・16ロンドン発、フランス・カレーを経てパリ着。	
六	一八七三	34	1・12久米権少外史へ「去九月より月々洋銀五十元増給」と申渡し。2・17ベルギー、2・24オランダ、3・7プロイセン、3・30ロシア、〔ハンブルク経由〕4・18デンマーク、4・24スウェーデン、5・1ドイツ地方、5・9イタリア、6・3オーストリア、6・19 スイスと回覧。〔リヨン経由〕マルセイユを出航、帰路につく。その間、オーストリアのウィーンでは、開催中の万国博覧会を詳しく参観、5・29イタリア・ヴェネツィアの「アルチーフ」では、日本からの古文書を閲読・模写。紅海・インド洋・南シナ海・東シナ海の主要港を経て神戸着。途中、上海の江南兵器製造局の翻訳局で「理、化、重、礦、地質、航海、防海・度学の書」が翻訳されていることを知る。9・13横浜へ帰着。10・7大使事務局へ出仕。	1・1改暦。1・10徴兵令。5・5皇居で出火、使節団関係書類の多くが焼失。5・1〜11・2ウィーンで万国博覧会。9月大使事務局設置。
七	一八七四	35	この年、二度にわたり佐賀へ帰省。第一回の上京に際し家族を同行、築地に居を定めた。	佐賀の乱。

八	一八七五	36	2・23大使事務局書類取調御用を仰せ付けられる。5・25少外史に任ぜられる。6・27故広澤参議暗殺一件取り調べに参座。7・7同右　参座を免除。9・22権少史に任ぜられる（詳しくは「権少外史」で太政官正院外史本課に所属、『法例彙纂』を編集）。この年、京橋三十間堀に転居、母を迎え半洋風の生活を始める。目黒（現・林試の森）方面に畑地を入手、農事に携わる。	太政官に修史局設置。廃刀令。
一〇	一八七七	38	1・18太政大臣発令で少書記官に任ぜられる。1・29太政官の記録掛に配属。	1月大使事務局は終結。4月東京大学創立。
一一	一八七八	39	10月『米欧回覧実記』全五冊を博聞社から出版。12・29米欧回覧実記編修成功ニ付其賞金として五百円を下賜される。上大崎（現・目黒駅近傍）に土地を入手、山荘を建て夕陽が丘と呼ぶ。	5・14大久保利通暗殺。
一二	一八七九	40	太政官・修史館に移り重野安繹のもとで編修に従事。	
一三	一八八〇	41	6・16〜7・23明治天皇の巡幸に供奉し、山梨・三重・京都ほかを巡回。12月『東海東山　巡幸日記』を編述。6・6鍋島直大から家事向相談を依頼される。この年、芝公園の能楽堂の設置に参画。	
一四	一八八一	42	12・22二等編修官に任ぜられる。能楽社が結成され、	

			久米は社員となる。	
一五	一八八二	43	5・17正六位に陞叙される。	1月軍人勅諭。
一六	一八八三	44	修史館同僚と研究会開始。「肥前瓷器」等を発表。	7・20岩倉具視死去。
一七	一八八四	45	11・13勲六等に叙せられ単光旭日章を受ける。	
一九	一八八六	47	修史館廃止に伴い設置された臨時修史局で編修。	3・1帝国大学令。
二〇	一八八七	48	4・10奏任官二等に叙せられる。下級俸を賜る。7・7〜福岡・大分・佐賀・熊本・宮崎・鹿児島・長崎へ出張、修史材料古文書を探索。	1月ドイツの歴史学者リースが来日し、2月帝大で開講。
二一	一八八八	49	10・29臨時修史局の帝国大学移管に伴い、帝国大学文科大学教授に任ぜられる。10・30臨時編年史編修委員を命ぜられる。10・31中級俸を賜る。	
二二	一八八九	50	9月史学科二年生のための「支那歴史」を開講。史学会の設立に尽力、11・1発会式を兼ねた第一回学会に参加。『史学会雑誌』編纂委員となる。第一号から三回連載の論文「日本幅員の沿革」を発表。	2・11大日本帝国憲法。6・27国史科設置。
二三	一八九〇	51	12・23奏任官一等に陞叙され、年俸二千五百円を下賜される。12・27勲五等に叙せられ、瑞宝章を受ける。論文「石磬銅鏃考並鉄冶の起源」ほか多数発表。12・22『稿本　国史眼』全七冊を刊行（重野安繹、星野恒と共同）。	7・1第一回総選挙。10・30教育勅語。

二四	一八九一	52	3・24文科大学発令で史誌編纂委員を命ぜられる。3・31年俸二千円を下賜される。論文「太平記は史学に益なし」「神道は祭天の古俗」ほか多数を『史学会雑誌』に発表。この頃、文科大学で「古文書研究会」が発足、久米も参加。	3・24度量衡法公布。
二五	一八九二	53	1・25「神道は祭天の古俗」が雑誌『史海』に転載され、内容が神道家らの議論を呼ぶ。3・4文部省発令で非職を命ぜられる。3・30文部省発令で依願免官となる。この年、「西洋美術排斥論につきて」ほか多数発表。	
二六	一八九三	54		帝大で古文書学開講。
二七	一八九四	55	史学会編纂委員を辞し評議員となるが、講演・執筆は活発に続く。立教学校（立教大学の前身）の専修科教員となり、史学を担当。のち国史、支那史も担当（二年間）。連載論文「泰東史談」とその続編を『郵便報知新聞』に発表。	8・1〜日清戦争。
二八	一八九五	56	立教学校文学会『八紘』に「文学とは何ぞ」を発表。漢詩「田畯十二月詩並序」を雑誌『佐賀』に発表。	
二九	一八九六	57	1・12継嗣・桂一郎結婚。1・18母・和嘉死去、享年90。5・1妻・淑死去、享年59。	

三一	一八九八	58	この夏、箱根に滞留、漢詩創作。爾後、晩年まで同様な旅行と詩作を続ける。	6・30第一次大隈内閣。
三二	一八九九	60	東京専門学校（早稲田大学の前身）文学科の講師となり、国史、古文書を担当。日本歴史地理研究会（後に学会）設立の賛成員となる。	8・3私立学校令。
三四	一九〇一	62	「古文書学」を東京専門学校の講義録として刊行。	2・3福沢諭吉死去。
三七	一九〇四	65	「日本古代史」を早稲田大学の講義録として刊行。	2・10〜日露戦争。
三八	一九〇五	66	4月『上宮太子実録』を刊行。「南北朝時史」、「奈良朝史」を同大学の講義録として刊行。	
四〇	一九〇七	68	4・28早稲田大学で教授会議員制度の発足に伴い、教授となる。春に明治学院神学部で連続講義「日本古代史と神道との関係」（10月警醒社　刊）。	
四一	一九〇八	69	8・12日本歴史地理学会主催で鎌倉において講演「鎌倉時代の武士道」（翌年、同学会編『鎌倉文明史論』に収録）。	
四二	一九〇九	70	7・24文学博士。8・2同前の学会主催で小田原において講演「後北条氏前の小田原」（翌年、同学会編『戦国時代史論』に収録）。	10・26伊藤博文暗殺。
四三	一九一〇	71	8・8同前学会（西部）主催で長府において講演「海賊と関船」（翌年、同学会編『日本　海上史論』	

四四	一九一一	72	に収録）。8・17同前学会（東部）主催で大田において講演「上古の両毛」（大正四年『新田氏郷土史論』に収録）。5・30教授・講師制度発足に伴い教授となる。8・7同前学会主催で大津において講演「志賀の都と湖水との関係」（翌年、同学会編『歴史地理　近江号』に収録）。	
四五	一九一二	73	6月大隈夫妻と共に山陰へ旅。	
大正二	一九一三	74	この頃から地方史研究と清遊を兼ね各地に旅行。4・20『近江坂田郡志』刊行に際し序文を寄稿。	
四	一九一五	76	7月『時勢と英雄』、11月『国史八面観（磐余朝）』、11月『裏日本』刊行。	
五	一九一六	77	国史講習会の会長となり、月間通信講義録『国史講習録』を発刊。	8・3工場法施行。
六	一九一七	78	2月『国史八面観（奈良朝）』、6月『支那大観と細観』刊行。	
七	一九一八	79	早稲田大学教授を解任され、講師となる。	12・6大学令公布。
九	一九二〇	81	8月『鍋島直正公伝』六巻と「年表・索引・総目録」（大隈重信監修・久米執筆編述、中野禮四郎増補校訂）を刊行。	

一一	一九二二	83	3月早稲田大学講師を辞任。3・25『近江蒲生郡志』刊行に際し序文を寄稿。	
一五	一九二六	87	6・30『近江栗田郡志』刊行に際し「序」を寄稿。	
昭和二	一九二七	88	11・28『東浅井郡志』刊行に際し「題辞」を寄稿。	3月～金融恐慌。
四	一九二九	90	10・20『近江愛智郡志』刊行に際し「題辞」を寄稿。	
五	一九三〇	91	継嗣・桂一郎が前年に伊豆三津に設けた別荘で冬を過ごす。	
六	一九三一	92	2・24上大崎の自邸で死去。麻布一本松の賢崇寺に葬られる。戒名は宏文院天秀易堂居士。	9・18～満州事変。

（この年譜は、佐藤能丸編「久米邦武年譜」《研究、四七三～四八二頁》を基礎とし諸文献を参照して補訂したものである）

嘉納治五郎　クリストファー・スピルマン
*澤柳政太郎　新田義之
河口慧海　高山龍三
大谷光瑞　白須淨眞
*久米邦武　髙田誠二
フェノロサ　伊藤　豊
三宅雪嶺　長妻三佐雄
内村鑑三　新保祐司
*岡倉天心　木下長宏
志賀重昂　中野目徹
徳富蘇峰　杉原志啓
竹越與三郎　西田　毅
内藤湖南・桑原隲蔵　礪波　護
岩村　透　今橋映子
西田幾多郎　大橋良介
喜田貞吉　中村生雄
上田　敏　及川　茂
柳田国男　鶴見太郎
厨川白村　張　競
九鬼周造　粕谷一希
辰野　隆　金沢公子

シュタイン　瀧井一博
福澤諭吉　平山　洋
福地桜痴　山田俊治
中江兆民　田島正樹
田口卯吉　鈴木栄樹
陸　羯南　松田宏一郎
宮武外骨　山口昌男
*吉野作造　田澤晴子
野間清治　佐藤卓己
山川　均　米原　謙
北　一輝　岡本幸治
杉　亨二　速水　融
北里柴三郎　福田眞人
田辺朔郎　秋元せき
*南方熊楠　飯倉照平
寺田寅彦　金森　修
石原　純　金子　務
J・コンドル　鈴木博之
小川治兵衛　尼崎博正

現代

昭和天皇　御厨　貴
高松宮宣仁親王　後藤致人
吉田　茂　中西　寛
マッカーサー　柴山　太
重光　葵　武田知己
池田勇人　中村隆英
和田博雄　庄司俊作
朴正熙　木村　幹
竹下　登　真渕　勝
*松永安左エ門　橘川武郎
鮎川義介　井口治夫
松下幸之助　米倉誠一郎
渋沢敬三　井上　潤
本田宗一郎　伊丹敬之
井深　大　武田　徹
幸田家の人々　金井景子
*正宗白鳥　大嶋　仁
大佛次郎　福島行一
*川端康成　大久保喬樹

薩摩治郎八　小林　茂
松本清張　杉原志啓
安部公房　成田龍一
三島由紀夫　島内景二
R・H・ブライス　菅原克也
金素雲　林　容澤
柳　宗悦　熊倉功夫
バーナード・リーチ　鈴木禎宏
イサム・ノグチ　酒井忠康
川端龍子　岡部昌幸
藤田嗣治　林　洋子
*井上有一　海上雅臣
手塚治虫　竹内オサム
山田耕筰　後藤暢子
武満　徹　船山　隆
力道山　岡村正史
美空ひばり　朝倉喬司
植村直巳　湯川　豊
西田天香　宮田昌明
安倍能成　中根隆行

*李方子　小田部雄次
G・サンソム　牧野陽子
和辻哲郎　小坂国継
青木正児　井波律子
矢代幸雄　稲賀繁美
石田幹之助　岡本さえ
*平泉　澄　若井敏明
前嶋信次　杉田英明
竹山道雄　平川祐弘
保田與重郎　谷崎昭男
佐々木惣一　松尾尊兊
*瀧川幸辰　伊藤孝夫
矢内原忠雄　等松春夫
福本和夫　伊藤　晃
フランク・ロイド・ライト　大久保美春
大宅壮一　有馬　学
清水幾太郎　竹内　洋

*は既刊
二〇〇七年十一月現在

円山応挙 佐々木正子
*佐竹曙山 成瀬不二雄
葛飾北斎 岸 文和
酒井抱一 玉蟲敏子
オールコック 佐野真由子
*古賀謹一郎 小野寺龍太
*月 性 海原 徹
西郷隆盛 草森紳一
*吉田松陰 海原 徹
*高杉晋作 海原 徹
徳川慶喜 大庭邦彦
和 宮 辻ミチ子
アーネスト・サトウ 奈良岡聰智
冷泉為恭 中部義隆

近代

*明治天皇 伊藤之雄
大正天皇 フレッド・ディキンソン

大久保利通 三谷太一郎
山県有朋 鳥海 靖
木戸孝允 落合弘樹
*松方正義 室山義正
北垣国道 小林丈広
大隈重信 五百旗頭薫
伊藤博文 坂本一登
井上 毅 大石 眞
*桂 太郎 小林道彦
林 董 君塚直隆
高宗・閔妃 木村 幹
山本権兵衛 室山義正
高橋是清 鈴木俊夫
小村寿太郎 簑原俊洋
犬養 毅 小林惟司
加藤高明 櫻井良樹
田中義一 黒沢文貴
平沼騏一郎 堀田慎一郎
宮崎滔天 榎本泰子
*浜口雄幸 川田 稔
幣原喜重郎 西田敏宏

関 一 玉井金五
広田弘毅 井上寿一
安重根 上垣外憲一
グルー 廣部 泉
東條英機 牛村 圭
蔣介石 劉 岸偉
木戸幸一 波多野澄雄
*乃木希典 佐々木英昭
加藤友三郎・寛治 麻田貞雄
宇垣一成 北岡伸一
石原莞爾 山室信一
五代友厚 田付茉莉子
安田善次郎 由井常彦
渋沢栄一 武田晴人
山辺丈夫 宮本又郎
武藤山治 阿部武司・桑原哲也
小林一三 橋爪紳也
大倉恒吉 石川健次郎
大原孫三郎 猪木武徳
河竹黙阿弥 今尾哲也

イザベラ・バード 加納孝代
林 忠正 木々康子
森 鷗外 小堀桂一郎
二葉亭四迷 ヨコタ村上孝之
巌谷小波 千葉信胤
樋口一葉 佐伯順子
島崎藤村 十川信介
泉 鏡花 東郷克美
有島武郎 亀井俊介
永井荷風 川本三郎
北原白秋 平石典子
菊池 寛 山本芳明
宮澤賢治 千葉一幹
正岡子規 夏石番矢
P・クローデル 内藤 高
高浜虚子 坪内稔典
与謝野晶子 佐伯順子
*種田山頭火 村上 護
斎藤茂吉 品田悦一

*高村光太郎 湯原かの子
萩原朔太郎 エリス俊子
原阿佐緒 秋山佐和子
*狩野芳崖・高橋由一 古田 亮
竹内栖鳳 北澤憲昭
黒田清輝 高階秀爾
中村不折 石川九楊
横山大観 高階秀爾
*橋本関雪 西原大輔
小出楢重 芳賀 徹
土田麦僊 天野一夫
岸田劉生 北澤憲昭
松旭斎天勝 川添 裕
中山みき 鎌田東二
ニコライ 中村健之介
出口なお・王仁三郎 川村邦光
島地黙雷 阪本是丸
*新島 襄 太田雄三

曾我十郎・五郎　杉橋隆夫
北条時宗　近藤成一
安達泰盛　山陰加春夫
平頼綱　細川重男
竹崎季長　堀本一繁
西行　光田和伸
藤原定家　赤瀬信吾
*京極為兼　今谷明
*兼好　島内裕子
重源　横内裕人
運慶　根立研介
法然　今堀太逸
慈円　大隅和雄
明恵　西山厚
親鸞　末木文美士
恵信尼・覚信尼　西口順子
道元　船岡誠
叡尊　細川涼一
*忍性　松尾剛次
*日蓮　佐藤弘夫
一遍　蒲池勢至
夢窓疎石　田中博美
宗峰妙超　竹貫元勝

南北朝・室町

後醍醐天皇　上横手雅敬
護良親王　新井孝重
北畠親房　岡野友彦
楠正成　兵藤裕己
*新田義貞　山本隆志
光厳天皇　深津睦夫
足利尊氏　市沢哲
佐々木道誉　下坂守
円観・文観　田中貴子
足利義満　川嶋将生
足利義教　横井清
大内義弘　平瀬直樹
山名宗全　山本隆志
日野富子　脇田晴子
世阿弥　西野春雄
雪舟等楊　河合正朝
宗祇　鶴崎裕雄
*満済　森茂暁
一休宗純　原田正俊

戦国・織豊

北条早雲　家永遵嗣
毛利元就　岸田裕之
*今川義元　小和田哲男
*武田信玄　笹本正治
三好長慶　仁木宏
*上杉謙信　矢田俊文
吉田兼倶　西山克
山科言継　松薗斉
雪村周継　赤澤英二
織田信長　三鬼清一郎
豊臣秀吉　藤井讓治
*北政所おね　田端泰子
*淀殿　福田千鶴
前田利家　東四柳史明
黒田如水　小和田哲男
蒲生氏郷　藤田達生
伊達政宗　伊藤喜良
*支倉常長　田中英道
ルイス・フロイス　エンゲルベルト・ヨリッセン
*長谷川等伯　宮島新一
顕如　神田千里

江戸

徳川家康　笠谷和比古
徳川吉宗　横田冬彦
後水尾天皇　久保貴子
光格天皇　藤田覚
崇伝　杣田善雄
春日局　福田千鶴
池田光政　倉地克直
シャクシャイン　岩崎奈緒子
*田沼意次　藤田覚
末次平蔵　岡美穂子
林羅山　鈴木健一
中江藤樹　辻本雅史
山崎闇斎　澤井啓一
*北村季吟　島内景二
貝原益軒　辻本雅史
ケンペル　ボダルト・ベイリー
荻生徂徠　柴田純
雨森芳洲　上田正昭
前野良沢　松田清
平賀源内　石上敏
杉田玄白　吉田忠
上田秋成　佐藤深雪
木村蒹葭堂　有坂道子
*大田南畝　沓掛良彦
菅江真澄　赤坂憲雄
*鶴屋南北　諏訪春雄
良寛　阿部龍一
山東京伝　佐藤至子
*滝沢馬琴　高田衛
平田篤胤　川喜田八潮
シーボルト　宮坂正英
本阿弥光悦　岡佳子
小堀遠州　中村利則
尾形光琳・乾山　河野元昭
*二代目市川團十郎　田口章子
与謝蕪村　佐々木丞平
伊藤若冲　狩野博幸
鈴木春信　小林忠

ミネルヴァ日本評伝選

企画推薦
梅原　猛
ドナルド・キーン
佐伯彰一
角田文衞

監修委員
上横手雅敬
芳賀　徹

編集委員
石川九楊　今橋映子　竹西寛子
伊藤之雄　熊倉功夫　西口順子
猪木武徳　佐伯順子　兵藤裕己
今谷　明　坂本多加雄　御厨　貴
武田佐知子

上代

俾弥呼　古田武彦
日本武尊　西宮秀紀
仁徳天皇　若井敏明
雄略天皇　吉村武彦
＊蘇我氏四代　遠山美都男
推古天皇　義江明子
聖徳太子　仁藤敦史
斉明天皇　武田佐知子
小野妹子・毛人　大橋信也
額田王　梶川信行
弘文天皇　遠山美都男
天武天皇　新川登亀男
持統天皇　丸山裕美子
阿倍比羅夫　熊田亮介
柿本人麻呂　古橋信孝
元明・元正天皇　渡部育子
聖武天皇　本郷真紹
光明皇后　寺崎保広
孝謙天皇　勝浦令子
藤原不比等　荒木敏夫
吉備真備　今津勝紀
道　鏡　吉川真司
大伴家持　和田　萃
行　基　吉田靖雄

平安

＊桓武天皇　井上満郎
嵯峨天皇　西別府元日
宇多天皇　古藤真平
醍醐天皇　石上英一
村上天皇　京樂真帆子
花山天皇　上島　享
三条天皇　倉本一宏
後白河天皇　美川　圭
藤原薬子　中野渡俊治
小野小町　錦　仁
藤原良房・基経　滝浪貞子
菅原道真　竹居明男
紀貫之　神田龍身
源高明　所　功
慶滋保胤　平林盛得
＊安倍晴明　斎藤英喜
藤原実資　橋本義則
＊藤原道長　朧谷　寿
清少納言　後藤祥子
紫式部　竹西寛子
和泉式部　ツベタナ・クリステワ
大江匡房　小峯和明
式子内親王　奥野陽子
建礼門院　生形貴重
阿弖流為　樋口知志
坂上田村麻呂　熊谷公男
＊源満仲・頼光　元木泰雄
平将門　西山良平
平清盛　田中文英
藤原秀衡　入間田宣夫
平時子・時忠　元木泰雄
平維盛　根井　浄
空　海　頼富本宏
最　澄　吉田一彦
空　也　石井義長
奝　然　上川通夫
＊源　信　小原　仁
守覚法親王　阿部泰郎

鎌倉

源頼朝　川合　康
＊源義経　近藤好和
後鳥羽天皇　五味文彦
九条兼実　村井康彦
北条時政　野口　実
熊谷直実　佐伯真一
＊北条政子　関　幸彦
北条義時　岡田清一

刊行のことば

歴史を動かすものは人間であり、興趣に富んだ人間の動きを通じて、世の移り変わりを考えるのは、歴史に接する醍醐味である。

しかし過去の歴史学を顧みるとき、人間不在という批判さえ見られたように、歴史における人間のすがたが、必ずしも十分に描かれてきたとはいえない。二十一世紀を迎えた今、歴史の中の人物像を蘇生させようとの要請はいよいよ強く、またそのための条件もしだいに熟してきている。

この「ミネルヴァ日本評伝選」は、正確な史実に基づいて書かれるのはいうまでもないが、単に経歴の羅列にとどまらず、歴史を動かしてきたすぐれた個性をいきいきとよみがえらせたいと考える。そのためには、対象とした人物とじっくりと対話し、ときにはきびしく対決していくことも必要になるだろう。

今日の歴史学が直面している困難の一つに、研究の過度の細分化、瑣末化が挙げられる。それは緻密さを求めるが故に陥った弊害といえるが、その結果として、歴史の大きな見通しが失われ、歴史学を通しての社会への働きかけの途が閉ざされ、人々の歴史への関心を弱める危険性がある。今こそ歴史が何のためにあるのかという、基本的な課題に応える必要があろう。評伝という興味ある方法を通じて、解決の手がかりを見出せないだろうかというのも、この企画の一つのねらいである。

狭義の歴史学の研究者だけでなく、多くの分野ですぐれた業績をあげている著者たちを迎えて、従来見られなかった規模の大きな人物史の叢書として、「ミネルヴァ日本評伝選」の刊行を開始したい。

平成十五年（二〇〇三）九月

ミネルヴァ書房

《著者紹介》

高田誠二（たかだ・せいじ）

1928年　生まれ。
1950年　東京大学工学部卒業（工学博士）。
　　　　通商産業省計量研究所，北海道大学理学部教授を経て，
現　在　北海道大学名誉教授，久米美術館参事・研究員。
著　書　『単位の進化』講談社，1970年／2007年。
　　　　『科学方法論序説』朝倉書店，1988年。
　　　　『プランク――人と思想』清水書院，1991年。
　　　　『「米欧回覧実記」の学際的研究』共編著，北海道大学図書刊行会，1993年。
　　　　『維新の科学精神――「米欧回覧実記」の見た産業技術』朝日選書，1995年。
　　　　『岩倉使節団の再発見』共著，思文閣出版，2003年，ほか多数。
訳　書　『マッハ熱学の諸原理』物理科学の古典４，東海大学出版会，1978年。

ミネルヴァ日本評伝選

久《く》米《め》邦《くに》武《たけ》

――史学の眼鏡で浮世の景を――

2007年11月10日　初版第１刷発行　〈検印省略〉

定価はカバーに
表示しています

著　者　高　田　誠　二
発行者　杉　田　啓　三
印刷者　江　戸　宏　介

発行所　株式会社　ミネルヴァ書房

607-8494　京都市山科区日ノ岡堤谷町１
電話（075）581-5191（代表）
振替口座　01020-0-8076番

共同印刷工業・新生製本

ISBN978-4-623-05030-7

Printed in Japan

人名索引

あ 行

か 行

さ　行

た　行

な　行

は　行

ま　行

や　行

ら 行

わ 行

事項索引

さ　行

た　行

な　行

は　行

ま　行

や　行

ら　行

わ　行